영원한 자유와 행복을 주는 특별가르침!!

인생 최고의

깨달음

이 세상 최고 독성존자 태산선사 著

BG 북갤러리

인생 최고의 깨달음

초판 1쇄 인쇄일	2019년 9월 16일
초판 1쇄 발행일	2019년 9월 20일
지은이	태산선사
펴낸이	최길주
펴낸곳	도서출판 BG북갤러리
등록일자	2003년 11월 5일(제318-2003-000130호)
주소	서울시 영등포구 국회대로72길 6, 405호(여의도동, 아크로폴리스)
전화	02)761-7005(代)
팩스	02)761-7995
홈페이지	http://www.bookgallery.co.kr
E-mail	cgjpower@hanmail.net

ⓒ 태산선사, 2019

ISBN 978-89-6495-142-2 03200

이 도서의 국립중앙도서관 출판시도서목록(CIP)은 e-CIP홈페이지(http://www.nl.go.kr/ecip)
와 국가자료공동목록시스템(http://www.nl.go.kr/kolisnet)에서 이용하실 수 있습니다.
(CIP제어번호 : CIP2019034313)

책 소개 글

깨달음으로 거듭남과 해탈을 얻고 자유와 행복을 얻는 것은 인류문명과 종교가 생기는 때 3천 년 전부터 우리 인간들의 궁극적인 가장 큰 위대한 소망입니다……

오늘날의 사람들은 과거시대의 철학과 종교문화에 영향을 받아오면서 점점 세뇌가 되어 좀비처럼 그냥 따르는 추종자가 되어 가고, 또한 스마트폰의 노예로 살아가는 것은 10번 이상을 죽고 다시 태어난다고 해도 결코 삶의 주인공이 되지 못합니다.

이 책은 세상의 진리와 진실을 깨닫게 해 주는 방편으로 특별한 운명을 타고난 한 사람의 '실제 자전구도이야기'를 생생하게 실황적으로 펼쳐가면서 중간 중간에 중요한 메시지를 전달해 줍니다. 그러면서 가장 귀중한 현생의 삶을 주인공으로 잘 살아가게끔 정신을 번쩍~ 차리게 깨달음을 많이 주는 이 세상 최고로 귀중한 책입니다.

특히, 이 책의 뒷편에는 필자가 60평생동안 체험으로 터득한 삶의 종합 글귀 모음을 '특별부록편'으로 실어 놓았는바, 누구나 한 번씩만 이 책을 읽으면 지식과 지혜가 10배까지 상승을 하게 됩니다.

이 책은 2천억 원을 버리고, 산(山)속으로 들어간 실제 인생 다큐멘터리입니다.

정신혁명의 보물책 《인생 최고의 깨달음》을 진심으로 추천 드립니다. ─

독성존자 태산선사 전함.

차례

제1장
태산선사 필자 소개로부터 이 책을 시작한다

필자는 앞전에 출간한 책 《21세기 대예언》에서 책 앞표지에 "한국은 20년 이상 장기침체와 저성장이 계속된다"라고 분명히 경고!를 해주었고, 또한 바로 앞전에 출간한 책 《손도사 천기누설》에서는 책 앞표지에 "북한은 비핵화보다는 결국 핵동결을 하게 된다"라고 분명히 예언!으로 미리 가르쳐 주면서 대통령과 기업인 그리고 국민 모두에게 책을 통하여 사전에 준비와 대비를 잘하라고 해 주었고, 필자의 저술책을 읽은 사람들은 남들보다 정확한 '정보입수'를 빠르게 잘해서 개인의 삶과 기업경영 및 장사영업과 투자를 잘하고 있다는 감사인사를 많이 받고 있습니다.

그동안 필자의 책을 한 권이라도 읽어 본 사람들은 다 알고 있습니다.

글 쓰는 작가는 시대정신과 철학을 글로 표현을 합니다.

이 글을 쓰고 있는 현재의 시대정신은 제4차 산업혁명과 제4의 정신혁명이 동시에 일어나고 있는 '제4의 물결'시대이고, 시대상황은 독선적으로 북한 비핵화·적폐청산 몰이·비전문가 코드인사와 총선을 앞두고 국회에서는 싸움질만 하고, 반기업정서·탈원전·세금 나눠주기 소득 주도 성장 등 정책 잘못과 미·중 무역전쟁 및 한·일 무역전쟁 등으로 인한 경제 불황으로 영업 및 장사와 사업이 안 되고, 각종 시위로 너무나 어수선하고, 각종 사고발생과 자연재해 및 바이러스로 생명들이 죽어가고,

정치와 경제 및 사회가 불안하니 종교들은 거짓 종말론과 말세론을 떠들고 있습니다.

모두가 정치적 편가름과 각종 종교들의 거짓 구원론 및 스마트폰의 추종자와 노예로 전락되어 가면서 정신없는 '혼돈'의 모습입니다.

우리는 이러한 혼돈 때일수록 정신을 차려야 하고, 안정을 해야 하며, 잘 살기 위해서는 미래 예측과 '통찰'을 잘 해야 합니다.

통찰을 잘 하기 위해서는 지식과 지혜가 풍부해야 합니다.

필자는 통찰력을 향상시키기 위해 가끔씩 좋은 책을 꼭 읽고, 또한 걷기와 생활명상을 하면서, 특히 '대자연'을 가까이 하고자 나홀로 불쑥 여행을 떠나곤 합니다.

필자의 여행은 우리나라에서 가까운 중국의 장가계 천문산과 천자산·황산·태산·계림 그리고 필리핀의 코론·베트남의 하롱베이·태국의 푸켓·네팔의 히말라야 등을 가끔 다녀오고, 국내는 지리산 종주와 제주 올레길을 자주 다녀옵니다.

필자는 침묵하면서 나홀로 하이킹과 트레킹을 합니다.

또한 가끔씩은 서울 남산타워를 올라가서 4방으로 서울 시내를 관찰하기도 하고, 중국 상하이와 미국 뉴욕을 다녀오기도 합니다.

나홀로 여행은 나에게 휴식 및 건강과 성찰을 안겨줍니다…….

이 글을 쓰고 있는 필자는 현재 60대 중반의 나이이고, 넉넉한 자산가이면서 명상가 겸 철학가입니다.

모든 글과 책은 글쓰는 작가의 성장과정 및 주위환경과 나이가 되어보아야 이해와 공감을 할 수 있다고 생각하면서 필자는 현재의 시점에서 어린 날로부터의 성장과정을 돌이켜보면서 자신을 '회고'해봅니다…….

필자는 태양이 가장 먼저 뜨는 동방의 나라 대한민국 가장 남쪽에 위치한 고흥 남해안 바닷가의 작은 시골마을에서 태어났습니다.

시골마을에서 논밭이 가장 많은 손 부잣집 장자로 태어났지만, 어린나이 7살쯤부터 몸이 이상해지면서 불쑥 불쑥 이상한 말들이 튀어나오고 또한 이상한 환청현상과 환시현상들이 나타나기 시작했습니다.

부모님께서는 아이가 생길 때의 태몽처럼 칠성줄로 특별하게 태어났는데 이제 그 현상이 나타나는가 싶어서 영적기운을 가라앉히는 굿을 하기도 하고, 또한 퇴마사를 찾아가 퇴마의식을 하기도 했습니다.

아이가 이상하다는 얘기를 전해 듣고 시골 교회의 목사님이 찾아와 자세히 언행들을 살펴보더니 "아이는 하늘로부터 특별한 능력을 타고났고 하늘말로 방언을 한다"라고 하면서 교회에 나오라고 해서 교회에 다니기 시작했습니다.

또한 아이는 산(山)속에 있는 암자를 찾아가기도 하고, 시골동네 동구 밖에 500년 동안 우뚝서있는 당산나무를 찾아가기도 하고, 어부들이 가장 많이 소원을 비는 용바위를 찾아가서 대상들과 말을 주고받기도 하였고, 가끔씩 하늘을 올려다보면서 말을 주고받기도 했습니다.

아이는 자라서 20살 청년이 되었고, 대학을 졸업하고 군대를 다녀오고 그리고 어른이 되고 사회진출을 했습니다.

이 책의 필자는 시장경쟁과 자본주의 현대사회에서 남보다 잘 살고 또한 더욱 잘 살기 위해서는 오직 "투자와 사업을 해야 한다"라고 생각하면서 사회 초년 처음부터 사업을 시작했습니다. 그리고 사업을 배우면서 맨 처음의 사업은 부산에서 가내공장 규모의 신발공장부터 시작해서 점점 사업을 키워 프로스포츠 운동화를 만들었고 신발사업이 잘 되어 너무 크게 사업확장을 하다가 그만 실패를 당하고, 다시금 빨리 돈을 벌려고 조그마하게 게임장과 술집을 하다가 싸움에 휘말려 또 사업실패를 당하고 말았습니다.

맨 몸으로 서울로 올라와 시대의 흐름에 따라 부동산이 잘되는 시절 이어서 부동산 공부를 하고 부동산 중개와 투자를 하면서 부동산사업으로 돈을 벌고, 주식공부와 주식투자를 하면서 돈을 벌고, 금융공부와 자산운용으로 돈을 벌어서 그 당시 1,000억 원짜리 건물 서울 동대문시장 의류 도매상가의 회장이 되고 '패션의류사업'을 하였습니다. 사업경험을 쌓고 큰 돈이 생기자 더 큰 사업을 위해 서울의 전통적 중심가에 위치하고 100년 전통으로 유명한 국일관 옛 건물을 헐고 그 터에 새로 지은 그 당시 2,000억 원짜리 건물 서울 한복판 종로 3가 국일관에 큰 투자를 해서 '국일관 회장'이 되어 한국 최고의 국일관 나이트클럽을 경영하고, 또한 서울 중심 종로통에서 가장 큰 오락게임장 국일관 3개 층에 투자자산 약 300억 원쯤의 (주)국일관게임랜드를 직접 경영하며 대한민국 정치 1번지겸 오락게임장 1번지 서울 한복판 종로통에서 여러 개 사업을 크게 하다가 대형사건이 터지면서 또다시 망하고, 지나친 욕심의 게임장사업 때문에 가장 크게 사업 실패를 하면서 쓸쓸하게 나홀로 떠나야 했습니다.

국일관건물의 '대주주' 소유권만 유지하고, 회장직에서 사퇴를 하면서 대장부답게 깨끗이 정리와 정산으로 마무리를 하고, 권력 무상함과 인생 무상함을 뼈저리게 느끼면서 삶의 가치관과 목표를 바꾸어 이제 도(道)나 닦으려고 산(山)으로 들어갔고, 그리고 유서로까지 남길 각오로 후인들을 위해 이 글을 쓰고 있습니다.

필자가 직접 이 글을 쓰는 동기와 목적은 필자가 환갑을 훌쩍 넘긴 나이까지 인생을 살아오면서 여러 가지 공부와 여러 가지 사업경험 및 여러 가지 종교경험들을 통해서 실제로 체득하고 터득한 평생의 '경험지식'과 세계 최초로 하늘과 신(神)들의 비밀 '천기누설'을 하여 사람들에게 홍익적 가르침을 주고자 함입니다.

인생살이는 연습을 할 수 없기 때문에 '경험자의 말'은 중요합니다.

전라도 시골 촌놈 출신이 서울 한복판에서 젊은 날 한때 수십억과 수백

억을 투자하고, 한국 최고의 국일관 나이트클럽과 오락게임장 등 사업이 잘 될 때에는 하루에 1억 원씩 벌어보는 등 입지전적으로 성공출세를 한 투자와 사업의 '노하우 전수'와 또한 10년 동안 산(山)속에서 신통술기 도명상으로 천기를 통달하고 해탈 자유인이 된 도인(道人)이 세계 최초로 공개하는 하늘과 신(神)들의 비밀 '천기누설과 진리 가르침'은 인생살이에 너무나 중요한 바, 금생에 사람으로 태어나서 너무나도 귀중한 삶을 살아가는 중에 어떻게든 이 책을 접한 모든 사람들에게 반드시 성공출세와 부자가 되어 정말로 잘사는 '삶의 지혜'를 가르쳐 주고자 함이고, 또한 이 책을 통하여 많은 깨우침을 얻어 정신완성으로 '영혼진화'가 잘 되어지길 진심으로 바라면서 또한 이 책을 접한 모든 사람들에게 하늘의 '메시지'를 전하고자 함입니다.

이 책은 앞전에 출간한 필자의 책을 시대상황 변화에 따라 내용 첨·삭으로 '재편집'을 하고, 저자 자신의 실제 자전구도이야기를 실황적으로 펼쳐가면서 정말로 중요한 생존과 삶의 기술을 가르쳐주는 '실용보물책'임을 밝혀드립니다.

필자는 이 책에 사실과 진실 및 진리만 기록을 합니다…….

(다음 제2장부터 이 책의 본문이 시작된다.)

제2장
2천억 원을 버리고 홀로 산(山)으로 들어간다

　입지전적으로 성공을 한 2천억 원 상가 회장직을 버리고, 인생 가치관을 바꾸어 도(道)를 닦으러 산(山)으로 들어갑니다……

　광활한 우주 속에서 오늘도 태양은 떠오르고 또다시 지고, 내일도 태양은 또다시 떠오르고 또다시 지고, 태양은 억만 년 동안을 떠오르고 또다시 지기를 반복하고, 밤하늘의 저 달도 점점 커지고 다시 작아지고 없어지고, 또다시 생겨나기를 억만 년 동안이나 반복을 하고, 낮과 밤이 억만년 동안이나 반복을 하니 우리는 이러한 것을 우주와 하늘자연변화의 '운(運)작용법칙'이라 합니다.

　이러한 자연질서의 움직이는 '운(運)법칙'에 따라서 우주자연의 존재물인 우리 사람에게도 약 10년마다 주기적으로 크게 운이 변화하니 100살 시대에는 아주 어릴 때와 아주 늙은 때를 빼면 일곱(7)번은 '큰 기회'가 있다는데, 사람은 오직 부모님이 만든 창조물이기 때문에 부모와 자식간의 유전인자적 '핏줄운내림'이 있다는데, 사람의 몸속에는 전생의 존재가 현생의 내 영혼으로 들어와 있으니 각자 '전생업'이 있다는데, 부처님·공자·소크라테스·예수님이 오시기 전의 아주 먼 옛날의 과거에도 지금의 현재도 먼 훗날의 미래에도 그리고 모든 민족과 모든 나라에도 일·월·화·수·목·금·토가 있으니, 즉 해(日)·달(月)·별(星) 그리고 산

(山)·물(水) 등등의 근원적 천기(天氣)의 기운이 음양(陰陽)·오행(五行)으로 끝임 없이 작용하여 항상 우리들에게 영향을 미치고 있다는 데, 이러한 것들의 운(運)작용들 때문에 모든 사람은 태어날 때 각자의 사주 팔자에 따른 운명(運命)을 타고나고 그리고 타고난 사주의 예정된 프로 그램에 따라 살아간다는데, 도대체 현생의 나는 "어디로부터 와서 어떻게 살다가 몇 살에 어떻게 죽을 것이며, 죽어서는 또다시 무엇이 되어 또 어디로 가게 될 것인가? 나는 누구인가?······."

이 엄청난 우주하늘자연의 오묘한 섭리와 진리 그리고 삶의 큰 의문의 '화두'를 가지고 지금까지 정말로 파란만장한 인생길을 걸어온 필자의 특별한 대서사적 실제이야기를 펼치고자 합니다.

독자분들은 이제부터 지금까지의 알고 있는 지식이나·사상·이념·종교적 편견과 고정관념 등을 잠시 내려놓으시길 바랍니다.

먼저, 필자는 이 글을 읽고 있는 독자분들의 가슴을 향하여 진심으로 한마디씩 물어보면서 그 답을 들어보고 싶습니다.

『자기 자신이 누구인가?를 깊이 생각해 본 적이 있습니까?
몸속에 들어와 있는 영혼의 정체?를 생각해 본 적이 있습니까?
무엇을 위해 사는가?의 궁극적 가치관은 가지고 있습니까?
정신적 '영생불사'의 진짜 비밀을 알고는 있습니까?
세상의 보이지 않는 진실과 진리를 모두 알고 싶지는 않습니까?
눈에 보이는 것은 '빙산의 일각'뿐이란 의미를 알고는 있습니까?
인생 3단계 성공과 인생 3박자 성공의 방법을 알고는 있습니까?
사람은 100가지 운(運)을 90% 타고난다는 진실을 알고 있습니까?
사람의 큰 변동발생 '대운법' 운때의 비밀진실을 알고 있습니까?
똑같이 노력을 하는데도 왜 성공을 못하는지 알고는 있습니까?

두 눈을 뜨고 살면서 왜 '날벼락'을 당한지 알고는 있습니까?

죽으면 어떻게 될까?에 생각과 의문을 해본 경험이 있습니까?

천국행 및 극락왕생은 100명 중 1명이란 비밀진실을 알고 있습니까?

그렇다면, 앞날에 어떻게 살아갈 것인지 고민을 해 보십니까?

남들은 기도응답을 잘 받는데 왜 자기는 못 받는지 알고는 있습니까?

남들은 성공을 잘 하는데 왜 자기는 실패만 하는지 알고는 있습니까?

남들은 건강한데 왜 자기는 평생 동안 아픈지 알고는 있습니까?

남들은 사랑을 잘 하는데 왜 자기는 고독한지 알고는 있습니까?

부자들이 많은데 왜 자기와 자기 집은 가난한지 알고는 있습니까?

과거 및 전생과 핏줄내림 '업(業)작용'의 진실을 알고는 있습니까?

핏줄대물림 집안 우환을 어떻게 해결하는지 알고 있습니까?

신(神)끼를 타고난 사람만 '정신병'에 걸리는 진실을 알고 있습니까?

대학병원에서도 못 고치는 '귀신병 치료'의 비밀을 알고는 있습니까?

자기 자신의 타고난 사주팔자 운명을 알고는 살아가고 있습니까?

정말로 우환과 질병이 없이 100세 장수를 하고 싶습니까?

정말로 인생을 성공과 출세로 꼭 부자가 되고 싶습니까?

부자가 되고 깨달음까지 얻어 '진짜 자유'를 얻고 싶습니까?……」

한 번밖에 살 수 없는 귀중한 인생을 잘 살아보려고 이렇게 살아도 보고, 저렇게 살아도 보고, 사업까지 해보다가 사업 실패를 하고 결국 자살까지 시도하였건만, 마음대로 죽지도 못하고 다시 깨어나 종합병원이 쩌렁쩌렁 울리도록 하늘을 향해 눈깔을 치뜨고 주먹질을 하면서 울부짖는 사람이 있습니다.

"나 좀 죽여주세요! 나 좀 죽여주세요! 나 좀 죽여주세요!……."

목이 쉬도록 울부짖으며 또 울부짖으며 하늘을 원망하고, 부모를 원망하고, 사주팔자 운명을 원망해 본 사람이 지금 여기 있습니다.

복(福)을 잘 타고나거나 또는 운(運)이 좋아서 고생을 안 해본 사람이나 또는 부모를 잘 만나서 고생을 안 해본 사람은 정말로 그러한 사람들의 심정을 모를 겁니다. 삶의 벼랑 끝에 서 보지 않은 사람은 정말로 그러한 사람들의 심정을 모를 겁니다.

어릴적 두뇌가 천재형이고 야망도 컸지만 전라도 땅끝 시골농부의 아들로 태어났기 때문에 뒷백도 없고, 동아줄도 없어 사내 대장부의 큰 꿈한 번 제대로 못 펴보고 올라가다 내려오고, 일어서다 넘어지고, 또 올라가다 또 내려오고, 인생 엎어치기로 큰 욕심으로 고위험의 고수익 사업을 벌이다가 더 크게 사업 실패를 당하고, 그리고는 고향땅으로 하향을 하고, 남해안 소록도 · 거금도 앞바다에서 바다낚시나 하면서 나 홀로 빈둥거리며 바보 아닌 바보가 되어 부모 형제 친척 친구의 눈치를 살피는 등등 자격지심으로 인한 대인기피증까지 생기면서 어두운 뒷방의 구석방에 문 걸어 잠그고, 구들장을 짊어지고, 천장을 바라보며 몇 날 며칠이 지나도록 고뇌의 고뇌를 계속하다가 방문을 열고 기어 나와 하늘을 올려다보며 중얼거립니다.

"그래 산(山)으로 들어가는 거야. 산으로……."

내 삶의 마지막 방법으로 일생일대의 모험을 걸고 도(道)나 닦으려고 산으로 길을 떠납니다. 내 자신을 알기 위해서, 나의 운명을 내 스스로 알아보기 위해서, 왜 나는 그렇게도 큰 운이 열리지 않는 것인지를 알고 싶어서 또한 더 이상 살고 싶지 않아서 그리고 아무도 없는 곳에서 스스로 죽을 생각까지도 각오하고 입산(入山)을 선택합니다.

도(道) 닦는 것까지도 실패하면 아무도 안보는 깊은 산속 그곳에서 정말 죽음까지도 각오를 하고 산으로 길을 떠납니다.

평생 동안 고생만 하시고 이제 80살 넘으신 어머님의 눈물의 전송을 뒤로 하고 고향 집 생가를 나섭니다.

산중턱까지만이라도 짐을 옮겨주겠다면서 어머님을 모시고 고향 시골에서 농사를 지으며 오순도순 열심히 잘 살아가고 있는 동생 '손재성'이 형의 산(山)생활을 위한 무거운 짐을 짊어지고 뒤따라 나섭니다. 못난 형의 처지를 늘 걱정해주는 동생이 정말로 고맙고 또한 한편으로는 형으로서 부끄럽기도 하고 미안하기도 합니다.

나는 도(道)를 닦으러 산(山)으로 길을 떠납니다.

옛날 어릴 적에는 진달래 참꽃을 따먹고, 산머루를 따먹고, 산다래와 으름열매를 따먹고, 양지바른 곳에 자기 홀로 자생하는 춘란의 꽃대를 뽑아 까먹기도 하면서 뒤뜰 삼아 자주 올라 놀던 뒷동산이었건만, 지금은 산(山)기도공부를 하러 산을 오릅니다. 어릴 적 추억이 서린 그 산을 지금은 경건한 마음으로 오르고 있습니다.

"하늘의 명기(明氣)는 산을 통하여 땅에 내린다"라고 하니, 나는 지금 하늘의 명기와 산의 기운을 받아 신통력을 얻어서 내가 누구이고 나의 전생이 어떠했는지? 나의 조상님은 어땠는지? 나의 운명은 어떻게 타고 났는지? 왜 나에게는 그렇게도 큰 운이 열리지 않는지? 이렇게 살다가 언제 어디서 어떻게 죽을 것인지? 죽은 후에는 또다시 무엇이 되어 또 어디로 가게 될 것인지? 등등을 내 스스로 알아내기 위해서 나는 복잡한 심경으로 산을 오르고 있습니다.

낮은 산 고개를 넘고 산 능선을 타면서 더 높은 곳을 향하여 계속 산을 오르고 있습니다. 이곳 산중턱쯤의 마당바위까지 올라왔으니 이제 짐을 옮겨다 주는 동생과는 헤어져야 합니다.

나는 돌아올 수 없는 저승길을 떠나는 심정으로 동생과 또다시 유언을 남기는 다짐의 약속을 합니다.

한 달에 한 번씩 이곳 산중턱쯤에 위치한 넓은 마당바위 위에다 비닐로 싸서 식량을 갖다놓고, 식량을 갖다놓을 때에 먼저 갖다 놓았던 식량이 없어졌으면 산속에서 형이 살아있는 것으로 알고, 그러나 만약 식량이 그대로 남아있으면 아무도 없는 산속에서 형이 도를 닦다가 죽은 것으로 판단해서 죽은 형의 시신이라도 찾아 그곳에서 불태워 화장을 시켜주고, 그래도 우리가 이승에서 형제의 인연으로 만났으니 형의 혼백이 좋은 곳으로 잘 가라고 꼭 한 번 '해원천도재'라도 해주어 죽은 형의 원혼이라도 달래주기로 약속을 합니다.

눈물을 글썽거리는 이 세상의 친형제를 마지막으로 보면서 동생의 등을 떠밀다시피 해서 산을 내려 보냅니다.

이제부터는 내가 짐을 짊어지고 산을 오릅니다. 오랜 세월 동안 산속에서 혼자 살려고 옮기는 짐이다 보니 엄청나게 양도 많고 무게도 무겁습니다.

커다란 배낭을 등에 짊어지고, 작은 가방을 목에 걸어 메고 고달픈 삶의 짐을 짊어지듯 더 높은 곳을 향하여 산을 오릅니다. 다른 사람들은 운동 삼아 소풍 삼아 그리고 건강을 위해 산을 오르건만 이놈의 신세는 중년쯤의 나이에 죽음을 각오하고 도를 닦으러 산을 오른다고 생각하니 제 설움에 복받쳐 울면서 산을 오릅니다. 아무도 보는 사람이 없으니 큰소리로 엉~엉~ 울면서 산을 오릅니다. "큰소리를 지르거나 큰소리로 울어버리면 억눌린 감정이 해소가 되고 또한 감정청소가 된다"고 하니 나는 더 큰소리로 엉~엉~ 울면서 산을 오릅니다. 개소리 닭소리 사람소리가 들리지 않는 깊고 높은 산속으로 계속 들어가면서 더 높은 곳을 향하여 산을 오릅니다.

어릴적 내 나이 17살쯤부터 가끔 꿈속에서 보아왔던 산꼭대기 바로 아래의 '옹달샘'을 찾아서 깊고 높은 산을 계속 오릅니다.

땀과 눈물은 범벅이 되어 흘러내리고, 무거운 짐으로 다리는 후들거리고,

어깨는 아프고, 목은 뻐근하고, 숨을 헉헉대면서 가시에 옷이 찢기고 살이 찔리면서 고달픈 삶의 무거운 짐까지 짊어지고 가파른 산을 오릅니다.

오랜 세월 사람이 다니지 않아 산길도 없는 산을 가시에 찔리고 돌부리에 걸려 넘어지고 하면서 지난밤 꿈속에서 또 보았던 옹달샘 근처의 지형을 머릿속에 떠올리면서 거북이와 코끼리가 수명을 다하면 자기 죽을 곳을 스스로 찾아가듯 나는 숙명처럼 무엇에 홀린 사람처럼 산꼭대기 바로 아래에 위치한 옹달샘을 찾아 두리번거리며 더 높은 곳을 향하여 산을 오릅니다.

가시에 찔린 팔과 다리에서 피가 흘러내립니다.

눈에서는 눈물이 흘러내리고, 온 몸뚱이에서는 땀이 뻘뻘 흘러내리고 있습니다.

드디어 눈에 익은 듯한 지형이 나타납니다.

어깨가 내려앉을 듯 등허리가 끊어질 듯 목이 꺾일 듯한 무거운 짐들이 순간 가볍게 느껴지면서 힘이 솟습니다.

오랜 세월 동안 꿈속에서만 보아온 바로 그곳에 다다릅니다.

"오!……."

드디어 찾았습니다. 산속에 조그마한 집터 하나만큼의 평지가 있고 그 옆의 움푹한 곳에 쪼르르~쪼르르~ 흘러내리는 물줄기가 보입니다.

그 물줄기를 따라서 위쪽을 바라보니 '옹달샘'이 있습니다.

숙명처럼 찾고 있는 그 옹달샘이 지금 눈앞에 보입니다.

뜨거운 모래밭의 사막에서 목마름으로 기진맥진할 때에 생명수 오아시스를 만난 듯 너무나 너무나 반갑습니다.

나는 그때까지 짊어지고 있던 짐을 조심스레 내려놓고 불가사의한 힘에 이끌리듯 먼저 옹달샘에 큰절로 절부터 합니다.

뜨거운 내 가슴에 알 수 없는 찡~하는 전율의 감정을 느낍니다.

알 수 없는 이상한 전율까지 느끼면서 맑고 맑은 산속의 옹달샘 물을 그냥 엎드려서 한없이 꿀꺽~꿀꺽~ 들이킵니다.

정말로 물맛이 좋고 또한 시원합니다.

한숨 돌리고 나서 또 엎드려 옹달샘 물을 들이킵니다.

이 옹달샘은 한반도 남쪽 땅 끝 전라남도 고흥군에 소재한 '천등산(天登山)' 산꼭대기에서 남쪽으로 뻗어 내린 '탑사골' 골짜기의 맨 위쪽 8부 능선 높이쯤에 위치하고 있습니다.

이 높은 산꼭대기 근처에 이런 옹달샘이 있다니 참으로 신기하고도 신기합니다.

무엇인가 알 수 없는 인연의 비밀?이 있는가 봅니다.

이제부터 그 비밀을 밝혀내는 신비의 세계로 탐험이 시작됩니다.

인연의 비밀을 풀기 위한 탐험이…….

제3장
모든 일과 인생살이는 '방향성'이 가장 중요하다

인생과 일은 방향성이 가장 중요하고……

산속의 옹달샘 물을 실컷 들이켜고 잠시 옹달샘 옆에 앉아 땀을 식히면서 내 자신의 탄생인연과 현재의 상황 등을 생각해봅니다.

필자는 이곳 천등산의 산꼭대기에서 남쪽으로 가장 크고 기다랗게 뻗어 내린 산줄기의 끝머리 마을 '전라남도 고흥군 도화면 가화리 이목동'배나무고을이라고 불리는 시골에서 밀양손씨 가문의 시조 '손순 할아버지'의 40대 자손으로 본명은 '손재찬'이고, 이곳 천등산의 명기와 지기를 받고 1954년 갑오년에 태어났습니다.

지명(地名)과 산(山) 이름은 이름에 따른 기운(氣運)이 흐르고, 그리고 살아있는 모든 만물은 풍수지리 기운의 영향을 받으니 필자의 고향 배나무고을의 지형을 조금만 소개할까 합니다.

'배나무고을'이라는 전라남도 고흥군 도화면 가화리 이목동 마을은 천등산의 산줄기가 남쪽으로 가장 크고 기다랗게 뻗어 내린 산줄기의 끝머리에 위치하고, 마을의 뒷동산은 '병풍바위'로 빙 둘러있고, 마을의 양쪽 옆으로는 좌 청룡 '안태산'과 우 백호 '삼태산'이 마을을 좌우로 감싸듯 하고, 마을의 앞쪽으로는 들판이 펼쳐지고, 그 들판 너머로는 멀리 '유주산'이 솟아 있고, 마을에서 바라볼 때 유주봉 앞에는 '문필봉'이 보이며,

마을에서 1km 거리쯤의 남서쪽으로는 '남해바다'가 펼쳐지고, 푸른 바다 위에 소록도·거금도·시산도·유리도가 보이고, 섬을 잇는 거금연도교와 소록연륙교가 보이고, 많은 어부들과 사람들이 소원을 많이 빌면서 기도를 한 그 '용바위'가 있던 녹동항구가 보이고, 동쪽으로는 멀리 팔영산이 보이고, 대한민국에 하나밖에 없는 나로우주발사대가 보입니다.

배나무고을에서는 옛날부터 대대로 대학자·지관·점술가·성직자 등등의 특별한 인물이 끊임없이 태어난다고 전해 내려오고 있습니다.

현재도 배나무고을 이목동마을에는 '김풍수'어른이 전라도 최고 풍수지리 잘 보는 지관으로 활동하고 계시고, 타관 객지로 나와 전국 활동을 하고 있는 유명인 점술가와 성직자가 5명이나 있습니다. 배나무고을의 풍수지리 기운이 이러해서인지 나는 어릴 적부터 늘 의구심이 생겼습니다. 내 나이 17살쯤부터 가끔 꿈속에서 보아왔던 산꼭대기 근처의 신기한 옹달샘의 존재에 대해서, 그리고 천등산 중턱 아래의 '탑사'란 옛 절터와 현재까지 남아있는 우뚝 솟은 돌기둥의 존재에 대해서 의구심이 있어왔습니다.

그리고 어릴 적 나에게 말을 자주 건네 온 '용바위'와 이 모든 것들이 이 사람과 무슨 관련성이 있고 또한 어떤 인연이 있는 것일까?…….

하루 종일 무거운 짐을 짊어지고 엉~엉~ 소리 내어 울면서 눈물과 땀을 흘리며 넘어지고, 엎어지고, 나뭇가지에 찢기고, 가시에 찔리고, 피까지 흘리면서 개소리, 닭소리, 사람소리가 들리지 않는 첩첩 깊고 높은 산을 올라와 산꼭대기 아래 옹달샘 옆에 앉아있는 내 자신을 잠시 생각해 봅니다.

이제 사나이가 쏜 화살은 이미 활시위를 떠나 공중을 날고 있는 화살이 되었습니다.

날고 있는 화살은 멈추면 땅에 떨어지니 계속 날아갈 수밖에 없습니다.

사나이 대장부의 인생살이 사회경제활동에서 실패를 하고, 중년나이에 산(山)에 들어왔습니다.

마지막 유서까지 써놓고 유언까지 남기고 입산을 했습니다.

앞으로는 이곳에서 무엇이든 스스로 해결하면서 기본식량 외에는 자급자족을 해 나아가야 합니다.

나 홀로 산속에서 살아가야 하니 아프지도 말아야 합니다.

필자는 젊은 날 한때 조국을 지키는 국방의 의무로 공수특전부대에서 군생활을 했습니다. 공수특전부대에서 하사관으로 군대생활을 할 적에 산속에서 또는 적 지역에서 스스로 살아남아야 하는 '생존학'을 배웠고 또한 낙하산훈련과 특수전투훈련 및 특공무술 등등 가장 혹독한 군대훈련도 경험해 보았으나 산속에서 도(道) 닦는 공부는 스승도 없고, 책도 없고, 동료도 없이 오직 혼자서 고독과 추위 그리고 배고픔까지 이겨내면서 해야 하고, 그 기간은 1년이 걸릴지 10년이 걸릴지 아니면 평생이 걸릴지 기약조차도 없습니다.

나는 이제 길 없는 길을 가야 합니다.

길 없는 길을 이제부터 길을 만들면서 나아가야 합니다…….

때는 이른 봄철이라 나뭇가지에는 새순이 움트기 시작하고 진달래꽃이 피기 시작합니다.

봄은 만사만물의 시작이니 때마침 나도 입산수도의 시작을 합니다.

나 홀로 도 닦는 공부가 1년이 걸릴지 10년이 걸릴지도 모르고 또한 해를 붙잡아둘 수도 없으니 우선 짐을 풀고 텐트를 칩니다.

그리고 나서 오랜 세월 동안 묵혀있던 옹달샘인지라 깨끗이 청소를 하고, 납작하게 생긴 커다란 돌을 안고 와 옹달샘 옆에 제단을 만들고 나니 이제 하루해가 저물어갑니다.

아무도 없는 산속인지라 땀으로 젖은 옷을 훌훌 벗어버리고 옹달샘 아래편에서 옹달샘 물로 머리끝에서 발끝까지 몸을 씻습니다. 몸을 씻으면서 그동안 세상살이에서의 고달픈 삶의 흔적과 함께 더러워진 마음의 때까지 모두 깨끗이 씻어냅니다.

이른 봄철 해가 질 무렵의 깊고 높은 산속의 옹달샘 물인지라 몹시 차갑지만, 차가움도 잠시뿐이고 몸에 물을 끼얹고 문지르고 또 물을 끼얹고 또 문지릅니다.

발가벗은 알몸뚱이에서 김이 무럭무럭 피어오르고, 몸뚱이가 덜덜덜 떨리지만 목욕이 끝날 무렵에는 오히려 춥지도 않고 몸과 마음이 너무나 개운합니다.

해가 저물어 길게 산 그림자가 드리워진 산 경치를 한 번 둘러보고 개운한 기분으로 옷을 갈아입습니다.

그러고 나서 짊어지고 올라온 짐 속의 곡식자루에서 쌀 한 홉을 꺼내 씻어 조그마한 솥에 신령님께 올리는 공양미 밥을 짓고, 3가지 삼색 과일을 깨끗이 씻어 접시에 담습니다. 굵은 소금을 꺼내어 4방으로 조금씩 뿌리고, 또 물 한 바가지를 떠서 4방으로 조금씩 뿌리면서 기도처 도량을 깨끗이 정화를 합니다.

양초 두 자루를 꺼내어 돌제단 위에 세웁니다. 기도 준비를 다하고 정성스러운 마음으로 공양미 밥을 솥째로 돌제단 위에 올리고, 삼색 과일을 올리고, 술 석 잔을 올립니다. 그리고 양초 두 자루에 불을 켜고, 향 세 개에 불을 붙여 향을 사릅니다.

그런 다음 동서남북 4방으로 서서 합장으로 한 번씩 인사를 하고, 돌제단을 향해 큰절 3번을 하고, 두 손을 가슴 앞에 합장으로 모으고 하늘과 신령님께 처음으로 산(山)기도를 올립니다.

"하늘이시여! 신령님이시여! 저는 저 아래편 남쪽으로 산을 넘고 또 산을 넘어 이 산 줄기 끝머리 배나무고을 밀양손씨 가문의 40대 손으로 갑오년에 태어난 사람으로 본명은 '손재찬'입니다.

저의 탯줄은 이곳 천등산의 산줄기 끝머리 배나무고을 마을 어귀에 묻혀 있고, 저희 할아버지 할머니 그리고 아버지 조상님의 묘소도 이곳 천등산의 산줄기 끝머리 배나무고을 마을 뒷산에 묻혀 있습니다.

사나이로 이 세상에 태어나 꿈도 크고 이상도 높고 야망도 있었건만 어찌해서 큰 운을 열어주지 않는 것입니까? 제 꿈속과 현실에서 일어나는 기이한 일들은 다 무엇입니까? 나는 정녕 누구이며 내 영혼은 정녕 누구입니까? 나의 삶이 전생의 업보라면 나는 정녕 어떻게 살아야 합니까? 전생에 무슨 잘못을 얼마만큼 지었기에 이다지도 고통을 안겨주는 것입니까? 내 영혼의 전생업보입니까? 아니면 내 부모조상님의 핏줄 내림 업보입니까? 차라리 내가 바보천치로 태어났다면 이다지도 괴롭지는 않을 것이며 고민하지도 않을 것입니다.

아무리 노력을 해도 큰 운이 열리지 않고, 또한 큰 운이 따라주지 않아 재벌도 못되고, 대통령도 못되니 하늘이 원망스러울 뿐입니다. 저는 손씨 가문을 핏줄의 인연으로 또한 이곳 천등산을 지령의 인연으로 태어난 몸이니 최후로 이곳 고향산천에 맡기러 왔습니다.

정말로 이곳 고향 산천에 제 목숨을 맡기러 왔습니다.

저를 죽이든 가르침을 주시든 하늘과 신령님의 뜻대로 하십시요!

금생에서의 나의 삶이 전생의 업보이든 또는 핏줄의 업보이든 간에 이 생명이 다할 때까지 또다시 실패자로 비주류로 살아야 할 운명이라면 차라리 오늘 이 산(山)속에서 죽음을 선택하겠습니다.

내가 누구인지도 모르고, 그 이유도 모르고 아쉬움과 허망함을 안고 끝낼 운명이라면 차라리 오늘 아무도 보지 않는 이 깊고 높은 산(山)속에서 죽음을 선택하겠습니다.

하늘의 신(神)들께서는 내 손으로 만든 이 돌제단을 차라리 오늘 제 목을 베는 단두대로 사용하십시요!

오늘 아무도 없는 이 산속에서 스스로 죽음을 선택하려고 하니 하늘과 신령님들께서는 제 목숨을 거두어 주시옵소서!

실패자의 인생, 이 세상 그만 살고 싶습니다……."

나는 넋두리처럼 중얼거리고 하염없는 눈물을 흘리면서 내가 만든 돌제단 앞에 무릎을 꿇고 앉아 머리를 옆으로 눕혀서 자신의 목을 돌제단 위에 올려놓습니다.

지난날 어릴 적의 기이한 현상들과 젊은 날 한때의 즐거웠던 추억들 그리고 어려웠던 많은 일들이 주마등처럼 스쳐지나갑니다.

부모님과 형제들의 얼굴이 떠오르며 또 스쳐지나갑니다.

하염없는 눈물이 계속 흘러내립니다.

다른 사람들은 살려고 발버둥을 치고 있는데, 사업에 실패하고 중년 나이에 스스로 죽음을 선택하고 있는 내 자신의 모습이 너무나도 쓸쓸하고 처량하여 설움이 복받쳐 하염없는 눈물이 계속 흘러내립니다. 소리 없는 울음이 이내 통곡으로 바뀌면서 깊고 높은 산속에서 목 놓아 대성통곡을 합니다. 해는 이미 저물어 어둡고, 깊고 높은 산속에서 나 홀로 밤중에 대성통곡으로 울면서 목이 쉬도록 원도 한도 없이 울고 또 울고 있습니다.

하늘이시여! 나 어찌하면 좋습니까?

아부지 어머니! 나 어찌하면 좋습니까?

내 영혼아! 이렇게 죽으면 니는 어디로 갈거나…….

질긴 목숨인지 죽어지지는 않고, 설움이 복받쳐 울다가 울다가 지쳐서 울음이 그치니 나는 돌제단을 움켜잡고 있고, 촛불은 꺼져있고, 주위는 캄캄한 산속의 어두움뿐입니다.

정신을 가다듬으니 코는 맹맹~ 거리고 으스스한 한기가 들면서 배가

고픕니다.

눈물을 닦고 코를 풀고 나서 밤하늘을 올려다보니 어찌 그리도 별들은 총총~한지 퉁퉁~ 부은 눈두덩이 사이로 밤하늘에 빛나는 별만 보이고, 주위는 캄캄하여 아무것도 보이질 않습니다.

한참 동안 밤하늘의 별을 올려다보며 진정이 되자, 해가 지기 전 밝았을 때의 주변 모습을 떠올리면서 손을 더듬어 성냥을 찾고 불을 켜 다시 초에 불을 붙이고 촛불이 바람에 꺼지지 않도록 조심 또 조심을 합니다.

배가 너무나 고파서 우선 옹달샘 물을 꿀꺽~꿀꺽~ 들이키며 시장끼를 달래고 얼굴과 손발을 씻습니다.

그리고 돌제단 위에 올려놓은 음식을 내려와 먼저 밥 한 숟갈을 떠서 '고수레!' 소리와 함께 텐트 밖으로 던지고 나 홀로 텐트 안에서 다 식어빠진 밥을 먹습니다. 시장끼가 반찬이라고 집을 나설 때 아침밥을 먹고 하루 종일 무거운 짐을 짊어지고 산을 오르고, 아예 점심은 굶고 옹달샘의 맹물로 시장끼를 달래고, 이제 어두워진 밤이 되어서야 저녁밥을 먹으니 밥맛이 꿀맛처럼 맛있습니다.

조금 전까지만 해도 깊고 높은 산속의 어둠 속에서 대성통곡으로 울 때는 정말 이 세상 그만 살 것 같더니만 밥을 먹을 때에는 왜 이리도 밥맛이 좋은지 모르겠습니다. 다 식어빠진 맨밥에 김치와 콩자반으로 밥을 다 먹고 과일 하나까지 후식으로 먹습니다. 그러고 나서 어두우니 대충 치우고 오늘은 산속의 첫날밤이니 그냥 일찍 잠자리에 들어갑니다.

으스스하여 영 잠이 오질 않습니다.

이리 뒤척 저리 뒤척, 이런 생각 저런 생각이 떠오르고 지나간 바깥세상의 일들이 주마등처럼 스쳐가고 또 부모님과 형제들의 얼굴이 떠오릅니다.

깊은 밤 텐트 밖의 숲속에서는 소쩍새가 소쩍~소쩍~ 하면서 밤새도록 구슬피 울고 있습니다.

밤에 우는 소쩍새의 울음소리가 그렇게도 구슬프다는 이야기를 뼛속에 사무치도록 난생처음 느껴봅니다.

첩첩산중의 깊고 높은 산속에서 캄캄한 밤중에 나 홀로 얇은 천으로 되어 있는 텐트 안에 지금 누워 있습니다.

텐트 밖의 숲속에서 들려오는 소쩍새의 구슬픈 울음소리쯤이야 '아무리 구슬퍼도 새이니까'라고 생각하지만, 텐트 밖의 어둠 속에서 들려오는 정체불명의 부스럭거리는 소리와 짐승 발자국소리는 잠깐씩 소름을 끼치게 하기도 합니다.

처량함과 두려움의 감정을 내 스스로 안정시키면서 잠을 청해보지만 으스스함과 추위로 영 잠이 오질 않습니다.

밤은 점점 깊어가고, 어떻게든 잠을 청해보려고 어둠 속에서 더듬더듬 옷을 찾아서 하나를 더 껴입고 새우처럼 웅크리고 잠을 청하니 이제야 겨우 잠이 오길 시작하고 깊은 잠 속으로 들어갑니다.

오늘도 잠 속에서 꿈을 꿉니다.

내 나이 17살쯤부터 지금까지 가끔씩 꿈속에 나타나서 무엇인가를 암시해주고 또한 계시를 해 주던 먹물색 삿갓을 쓰고, 먹물색 옷을 입고, 먹물색 걸망을 짊어지고, 기다란 육환장 지팡이를 짚고 다니는 그 스님이 또 나타납니다.

꿈속에 나타난 스님은 산꼭대기 위에서 장삼자락을 바람에 휘날리며 한 손으로 삿갓을 들어 올리고, 산속에 들어와 텐트 안에서 웅크리고 잠을 자고 있는 내 모습을 한참 동안이나 내려다보더니 빙그레 웃고는 이내 사라집니다.

또, 내 나이 17살쯤부터 지금까지 내가 위험과 억울함을 당할 때마다 가끔씩 꿈속에 나타나서 '최악은 막아 줄 테니 걱정하지 말라' 하시던 우렁찬 목소리에 눈빛이 강하고, 황금색 갑옷을 입고, 하얀 백마를 타고, 항상 큰칼을 한 손에 들고 다니는 그 장군님이 말발굽소리와 함께 말을 타고 또 나타납니다.

꿈속에 나타난 장군님은 말 잔등 위에 올라 앉아, 산속 텐트 안에서 혼자 웅크리고 잠을 자고 있는 내 모습을 한참 동안이나 내려다보더니 껄껄껄~ 웃고는 이내 사라집니다.

이 삿갓 쓴 스님과 백마를 탄 장군님은 가끔씩 꿈속에서 보아왔기 때문에 그냥 그러려니 합니다.

계속 잠을 자고 있는데, 이번에는 오늘 처음 보는 '백발노인'이 하얗고 기다란 머리칼과 수염을 바람에 휘날리고, 하얀 도포자락을 또한 바람에 휘날리며 기다란 지팡이를 짚고 산꼭대기 위에 서서 나를 내려다보며 빙그레~ 웃고 있습니다.

나는 꿈속에서 오늘 처음 보는 백발노인에게 묻습니다.

"노인장께서는 누구신데 곤히 자고 있는 이 사람을 내려다보며 웃고 계시는지요?"

"껄껄껄~ 이곳 천등산의 산신령이시다. 네가 입산할 때까지 오랜 세월을 이곳에서 기다렸느니라."

"무슨 연유로 이 사람을 오랜 세월동안이나 기다렸는지요?"

"너는 인간세상에서 아무렇게나 그냥 평범하게 살아야 할 그런 사람이 아니었느니라."

"자세히 가르쳐 주실는지요?"

"각각의 사람에게 들어와 있는 영혼은 각각의 바람과 지은 대로의 인과응보 및 인연의 법칙에 따라서 그 운명이 다 정해져 있느니라."

"그렇다면 내 몸속에 들어와 있는 내 영혼이 누구인지 가르쳐 주실는지요?"

"금생의 너의 영혼의 전생은 하늘의 신(天神)으로서 사람의 몸을 빌려 다시 환생을 하였느니라."

"하늘의 신이 인간으로 왜 다시 환생을 하는지요?"

"그것은 신과 정령 그리고 영혼들만이 알 수 있느니라."

"어떻게 하면 신들께서 하시는 일을 인간도 알 수 있게 되는지요?"

"신통력을 지녀야 하느니라."

"어떻게 하면 그 신통력을 지닐 수 있는지요?"

"신통력을 지닐 수 있는 과정의 도(道)를 닦아야 하느니라."

"그렇다면 이 사람도 도를 닦을 수 있는지요?"

"너는 전생과 전전생부터 영혼진화를 위해 수행을 많이 한 상근기가 있으니 도(道)를 닦을 수 있느니라."

"산신령님, 그 말씀들이 정녕 그러한지요?"

"정녕 그러하도다."

"산신령님, 왜 하필이면 천등산이온지요?"

"네 영혼의 전 전생부터의 인연 때문이고, 하늘법칙에 따른 손씨 가문의 탄생 핏줄의 인연 때문이니라."

"하늘법칙과 전생 및 핏줄의 인연 때문이란 무슨 뜻인지요?"

"이제부터 이곳 천등산에서 도(道)를 닦고 신통력을 지니게 되면 스스로 다 알 수 있게 되느니라. 껄껄껄~."

웃음소리를 뒤로 하고 백발노인 산신령님은 그냥 사라져 버립니다.

나는 계속 꿈을 꾸고 또 꿈을 꿉니다.

꿈속에서 바라보니, 지금 텐트가 있는 곳엔 움막집이 만들어져 있고, 옹달샘은 빙 둘러서 돌담으로 둘러있고, 돌제단이 크고 높다랗게 만들어져 있고, 그 위쪽에는 높다란 돌탑이 커다랗게 세워져 있습니다. 그리고 원시 자연인처럼 머리칼은 길게 자라서 등허리까지 내려오고, 수염도 길게 자라서 앞가슴까지 내려오고, 다 헤진 기워 입은 누더기 옷차림으로 돌탑 앞에 가부좌를 틀고 앉은 한 남자가 눈을 감고 '명상삼매'에 들어있는 기이한 모습을 봅니다.

그 모습을 자세히 들여다보니 내 자신의 모습인 것입니다…….

나는 그 이튿날 새벽 으스스한 한기로 인한 추위 때문에 잠에서 일찍 깨어납니다.

누워서 가만히 지난밤의 꿈을 떠 올리면서 해몽을 해 봅니다.

특이한 꿈을 꾸면 반드시 분석을 하여 '꿈풀이'를 해 보아야 합니다.

좋은 꿈이든 또는 나쁜 꿈이든 나와 전혀 상관이 없는 꿈이라면 나의 꿈속에 나타나지 않을 것이기 때문입니다. 특히 예시적 꿈이나 반복된 꿈들은 꼭 참고를 잘 해야 합니다.

내 나이 17살쯤부터 지금까지 똑같은 모습으로 내 꿈속에 나타나던 그 삿갓 쓴 스님과 백마를 탄 장군님은 도대체 누구일까? 나와는 무슨 상관이 있는 것일까? 그리고 지난밤 처음으로 나타난 백발노인 산신령님과 꿈속에서 나누었던 많은 대화의 내용들은 정녕 그러한 것일까?

나는 이렇게 저렇게 생각을 하고 분석을 하면서 내 운명의 모든 비밀과 의문들이 이곳 천등산에서 분명히 풀릴 수 있을 것이라 믿습니다.

그러면서 지난밤 꾸었던 꿈들을 '하늘의 계시'로 받아들이기로 하고 잠자리에서 일어납니다.

텐트 밖으로 나옵니다.

높은 산꼭대기의 아침은 일찍 시작됩니다.

산새들이 아침 노래를 부르며 내게 인사를 해옵니다.

나도 산새들에게 아침 인사를 건넵니다.

서로 말하는 표현방법은 다르지만 뜻은 통하리라 생각하면서 나는 산새들과 아침 인사를 나눕니다.

'새들아! 나도 이제부터 이곳에서 살게 되었으니 이웃 간에 우리 서로 잘 지내보자꾸나. 서로 이해하면서 옹달샘 물도 함께 나누어 먹으면서 끝까지 좋은 이웃으로 잘 지내보자꾸나'라고 인사를 건넵니다.

그리고 나서 옹달샘으로 가 물 한 바가지를 떠서 허공에 휙 뿌리니 물 떨어지는 소리가 후드득 ~ 큰소리로 깊고 높은 산속의 아침을 깨웁니다.

산속의 아침을 깨우고, 다시 옹달샘 물을 떠서 한 입 넣고 입을 헹구니 너무나 상쾌하고 차갑습니다.

옹달샘 생수를 몇 모금 마시니 몸과 마음이 함께 상쾌하고 물맛 또한 천하 일미입니다.

우리 아버님의 말씀이 생각납니다.

"매일 아침 잠자리에서 일어나거든 공복에 생수 두 모금씩만 계속 마시면 어떠한 위장병도 치유하고 건강할 수 있다. 또한 우리 몸은 70% 정도가 수분이기 때문에 반드시 좋은 물을 잘 마셔야 한다"라고 하셨으니, 나는 그동안의 무절제한 생활로 신경성 위장병이 있었는데 이곳 산속의 옹달샘 천연생수로 신경성 위장병을 꼭 치유해야겠다고 그리고 건강을 회복해야겠다고 생각을 해봅니다.

깊고 높은 산속의 맑고 차가운 옹달샘 물이 목구멍을 타고서 위장 속으로 내려가는 짜릿~함을 기분 좋게 느껴봅니다.

공복에 냉수나 위스키 술을 마실 때 목구멍을 넘어 위장으로 내려가는 짜릿함을 느껴본 사람은 그 진짜 맛을 잘 알 수 있을 것입니다.

또한 이곳 산속의 아침 공기는 너무나 맑고 상쾌합니다.

숨을 들이쉴 때마다 콧구멍에서부터 폐 속 깊숙이 시원한 상쾌함이 기분 좋게 느껴집니다.

나는 젊은 날 한때 젊은 혈기로 저항심과 반항심이 강하여 민주주의를 부르짖은 '학생운동'도 경험했고, 또한 '무술종합10단' 정도로 호신무술도 많이 연마하고 항상 우두머리 기질이 있어 젊은 날 한때는 건달생활까지도 하는 등등 유별나게 살다가 수사기관의 취조를 받으며 물고문을 당했던 경험이 있습니다.

낮에는 쇠창살 유치장에 갇혀 있다가 밤이 되면 지하 취조실로 불리어 가서 먼저 눈이 가리어지고 그리고 덩치 큰 수사관 서너 명에게 강제로 수갑과 포승줄로 손발이 묶인 채로 기다란 벤치의자에 눕혀지고, 얼굴에 수건을 씌우고는 숨을 쉴 수 없도록 내 콧구멍 속에다 주전자로 계속 물을 부어대는 '물고문'입니다. 그러면서 실토할 의사가 있거나 말을 하고 싶으면 손가락을 까딱거려 신호 표시를 하라고 할 때엔 정말로 고통스럽고 숨이 답답했습니다. 허파에 물이 들어가 숨을 못 쉬고 까무러치고 기절도 했습니다.

하지도 않은 것을 실토하라고 할 때는 정말로 미칠 것 같았습니다.

필자는 젊은 날 그때의 그런 일들 물고문 때문에 기침과 천식이 가끔씩 후유증으로 나타나기도 합니다.

지난날 정치 불안과 독재정권 때의 악법도 법은 법이니 실정법은 지켜져야 하지만, 편의적 발상의 법령 남발과 국가권력을 등에 없은 힘 있는 자들의 무법행위와 편법행위 그리고 단체들의 떼법 행위 등등은 없어져야 하고, 특히 국가 권력의 남용으로 인권을 유린하는 '고문행위'는 더더욱 없어져야 할 것입니다.

오죽이나 억울했으면, 나도 반드시 재벌이 되든지 또는 대통령이 되든지 해서 돈과 권력을 잡아보려고 했겠습니까?!

인권침해와 인권유린은 반드시 없어져야 합니다.

표현의 자유와 인간의 존엄성 및 행복 추구는 반드시 존중되어야 하고 보장되어야 합니다…….

나는 산속의 이 맑은 공기로 고문의 후유증으로 가끔씩 재발하는 기침

증세도 꼭 치유해야겠다고 생각을 해봅니다.

이제 젊은 날의 지나간 나쁜 일들은 모두 다 잊어버리기로 하고, 깊고 높은 산속의 이 좋은 생수와 맑은 공기로 병든 육신과 정신 그리고 마음의 병까지 스스로 깨끗이 치유를 하려 합니다.

새로운 삶의 가치관과 방향을 바꾸고 또한 환경까지 바뀌었으니, 이제부터는 모든 생각을 바꾸고 행동까지 바꾸어 나아갈 것입니다.

지난날의 실수와 잘못들을 스스로 반성하고, 지난날의 실패들을 스스로 분석하여 잘못과 실수 그리고 실패로부터 많이 배워서 새로운 앞날을 준비해 나아갈 것입니다.

우리의 삶은 앞날이 더더욱 중요하기 때문에……

제4장
높은 산(山) 꼭대기에 성소 돌제단을 쌓는다

신(神)들께 제물을 올리는 돌제단을 쌓고…….

바깥세상을 버리고, 첫 산속의 아침에 저 멀리 아득하게 내려다보이는 인간세상을 바라보니 만감이 교차합니다.

하늘을 한 번 올려다보고 고개를 돌려서 돌제단을 바라봅니다.

어제 임시로 만들었던 돌제단을 지난밤 꿈속에서 보았던 돌제단과 비교를 해보니 너무나도 작고 허술해 보입니다.

가만히 앉아 생각을 하다가 벌떡 일어서면서 나는 스스로 내 자신을 향하여 주먹을 불끈 쥐고 각오 한마디를 내어 뱉습니다.

"그래, 유서까지 써놓고 인생 가치관을 바꾸어 새로운 삶을 다시 시작하는데 목표와 계획 및 준비를 정말로 잘 해야지!"

나는 하늘과 신령님께 아침 인사와 예를 갖추기 위해 우선 옹달샘 물을 떠와 돌제단 위에 정한수로 물 한 그릇을 올리고, 촛불을 켜고, 향을 사르고, 큰절을 3번 올리고 그리고 조심스런 마음으로 맨바닥의 납작한 돌 위에 조용히 앉습니다.

지난밤 꿈들을 하늘의 계시로 생각하면서 계획을 세워봅니다.

이제부터는 이 깊고 높은 산속에서 오직 나 홀로 모든 것을 스스로 해결하면서 생존과 함께 '산(山)기도'를 해야 하고, 그 기간은 1년이 걸릴지

10년이 걸릴지 아니면 평생이 걸릴지 모릅니다.

그러하기 때문에 꿈의 계시대로 돌제단도 다시 만들어야 하고, 옹달샘 주변에 돌담도 쌓아야 하고, 간이 변소도 만들어야 하고, 텐트는 비좁고 허술하여 비바람과 기온변화에 견디기 힘드니 아예 나무와 돌 그리고 황토 흙으로 움막집을 짓기로 합니다.

그리고 하루 한 개씩 돌을 주어와 돌탑을 쌓으면서 기도를 해야겠다고 목표와 계획을 세우면서 각각의 공간배치를 구상해 봅니다.

그리고 부식으로 먹을 채소는 산속에서 산나물을 채취하기도 하고, 조그마한 텃밭을 만들어 스스로 일구고, 기본 생필품인 소금·간장·된장·쌀·콩·양초·향 등등은 산 아래 배나무고을 생가에 살고 있는 동생으로부터 조달받기로 했습니다.

나는 지금 첩첩산중의 깊고 높은 천등산 산속 옹달샘 옆에 앉아서 앞날의 목표와 계획을 세우며 구상을 하고 또 구상을 합니다.

입산하기 전에 이미 유서까지 써놓았고 유언까지 해 놓았기 때문에 마음속의 각오는 단단합니다.

"하늘의 명기(明氣)는 산(山)을 통해서 땅에 내린다"

라고 하니, 나는 이곳 천등산에서 하늘의 명기(明氣)를 받으며 대자연을 직접 관찰과 체험을 하면서 천기신통(天氣神通)과 함께 하늘자연의 비밀작용과 진리의 도(道)를 하나씩 깨치고 터득하면서 한 계단 한 걸음씩 나아갈 계획입니다.

옛날 옛적의 많은 명상가와 고승대덕의 수도자와 성자들처럼…….

나는 지금 '하늘로 오르는 산'이라고 하는 이곳 천등산(天登山)에서 하늘의 명기를 받아 반드시 신통력을 얻고 그리고 그 신통력으로 내 자신의 운명과 내가 누구인지? 그리고 도(道)를 꼭 깨우칠 것입니다.

앞으로의 수도(修道)기간은 1년이 걸릴지 10년이 걸릴지 아니면 평생이 걸릴지 현재의 내 자신으로서는 알 수가 없습니다.

그러나 나는 유서와 유언까지 해 놓고 죽음까지도 각오하는 배수진을 쳐놓았으니 반드시 목표와 목적을 이루어 낼 것입니다.

나는 목표와 계획 그리고 구상이 이쯤에 이르자, 지난밤 식사했던 빈 솥을 씻고 공양미 밥을 지어서 솥 째 돌제단 위에 올리고, 또 촛불을 켜고, 향을 사르고, 큰절을 3번 하고 일어서서 정성스런 마음과 단정한 태도로 가슴 앞에 합장으로 두 손을 모으고서 아침기도를 올립니다.

"하늘이시여! 신령님이시여! 있는 것 가지고 정성껏 아침 공양을 올리오니 공양 잘 받으시고 이제부터 제 스승이 되어 주시옵소서. 산(山)에는 명기가 있고, 신통이 있고, 진리가 있고, 영원한 생명이 있다고 해서 이 깊고 높은 고향 본산(本山) 천등산에 내 인생 마지막 방법으로 산(山)기도로 도(道)를 닦으러 들어왔습니다.

모든 사람에게는 자기 자신이 태어난 고향의 '본향산'이 그 사람 평생 동안의 기운을 조종한다고 들었습니다. 저는 아직 아무것도 모르오니 직감으로 가르쳐 주시고, 영감으로 가르쳐 주시고, 꿈속에서 예시몽으로 가르쳐 주시옵소서! 지난밤 꿈을 신령님의 계시로 받아들여 돌제단도 크고 높다랗게 다시 만들고, 옹달샘 주변에 빙 둘러 돌담도 쌓고, 움막집도 튼튼하게 짓고 그리고 매일 돌 한 개씩을 주워와 돌탑을 쌓으면서 산기도공부 열심히 하겠습니다.

부디 저의 간절한 소망을 꼭 이루게 해주시옵소서! 목숨 걸고 끝까지 해내겠습니다."

라고 하면서 넋두리처럼 혼자 중얼거리며 보이지도 않는 신령님께 소망을 빌고 맹세를 합니다.

"하늘과 신령님께 올리는 맹세와 약속은 목숨 걸고 지켜야 한다."

라고 하는데, 나는 그 맹세와 약속을 지금 해버렸습니다.

아침기도 30분쯤 지나고, 제단 위에 올려놓았던 김이 빠져버린 식은 밥을 내려와 텐트 안 맨바닥에 차려놓고 김치와 콩자반을 반찬으로 아침식사를 합니다.

산속에서 김이 빠져버린 식은 밥을 별 반찬도 없이 혼자 먹는 단출한 식사가 이제부터 시작됩니다.

오직 생존만을 위한 최소한의 식사를 해야 합니다.

지금까지 살아오면서 중년나이에 서울 한복판 종로 국일관 회장을 할 때는 고급요정과 고급한정식집에서 한상차림에 수십만 원과 수백만 원씩 하는 고급식사도 먹어보았고, 또한 젊은 날 독재정권의 학생저항운동으로 감옥살이를 할 때는 1평짜리 독방감옥에서 여름철의 무더위에 선풍기나 에어컨도 없이 지내보았고, 겨울철의 혹독한 추위에 마루청 차가운 맨바닥에서 담요만으로 견디어도 보았으며 또한 혼자 먹는 맛없는 콩밥을 지겹도록 먹으면서 오직 생존만을 위해 살아본 경험도 있기 때문에 맛없는 밥을 혼자 먹는 식사는 이골이 나있어 괜찮습니다. 그러나 들은 풍월이 있어서 불에 익힌 화식을 하느냐 아니면 자연 그대로의 생식을 하느냐를 생각하다가 때가 되면 자연스레 생식을 하기로 마음을 먹어봅니다.

개인적인 평소의 생각은 편리함과 건강 그리고 환경과 자연의 섭리와 순리를 생각하면 자연 생명력이 그대로인 생식(生食)이 더 좋고 바람직하다고 늘 생각해오기도 했습니다.

또한, 다행히도 나는 입산하기 전에 기회가 주어질 때마다 자주 생식을 즐겨하는 편이었습니다. 싱싱한 배추 · 미나리 · 오이 · 당근 등등을 쌈장 또는 된장에 날것으로 찍어먹고, 토마토 · 사과 · 배 · 귤 · 단감 · 복숭아 등등의 과일을 제철에 맞게 먹었습니다. 그리고 여행을 하거나 등산을 할 때는 휴대하기 편리하게 쌀 · 보리 · 콩 · 수수 · 율무 등등 여러 가지 곡식을 살짝 볶아서 가루로 만든 선식 미숫가루를 먹으며 김·미역·파래 등등의 해초까지 모든 음식을 골고루 먹으면서 이왕이면 생식(生食)을 할 기회가 있을 때마다 생식을 즐겨하는 편이었습니다.

그리고 자연생식에는 무엇보다도 생기(生氣)가 들어있기 때문에 기(氣)수련이나 도(道) 공부 또는 종교적 수도수행하는 사람들은 살아있는 생기를 그대로 섭취하는 자연생식이 더욱 유익하고 바람직하며 음식은 습관에 달려있다고 생각합니다.

혹시, 지금 이 글을 읽고 있는 독자분께서 행여 인생을 살아가다가 몸과 마음에 병이 들면, 자연 속으로 들어가 '자연생식'을 하면서 자연의 섭리에 따르며 모든 것을 순리에 맡겨 보십시요! 자연의 생명력 기운 그리고 섭리와 순리는 위대한 의사가 되어 줄 것입니다.

그리고 기회가 있을 때마다 다음과 같이 해보시길 바랍니다.

① 떠오르는 빛나는 아침 태양을 정면으로 마주보고서 두 팔을 번쩍 들어 올려 쩍~ 벌리든 또는 아침 해가 솟아 오를 때 태양을 바라보고 앉아 '아침명상'을 하면서 호흡과 마음속으로 아침 태양의 기운을 빨아 당기듯 하며 떠오르는 아침 태양의 기운을 받아보십시요!

② 한밤중 하늘에 높이 두둥실 떠있는 보름달을 정면으로 올려다보면서 두 손바닥을 마주하여 합장을 하고 호흡과 마음속으로 보름달의 기운을 빨아 당기 듯하면서 소원까지 지극 정성으로 빌며 밤하늘에 두둥실 떠있는 보름달의 기운을 받아보십시요! 특히 하늘의 달[月]은 이 세상의 모든 물(水)을 주관하고 다스리기 때문에 칠성줄로 태어난 사람은 달님께 소원발원을 하면 가장 좋습니다.

③ 한밤중에 북극성과 북두칠성을 정면으로 올려다보면서 두 손바닥을 마주하여 합장을 하고 호흡과 마음속으로 별의 기운을 빨아 당기 듯하면서 밤하늘에 빛나는 별의 기운을 받아보십시요! 특히 수명이 짧은 사람

은 북두칠성을 바라보고 기도하면 좋습니다.

이렇게 해보았던 경험이 있는 사람들은 이 가르침의 의미를 금세 알아차릴 것이라 믿습니다.

사람은 음식 및 호흡과 기도명상을 통해서 우주자연의 '생명에너지' 기운을 섭취 흡수하면서 살아가기 때문입니다.

행여나 삶을 살아가다가 잘못되거든, 삶의 마지막 방법으로 자연의 기운을 꼭 받아보시고 그리고 자연의 섭리와 순리를 따라 보십시요!

정말로 우주자연에서 보내온 기운(氣運) 생명에너지 그리고 자연의 섭리와 순리는 위대한 의사가 되어 줄 것입니다…….

깊고 높은 산속에서 첫 아침식사를 하고 그리고 납작하게 생긴 커다란 돌을 낑낑~대면서 옮겨와 옹달샘 옆에 준비를 해 놓고 밥 먹었던 그릇을 씻어 그 돌 위에다 얹어 놓으니 기가 막히게 잘 어울리는 자연 '돌 싱크대' 선반이 되는지라 웃음이 씩~ 나옵니다.

산속에 아무렇게나 널려있는 자연 돌을 주워와 그 생김새에 따라 용도에 알맞게 사용을 하니 돌제단용이 되고, 돌 싱크대 선반용이 되고, 또 다음으로 돌담장용이 될 것이고, 움막집을 짓는 벽돌용이 될 것이고, 돌 탑용이 될 것입니다. 그렇기 때문에 넓적하게 생겼으면 넓적한 대로, 둥글게 생겼으면 둥근 대로, 큰 것은 큰 대로, 작은 것은 작은 대로, 그 생김새에 따라 용도에 맞게 다 쓰일 것입니다.

따라서 쓸모없는 돌이란 없을 것이고, 이것은 우리 사람도 다른 물건들도 또한 마찬가지라고 생각을 합니다.

얼굴이 잘생긴 사람은 그 잘생긴 얼굴을, 체력이 강한 사람은 그 강한 체력을, 두뇌가 좋은 사람은 그 좋은 두뇌를, 손재주가 뛰어난 사람은 그 뛰어난 손재주를, 키가 큰 사람은 그 큰 키를, 키가 작은 사람은 그 작은 키를, 끼가 많은 사람은 그 끼를 살려주는 등등 모든 사람은 반드시 한 가지씩 개성적 소질과 조건을 가지고 태어나기 때문에 태어나면서 자기 자신의 타고난 소질적 재능과 유리한 점을 잘 살려서 '적극계발'을 시켜주면 쓸모없는 인간이란 없을 것입니다. 그리고 또한 자기 운명과 타고난 천성적 성격과 소질에 가장 알맞은 것을 해야만 가장 잘 할 수 있을 것이라 생각합니다.

나는 지금 산속에 들어와 돌 한 개를 옮기면서 지혜의 눈을 뜨기 시작하고 깨달음 발견의 첫 도(道)를 깨치기 시작합니다.

옛날 어느 선인께서는 아직 추위가 가시지 않은 이른 봄철의 어느 날 흰 눈 속에서 야생 들꽃 한 송이가 피어나는 것을 보고 도를 깨치고, 또 어느 선인께서는 늦가을의 어느 날 모질고 세찬 바람에 마지막 떨어지는 나뭇잎을 보고 도를 깨치고, 또 어느 선인께서는 진짜로 죽는 순간에야 '허무와 무상함'을 느끼면서 도를 깨쳤다고 들은바 있습니다. 그런데 나도 지금 돌 한 개를 옮기면서 현상적 진리 발견의 깨달음을 얻기 위한 도(道)에 관심이 있기 때문에 지혜의 눈을 뜨기 시작합니다.

"세상살이는 관심이 있어야 보이기 시작하고 드디어 보이게 된다."

이제 생각을 마치고, 행동으로 실천을 하기 위해 불끈 일어섭니다.

먼저 이곳의 지형을 살피고 지난밤 꿈속에서 계시로 보여준 대로 미래의 생활공간을 위해 각각의 위치를 선정하면서 가장 급하고 귀중한 것부터 준비계획을 세웁니다.

새로운 삶의 목표와 해야 할 일이 분명하게 되니, 철저한 계획을 세우고 준비를 하고 그리고 실행으로 옮기고자 합니다.

우리의 인생살이도 마찬가지입니다.

어른이든 아이든 그리고 큰일이든 작은 일이든 실패하지 않고 불행하지 않으려면, 반드시 '기본과 원칙'에 충실해서 ① 목적과 목표를 정하고 ② 계획을 세우고 ③ 준비를 하고 ④ 하나씩 실천해 나가면서 순리와 절차에 따라 한 걸음씩 한 계단씩 진행시켜 나아가야 합니다.

또한, 무슨 일이든 행동으로 실행을 할 때에는 급한 것과 중요한 것을 정확하게 구분해서 반드시 '우선순위'를 잘 정해야 합니다.

일의 우선순위를 정할 경우에는 ① 중요하기도 하면서 가장 급한 것을 먼저하고 ② 급하지는 않지만 중요한 것을 다음으로 하고 ③ 급하지도 않고 중요하지도 않은 것은 맨 나중에 해야 합니다.

반드시 종이에 글로 써서 잘 보이는 곳에 꼭 붙여두어야 합니다.

집집마다 걸려있는 달력을 활용하는 것도 정말 좋은 방법입니다.

이와 같이 목표를 정하고, 계획을 세우고, 준비를 해서 일을 하나씩 실천해 나아가면 누구나 무슨 일이든 반드시 성공시킬 수 있습니다.

그리고 반드시 성공을 하려면, 100% 집중을 해야 하고 끈기로 끝까지 지속해야 하며 항상 글로 쓰고 기록을 하는 습관을 꼭 가져야 합니다. 번뜩이는 아이디어나 해법이 언제 어떤 상황에서 튀어나올지 모르기 때문에 항상 메모를 해두는 준비와 습관을 길들여야 합니다.

"몸과 마음은 반드시 길들여야 하고 또한 길들일 수 있다."

사람의 마음은 변심과 변덕이 많기 때문에 마음작용에 휩쓸리고 끄달리면 결코 안됩니다.

마음작용은 자기합리화를 위해 거짓말을 많이 하게 되니, 마음을 주의 깊게 관찰하면서 '주시'를 잘 해야 합니다. 휩쓸리지 않고 '주시'를 하면 마음의 주인이 되고, 휩쓸리고 끄달리면 마음의 노예가 되어 버립니다.

성공 · 출세를 하고 부자가 되려면, 인생살이는 약 100년까지 달리는 마라톤 경주와 같기 때문에 항상 현시점에서 최소한 10년 계획은 세워야 하고 또한 평생의 목표와 계획도 함께 세워야 합니다.

100년 동안 달리기 경주를 할 경우 토끼와 거북이 중에서 거북이가 반드시 이긴다는 것은 진실입니다.

한 가지 일을 10년 동안 또는 평생 동안을 지속해 나아갈 수만 있다면 반드시 그 분야의 전문가가 될 것이고, 돈을 모을 것이고, 정신과 마음이 안정될 것이니 반드시 성공하게 될 것입니다.

성공·출세와 부자가 되려면 반드시 야망이 있어야 하고, 도전 정신과 열정이 있어야 하고, 분명한 목표와 계획을 세우고 그리고 집념과 끈기로 실천하는 사람만이 성취할 수 있다고 확신을 합니다.

젊은 날에는 이러한 삶의 기술과 지혜를 잘 모를 수 있습니다.

남들이 하니까 그냥 따라하고, 성급히 하다가 시행착오를 일으키고, 게으르다가 때를 놓치고, 옮겨 다니다가 도로 원위치로 되돌아오고, 준비하지 않고 있다가 또 기회를 놓치고 등등 늘 당할 수 있습니다.

필자는 최고로 노력을 했지만, 지나친 욕망과 야심 그리고 알 수 없는 운명? 때문에 사업 실패자가 되어 중년의 나이에 시골로 하향을 하고, 그리고 현재는 천등산의 첩첩 깊고 높은 산속에 들어와 있습니다.

이제부터라도 아직 남아있는 내 인생의 절반이라도 성공시키기 위해서는 지난 과거 젊은 날의 잘못들을 뼛속 깊이 묻어두고 어떻게든 이 산속에서 생존을 해가며 도(道)를 닦아야 합니다.

지난 젊은 날의 실수와 실패로부터 배우고 깨달았으니, 이제부터라도 다시는 실수와 실패를 당하지 않기 위해 객관적 분석과 합리적으로 분명한 목표를 정하고 철저한 준비와 계획을 세워봅니다.

내 일생일대의 도전과 모험이 걸려있는 이 산속에서의 도(道) 닦는 생활은 최소한 10년 이상 또는 평생 동안이 걸릴 것이라는 종합분석 예측으로 장기계획을 세워봅니다.

또한, 이 산속에서 나 홀로 산(山)기도 생활을 잘 하려면 지난밤 꿈의 계시대로 돌제단도 크고 튼튼하게 다시 만들어야 하고, 간이 변소도 만들어야 하고, 움막집 토굴도 만들어야 하고, 옹달샘 주변에 돌담장도 쌓

아야 합니다. 더군다나 한 달에 한 번씩 식량을 건네받는 산중턱의 마당
바위가 있는 곳까지 새로운 산길도 만들어야 합니다.

이제 또다시는 실패하지 않기 위해서, 내 인생의 후반기는 반드시 성공
을 하기 위해서, 분명한 목표와 철저한 계획을 세우고 그리고 우선순위
를 정해서 하나씩 반드시 실천해 나아가려고 합니다.

우선 가장 먼저 해야 할 일은 옹달샘을 중심점으로 각각의 공간자리부
터 구상을 하고 배치 선정을 하는 일입니다.

옹달샘을 중심점으로 그 위편에는 돌탑 자리를 정하고, 그 돌탑자리 아
래에 돌제단 자리를 정하고, 옹달샘과 조금 떨어진 옆으로 옹달샘 근처
현재 텐트가 쳐져있는 곳은 움막집 토굴을 지을 자리로 정하고, 비스듬
히 아래편으로 100m 거리쯤에 간이 화장실 자리를 정합니다.

첫 번째로 오늘부터 할 일은 '돌제단'을 다시 크고 튼튼하게 쌓는 일부
터 시작을 합니다.

(돌제단은 자연 속에서 기도할 때 신(神)과 만남의 '성소'입니다.)

이제 돌제단을 쌓기 시작합니다.

주변에 있는 커다랗고 납작하게 생긴 돌을 옮겨옵니다. 때로는 안아서
옮겨오기도 하고, 때로는 굴려서 옮겨오기도 합니다.

하루 종일 땀을 흘리면서 돌제단을 쌓습니다.

목이 마르면 옹달샘 물을 한 바가지 떠서 벌컥벌컥 들이켜고, 땀을 닦
고 또 땀을 흘리면서 돌제단을 쌓습니다.

나는 하늘과 신령님께 공양물과 제물을 바칠 돌제단을 쌓습니다.

꼬박 7일이 걸려서 천등산에 신(神)들을 위한 돌제단을 완성합니다. 그
리고 이번에는 간이 화장실을 만들 차례입니다.

산속에서 산(山)기도를 하는 장소는 깨끗하고 정갈해야 하기 때문에 기
도 장소에서 약 100m쯤 거리를 두고 비스듬히 산 아래편으로 길을 만

들고 흙구덩이를 팝니다. 오물을 일정한 곳에 모으고 땅속에 깊숙이 감추기 위해 흙구덩이를 가슴 높이만큼의 깊이로 팝니다. 그리고 굵고 기다란 통나무를 두 개씩 맞대어 묶어서 나란히 흙구덩이 위에 걸쳐 놓고, 네 귀퉁이에 기다란 나무기둥을 4각으로 세우고, 가로 막대기를 4각으로 잇대어 칡넝쿨로 묶고, 지붕은 풀줄기로 이엉을 만들어 덮고, 좌우 뒷면은 갈대풀 이엉으로 가리고 앞면 한쪽만 터놓은 간이 화장실을 만듭니다.

꼬박 5일 걸려서 간이 화장실을 완성합니다.

그리고 이번에는 옹달샘 주변에 돌담장을 쌓을 차례입니다.

우리인간이 살아갈 수 있는 조건 중에서 가장 귀중한 것이 공기와 먹는 물이라고 생각합니다.

우리 인간의 문명발생지나 또는 국가형성, 도시형성, 촌락형성 등등이 모두가 물이 풍부한 곳에서 이루어지고, 특히 먹는 물이 있는 곳에 주택이 만들어지고 또한 주택이 있으면 먹는 물이 공급되어야 합니다.

미래 우리 인간의 생활지수는 자연 그대로의 맑은 생수와 맑은 공기를 얼마만큼 잘 마실 수 있는가가 될 것입니다.

나는 지금, 나에게 자연 그대로의 맑은 생수를 마음껏 자유롭게 마실 수 있도록 해주고 있는 첩첩산중의 깊고 높은 산속 옹달샘에 한없는 고마움과 감사를 느낍니다.

가장 귀중한 나의 보배인 깊고 높은 산속의 이 옹달샘이 영원히 오랜 세월 동안 보존될 수 있도록 옹달샘 주변을 괭이로 땅을 파서 축대를 튼튼하게 만들어 출입구만 남겨놓고 가슴 높이만큼 4각으로 돌담장을 쌓습니다.

돌담장 안의 옹달샘 옆에는 돌 선반을 만들고, 그 아래에는 돌 싱크대를 만들고, 그 아래에는 옆으로 조금 비켜 목욕할 때에 맨발로 올라서서 몸을 씻을 수 있도록 납작하고 커다란 돌을 옮겨와 바닥에 평평하게 깔아둡니다.

꼬박 6일이 걸려서 옹달샘 주변에 돌담장을 완성합니다.

첩첩산중의 깊고 높은 산속에 나의 생활터전을 만들어 갑니다.

나는 이제 스스로 새로운 환경변화에 적응을 해 갑니다.

살기 위해서는 반드시 환경에 적응을 해내야 합니다.

나는 성공을 위해서 분명한 목표를 정하고, 철저한 계획을 세우고 그리고 우선순위에 따라 하나씩 실천을 해 나아갑니다.

반드시 성공을 위해서…….

제5장
생존과 생활에 필요한 움막집 토굴을 짓는다

모든 사람에게는 사는 집이 가장 중요하고…….

성공을 위해서는 반드시 목표를 정하고, 계획을 세우고 그리고 우선 순위에 따라 하나씩 꼭 실천을 해 나아가야 합니다.

필자는 지금, 개소리 닭소리 사람소리가 전혀 들리지 않는 첩첩산중 깊고 높은 산속에 도(道)닦으러 들어와 나 홀로 살아가야 하는 생활터전을 만들어가고 있습니다. 도 닦을 기간이 10년이 걸릴지 평생이 걸릴지 모르기 때문에 또한 오랜 세월 산속에서 나 홀로 살아가야 하기 때문에 하나씩 철저하게 준비를 합니다.

이번에는 텐트가 있는 그곳에 현지 산속에 있는 자연 건축 재료 돌과 황토 흙으로 움막집 토굴을 지어야 할 차례입니다.

움막집 토굴이 완성될 때까지는 텐트를 더 사용해야 하기 때문에 우선 텐트를 다른 곳으로 옮겨 설치하기 위해 옆으로 거리를 띄우고 괭이로 땅을 고르고 다듬어 평평한 공간을 만듭니다. 그리고 텐트를 그곳으로 옮겨 놓습니다.

이제부터는 오직 혼자만의 능력으로 재료와 도구가 충분치 않은 여건 속에서 한 번도 집을 지어보지 않은 무경험자가 자신이 살아야 할 움막집 토굴을 직접 지어야 합니다.

설계도면도 없고, 도와줄 사람도 없고, 건축 재료라고는 주변에 아무렇게나 널려있는 자연석 돌과 황토 흙 그리고 살아 서 있는 생나무와 칡넝쿨뿐이고, 도구라고는 괭이·낫·톱 그리고 작은 손도끼뿐입니다.

오랜 세월동안 살아야 할 집을 짓는데 건축 재료와 도구가 이러하니, 옛날 옛적에 원시인이나 미개인들이 있는 그대로의 자연재료를 사용하여 비바람만 피할 수 있을 정도의 흙돌벽 움막집을 지었던 것처럼 나도 내 손으로 집을 지어야 합니다.

우선 주위에 널려있는 크기가 비슷비슷한 자연석 돌을 주워와 한곳에 수북이 쌓아 준비를 해두고, 또 풀줄기를 뜯어와 한곳에 수북이 쌓아두고, 또 소나무를 베어와 1자 길이 약 30cm만큼 자르고 잘라서 나무토막을 한 곳에 수북이 쌓습니다. 그리고 괭이로 땅을 깊숙이 파서 오염되지 않은 땅속 깊은 곳의 새 황토흙을 비닐자루로 계속 옮겨와 한 곳에 수북이 쌓아 준비를 해둡니다. 그 다음 황토 흙에 물을 붓고 풀줄기를 함께 넣고 짓이기면서 흙반죽을 만듭니다. 흙반죽을 만들 때 풀줄기를 함께 넣는 이유는 흙이 말랐을 때에 잘 부서지지 않도록 하기 위해서입니다.

옛날 농촌에서 시골집을 지을 때는 볏짚을 사용했습니다.

황토 흙반죽을 준비해 놓고 이제부터 집을 짓기 시작합니다. 벽돌 대용으로 자연석 돌과 나무토막을 사용하고 시멘트 대용으로 황토 흙을 사용해서 천연 자연재료의 황토 토담집을 짓습니다.

황토 흙반죽을 한 움큼 놓고, 그 위에 돌 한 개를 올려놓고, 또 황토 흙반죽을 한 움큼 놓고, 또 그 위에 돌 한 개를 올려놓고 그리고 중간 중간에 나무토막을 올려놓고 하면서 위로 옆으로 계속해서 황토 흙돌벽을 쌓아올립니다.

구슬땀을 뻘뻘 ~ 흘리면서 계속 흙돌벽을 쌓아올립니다. 손과 발이 흙범벅이 된 모습으로 산속에서 나 홀로 내 집을 짓습니다.

출입문의 문짝 틀을 나무토막으로 만들어 세우고, 돌제단과 돌탑 쪽 벽면에는 커다란 창문의 문짝 틀을 만들어 넣고 하면서 흙돌벽을 계속 쌓아 올립니다.

몇 날 며칠이 지나고 또 지나갑니다. 변변한 도구나 연장도 없이 나 홀로 맨손으로 나의 토담집 토굴을 지어갑니다.

내 키보다 더 높은 흙돌벽을 4각으로 다 쌓아올렸습니다.

굵고 기다란 나무를 베어와 쌓아올린 흙돌벽 위에 나란히 걸쳐서 지붕 서까래를 만들고, 서까래 위로 비닐을 펼치고, 가느다란 나뭇가지와 싸릿대를 걸치고 풀줄기로 이엉을 엮어서 지붕 위에 얹습니다.

그리고 또다시 비닐로 지붕 전체를 덮어씌우고 칡넝쿨로 이리저리 얽어 맵니다.

마지막으로 출입문과 창문은 기다란 나무로 틀을 만들고, 싸릿대로 살을 대고 비닐을 씌우고, 칡넝쿨과 못으로 마무리를 끝내면서 첩첩산중 깊고 높은 천등산 옹달샘 옆에 7평 크기 정도의 조그마한 원룸식 움막토담집 토굴이 완성됩니다.

꼬박 15일이 걸려서 내 손으로 내 집을 지었습니다.

난생처음 내 손으로 직접 지은 나의 토굴입니다.

'토굴(土窟)'이란 오직 수행과 수도만을 위해서 간소하게 지은 작은 집을 일컫습니다.

겨우 7평 크기의 작은 집에서 어떻게 살아갈 수 있느냐고 묻는 독자가 있으면 나는 이렇게 대답을 할 겁니다.

현재 상태의 자신의 처지에 따라서 꼭 필요한 것만 갖고 필요에 의한 삶을 산다면 7평 크기의 공간도 넉넉하다고 말입니다.

삶의 가치관과 생활환경이 바뀌기 전에 서울 중심가 종로통에서 큰 사업을 할 때는 필자도 80평 크기의 고급 초대형 아파트에서 으리번쩍하게 살아도 보았습니다.

한때는 그 유명한 서울 한복판 종로3가 국일관 나이트클럽과 오락게임장 사업이 잘 될 때는 하루에 1억 원씩도 계속 벌어보았습니다.

그러나 사업을 가장 크게 실패하면서 삶의 가치관을 바꾸고, 도(道)나 닦으려고 '위대한 버림'을 선택한 현재는 산(山)속의 토굴기도생활환경에 처해있습니다.

사람은 자신이 처한 현재의 환경에 적응을 잘 해내야 합니다. 최대한 빨리 적응을 해야 생존경쟁에서 살아남습니다.

또한, 사람은 어디에서든 항상 '주인의식'으로 삶을 살아야 합니다.

눈치보고, 꾀부리고, 시키는 것만 하는 피동적인 사람은 평생 동안 머슴·종업원 의식이니 계속 가난뱅이가 될 것이고, 자기 스스로 하는 능동적인 사람은 주류·주인의식이니 점점 부자가 될 것입니다.

자기의 인생은 오직 자신이 설계하여 돌탑을 쌓아 올리듯 자신의 인생탑을 튼튼하고 멋지게 잘 쌓아올려야 합니다. 왜냐하면 우리의 삶은 한 번 태어나면 약 100년까지도 살아가야 하고, 반드시 성공 및 출세를 하여 부자가 되어야 더욱 행복할 수 있기 때문입니다…….

잠깐, 건축물 집에 대한 이야기를 조금 말할까 합니다.

우리는 누구나 집을 짓거나 구입하여 사용을 하며 살아가야 합니다.

집은 살고 있는 곳의 기후와 목적과 편리성 그리고 주변 환경과 그 집에서 살아야 하는 사람에 따라서 천차만별이 있을 수 있으나 건축 재료만큼은 인간 친화적 자연재료를 사용해야 한다고 생각합니다.

기후로 볼 경우에는 추운 지방과 더운 지방의 집이 다르고, 4계절의 기후 변화가 있는 곳과 기후 변화가 없는 곳의 집이 달라야 합니다.

목적으로 볼 경우에는 주거용과 업무 상업용 그리고 레저용 등이 달라야 하고, 반드시 사용하기에 편리해야 합니다.

또한, 그 집에서 거주하거나 그 집을 사용하는 사람의 숫자에 따라서 크기가 달라야 하고, 특히 대지인 땅과 태양의 기(氣)를 최대한 많이 받을 수 있어야 합니다.

더운 지방에서는 더위를 잘 피할 수 있어야 하고, 추운 지방에서는 추위를 잘 막을 수 있어야 하고, 바람이 너무 강한 지방에서는 바람을 잘 막을 수 있어야 하고, 습기가 너무 많은 지방에서는 습기를 잘 막을 수 있어야 합니다.

그렇기 때문에 바닷가의 집은 높아야 하고, 산 위의 집은 낮아야 하며, 북반구 지역은 남향집을 지어야 하고, 남반구 지역은 북향집을 지어야 하며, 각 지역마다 또는 개별 건물마다 각각 기맥의 흐름을 파악하여 잘 활용할 줄 알아야 합니다.

특히 주거용 가정집을 새로 짓거나 새로 구입을 하려고 할 경우에는 햇볕과 바람·조망 그리고 기(氣) 흐름의 작용을 고려해서 거실·안방·화장실·주방 조리대의 공간배치가 잘되어야 합니다. 그리고 현관 출입문 안쪽의 정면에 큰 거울·안방·화장실을 두지 말고, 안방 또는 거실은 집의 중심에 배치가 되어야 하며, 단독주택일 경우에는 북쪽방향과 서쪽방향 대문은 꼭 피해야 합니다.

그리고 특히 안방 사용은 반드시 그 집의 '가장(남편·주인)'이 사용해야 다른 사람에게 운을 빼앗기지 않는다는 것을 꼭 가르쳐 드립니다.

주거용 가정집은 오랜 세월과 시간을 그 집에서 생활하면서 잠을 자야 하기 때문에 그 주변의 나무가 최대로 자랄 수 있는 높이보다 낮아야 하며, 대지 땅의 기(地氣)가 닿을 수 있는 높이를 벗어나면 나쁩니다.

모든 생명체는 태양의 양기(陽氣)와 땅의 지기(地氣)가 꼭 필요하기 때문에 반드시 햇볕이 잘 들어야 하고 또한 너무 높지 않아야 합니다.

또한 주거용 주택을 포함한 모든 건물은 대체로 '배산임수(背山臨水)'

와 '자좌오향(子坐午向)'의 집이 가장 좋기 때문에 앞쪽은 확 트여서 큰 강·바다·들판·큰 도로가 보이고, 남향집으로 태양의 햇볕이 잘 들어야 집 안에 밝은 양기(陽氣)가 모이고, 운(運)이 좋게 됩니다.

도시지역 주거밀집형으로 앞집·옆집·뒷집의 건물 벽만 보이는 집 또는 햇볕이 들지 않은 집은 아주 나쁘니 꼭 피해야 합니다.

특히 도시지역의 집은 대지 이용의 효율성을 위해 경사도·좌향·방향은 어쩔 수 없다고 하더라도 각각 개별 집들 주변의 공기 바람흐름과 또한 뒤쪽 높은 곳에서 형성되어 흐르는 기맥의 '명당자리'를 꼭 찾아서 잘 활용할 줄은 알아야 합니다.

집을 짓거나 구입을 하거나 또는 주거를 할 경우에는 ① 햇볕이 잘 비추는가? ② 땅의 기운이 좋은 곳인가? ③ 맑은 공기와 바람의 흐름이 좋은가? ④ 방음과 방한·방열·방습이 잘되는가? ⑤ 앞쪽이 확 트여서 조망이 좋은가? ⑥ 내부의 공간 배치가 잘되어 있는가? ⑦ 용도에 맞게 편리한가? ⑧ 주위 환경이 좋은가? ⑨ 교통이 편리한가? 등등을 꼭 잘 살펴야 함을 가르쳐 드립니다.

주거용 가정집 주택으로서 가장 나쁜 집은 집 주변의 나무가 최고 높이로 자랄 수 있는 높이보다 훨씬 더 높은 40층 이상의 초고층 집과 햇볕이 잘 비추지 못하여 어둡고 음산한 기운이 감도는 집과 수맥이 통과하는 집과 터신이 센 집터의 집은 나쁘니 꼭 피해야 합니다.

특히 너무 높은 곳에서 오랜 시간과 오랜 세월 동안 잠을 자고 생활을 하면 인체의 자율신경 조절의 이상을 초래하여 각종 '신경정신질환'을 일으키기 쉽고, 그리고 대지인 땅의 지기(地氣)를 받지 못하여 건강이 나빠질 수 있으며 운까지도 나빠질 수 있기 때문에 40층 이상 높이의 주거용 초고층 오피스텔 및 초고층 아파트에서 오랜 세월동안 잠을 자는 행위는 아주 나쁘다는 것을 지적하고, 또한 햇볕이 안 드는 음산한 기운이 감도는 집과 주변의 공기 바람흐름이 안 좋은 집 그리고 수맥이 통과하거나 터신이 센 집터에서는 반드시 나쁜 불상사가 생기기 때문에 아주 나쁘다는 것을 거듭 충고합니다.

잠을 잘 때는 기작용(氣作用)의 무방비 상태가 되고 또한 운작용(運作用)의 무방비 상태가 되기 때문에 '잠자리'는 가장 중요하고, 잠을 잘 자게 해주는 집이 명당자리입니다.

이 책은 운(運)작용을 직감직필로 자유롭게 표현할 것입니다.

다만, 글을 쓰는 필자가 전문 글쟁이가 아니기 때문에 표현이 다소 서툴 수 있으니 독자들께서는 이해를 좀 해주시면서 전달하고자 하는 이 책의 '취지'를 잘 헤아려주시길 바라는 바입니다.

사람들은 모두 집과 관련이 있기 때문에 조금 더 집과 집터의 운(運)과 관련된 숫자의 수리학적 비밀정보를 가르쳐 드릴까 합니다.

우리가 살고 있는 집터와 모든 땅은 각각의 고유필지에 따라 번지 숫자와 건물번호가 매겨져 있고, 각각의 번호·숫자에 따른 수리학적 기운과 그 땅의 터신의 기운이 함께 작용을 하고 있기 때문에 건물이나 집을 지을 경우 또는 분양을 받거나 매입을 할 때 또는 이사 들어갈 경우에는 그 건물의 번호 숫자와 층 숫자 및 각 구분별 호실 숫자를 잘 선택을 해야 하고 또한 그 땅의 번지 숫자와 그 땅의 터신의 기운(氣運)작용 등을 반드시 먼저 잘 살펴야 함을 꼭 가르쳐 드립니다.

또한, 모든 사람은 각자의 좋고 나쁜 방위와 좌향이 있기 때문에 반드시 방위와 좌향도 잘 살펴야 하고, 나이와 날짜에 따른 운수와 일진이 있기 때문에 '생기복덕(生氣福德)' 좋은 날 택일도 잘 해야 함을 꼭 가르쳐 드립니다.

다이아몬드는 작아도 값이 비싸듯 '명당터' 운(運)이 좋은 집은 값이 비싸며, 수많은 여러 날짜 중 '생기복덕 택일'은 정말로 중요합니다.

성공·출세를 하고 부자가 된 사람들 유명연예인·유명프로선수·유명 정치인·기업인·벼락 부자된 자영업자들은 모두가 운(運)에 민감하여 어떻게든 좋은 운을 만들고 또한 운을 붙잡으려고 1류 점(占)쟁이만 찾 아다니면서 항상 '운(運) 자문'을 받고 있다는 비밀적 사실과 진실들을 가르쳐 드리는 바, 성공출세를 하고 부자가 된 유명인들 중에서 점(占) 안 본다는 사람은 한 명도 없습니다.

무슨 일을 하든지 간에 운흐름을 모르거나 또는 운이 안 열리거나 운이 따라주지 않으면 그 어떤 사람일지라도 잘 되지가 않습니다.

성공출세를 하고 부자가 된 사람들은 모두가 유명한 점술가를 찾아가 점(占)을 보고 그리고 준비와 대비 및 대응을 잘 하고 더 나아가 운(運) 을 더 좋게 만들어서 성공출세를 하고 부자가 된 것입니다.

그래서 늘 사용하는 '운7 기3'이란 말처럼, 인생은 운이 70%이고 노력 이 30%인 것입니다.

혹시 지금 이 글을 읽고 있는 독자분 중에서 건축을 하고나서 또는 집· 가게·상가·사무실·공장 등등을 옮기거나 이사를 하고나서 또는 조상 산소이장이나 화장을 하고나서 또는 초고층 오피스텔이나 초고층 아파 트의 높은 층에 살면서 등등 현재 본인과 가족 중에 신경정신질환·우울 증 또는 각종 사고·자살·손해·사업 실패·큰 질병·송사·감옥살이· 좌천·명퇴·부부싸움 등등이 발생하거나 또는 가위눌린 꿈·젊은 여자 꿈·갓난아기 꿈·쫓기는 꿈·자기 물건을 잃어버리는 꿈을 꾸거나 등등 꿈자리가 사납거나 등등의 불운과 불행을 겪고 있는 사람이 있거든 잘 못된 인식과 편견 등을 버리고 지금 즉시 점(占)을 잘 보는 도사(道士)를 찾아가 '운명진단과 상담'을 꼭 한 번 받아볼 필요가 있음을 진심으로 가 르쳐 드리는 바입니다.

공기(空氣)가 눈에 안 보인다고 해서 공기가 없는 것이 아닙니다.

기(氣)가 눈에 안 보인다고 해서 기가 없는 것이 아닙니다.

운(運)이 눈에 안 보인다고 해서 운이 없는 것이 아닙니다.

영혼(靈魂)이 눈에 안 보인다고 해서 영혼이 없는 것이 아닙니다.

신(神)이 보통 사람들의 눈에는 안 보인다고 해서 신이 없는 것이 결코 아닙니다.

이러한 것들은 모두 다 존재하고 있고 항시작용을 하고 있는 바, 이처럼 눈에 안 보이는 기운의 작용들이 눈에 보이는 모든 것들을 움직이고 있다는 천기(天氣)의 '비밀진실'을 알아야 하는 것입니다.

이러하기 때문에 필자는 이곳 천등산에서 목숨을 걸고 도(道)를 닦아 가장 먼저 신통력을 얻고 그리고 그 신통력으로 우주자연과 하늘신들의 비밀을 반드시 모두 다 알아 낼 각오입니다…….

이곳 산속의 작은 나의 토굴은 인체에 가장 좋은 자연 '황토흙'이 주재료이고, 방위는 '자좌오향' 남향으로 햇볕이 잘 비추고 있습니다.

첩첩산중 깊고 높은 천등산 산속 옹달샘 옆에 나의 작은 토굴을 완성하고, 이번에는 한 달에 한 번씩 식량을 건네받기로 약속한 산 아래편 중간쯤의 마당바위가 있는 곳까지 약 2km 거리에 새로이 오솔길을 만들 차례입니다.

먼저 낫과 톱으로 풀을 베고 나무를 자르면서 길 표시를 해두고 그리고 괭이로 땅을 파고 고르면서 오솔길을 만듭니다.

오솔길이 완성되어갈 무렵 때마침 산 아래 생가에 살고 있는 동생 '손재성'이 마당바위 위에 식량을 비닐로 싸서 갖다놓았습니다.

산속에 들어온 지도 벌써 한 달이 지나가는가 봅니다.

정말 고마운 마음으로 동생이 갖다놓은 식량을 짊어지고 나는 내가 새로이 닦아놓은 오솔길을 올라옵니다.

앞으로 이 오솔길을 얼마나 오르내릴지 궁금합니다.

산기도를 하다가 중도에 산속에서 나 홀로 죽을지도 모릅니다.

이제 모든 것을 하늘과 신령님께 맡겼으니, 최선을 다하여 열심히 도를 닦으며 묵묵히 나아갈 각오입니다.

목적과 목표를 향하여 철저한 계획을 세우고 그리고 준비를 잘 하면서 반드시 하나씩 실천해 나아갈 각오입니다.

굳은 신념과 의지력으로 안 되면 되게 할 것이고 될 때까지 계속해 나아 갈 것입니다.

새로운 삶의 성공을 위해서…….

제6장
내 마음과 기도장소를 깨끗이 정화를 한다

내 마음과 기도장소를 깨끗이 정화부터……

천등산에 입산한지도 이제 한 달이 지나갑니다.

처음 산을 올라올 때 진달래꽃이 막 피기 시작하였는데 이미 그 꽃들은 다 지고 나뭇잎이 피기 시작합니다.

이제 기도 준비가 다 되었습니다.

이제부터는 아무도 가르쳐 주지 않고 보이지도 않는 길 없는 길을 나 홀로 출발을 합니다.

내가 가야 할 길은 끝없는 고통이 따르는 고행의 길이건만 살기 위한 죽음을 각오하고 이제 '집중기도자'의 길로 출발을 합니다.

오직 하늘과 신령님을 스승으로 삼고, 우주자연을 스승으로 삼아 신통력을 얻고 깨달음을 이루기 위한 고행의 길로 출발을 합니다.

가장 먼저 약쑥을 뜯어와 돌로 짓이겨 쑥물을 쥐어짜서 바가지에 모으고 약쑥물로 몸뚱이를 씻으면서 몸을 깨끗이 정화합니다. 또 향을 부수어 물에 담가 두고 향물을 우려내어 향물로 몸뚱이를 씻으면서 몸과 마음을 깨끗이 정화합니다. 3일 동안 목욕재계를 하면서 기도하는 장소와 주변에도 굵은 소금을 뿌리고 청수를 뿌려서 깨끗이 도량 정화를 합니다.

이제 기도 준비가 다 되었습니다.

돌제단 위에 비바람이 불어도 촛불이 꺼지지 않도록 납작한 돌과 흙 반죽으로 좌·우·뒤·위를 막고, 앞쪽만 터놓은 촛불 방 속에 두 자루의 쌍 초를 세워놓고, 정성껏 쌀을 씻어 공양미 밥을 짓습니다.

옹달샘 물을 한 그릇 떠서 돌제단 위에 올리고, 공양미 밥을 솥째 올리고, 두 자루 쌍 초에 촛불을 켜고, 향 세 개를 사르고, 동서남북 사방으로 서서 합장을 하고 시계방향(오른쪽)으로 돌면서 절을 한 번씩하고 그리고 움막집 토굴 안으로 들어옵니다.

돌제단과 마주 바라다 보이는 쪽의 커다란 투명 비닐창문을 사이에 두고 토굴 안에서 돌제단 앞에 마주섭니다.

그리고 정성껏 큰절 3번을 올리고, 일어나 서서 가슴 앞에 합장으로 두 손을 모으고 기도를 합니다.

"하늘이시여! 신령님이시여! 저는 이곳의 남쪽 산줄기 저 아래편 배나무 고을에서 밀양 손씨 가문의 40대 자손으로 태어난 '손재찬'입니다.

저의 탯줄은 이 산줄기 남쪽 끝머리 마을 어귀에 묻혀있고, 할아버지 할머니 아버지 조상님도 이 산줄기 끝머리 마을 옆 산에 묻혀 있습니다.

이곳 천등산의 정기를 받고 태어난 이 몸을 이곳 고향 본향산인 천등산에 맡기고자 합니다.

지난 젊은 날 지나친 야심 때문에 큰 사업을 실패하고 자살까지도 시도하였지만, 질긴 게 사람목숨이라 마음대로 죽지도 못하고 다시 살아났습니다. 분명히 하늘에서 크게 쓰임이 있어서인가 봅니다. 어릴 적의 특별한 영적능력들을 이제 확인을 하려 합니다.

이제부터는 삶의 가치관을 바꾸고, 목표를 바꾸어 하늘과 신(神)들의 가르침에 따라 새로운 인생길을 가려합니다.

현재 가지고 있는 모든 것으로 정성껏 공양미 밥을 올리고 또한 정성껏 정한수를 올리고 또한 이 몸뚱이 전체를 신(神)들께 올리오니 이 정성 잘 받으시고 저희 스승님이 되어 주시옵소서!

산에는 하늘의 명기(明氣)가 내리고, 신통력(神通力)이 주어지고 그리고 우주자연의 진리 깨우침의 도(道)가 있다고 해서 첩첩산중 이 깊고 높은 천등산에 제 스스로 들어왔습니다.

입산한 첫날밤 꿈속의 신령님 계시대로 돌제단도 만들었고, 옹달샘 주변에 돌담장도 만들었고, 산(山)속에서 평생 살 각오로 토굴도 만들었고, 이곳의 생활반경 내에 산길도 만들었고, 그리고 기도 장소도 깨끗이 정화를 했고, 제 몸뚱이와 정신 그리고 마음과 영혼까지도 깨끗이 정화를 끝마치고 이제 산기도 준비가 다 되었습니다.

오늘부터는 입산한 첫날밤 꿈속의 신령님 계시대로 하루에 돌을 한 개씩 주어와 돌탑을 쌓으면서 산(山)기도공부 열심히 하겠습니다.

한 개씩 돌탑을 차곡차곡 쌓는 마음으로 도(道)를 닦겠습니다.

하늘이시여! 신령님이시여! 저는 아직 산기도하는 방법도 모르고, 빌줄도 모르고, 신령님께서 직접 말씀을 해주시는 공수도 받을 줄 모릅니다. 그러하오니 느낌으로, 직감으로, 예감으로 가르쳐 주시고 밤에 잠을 잘 때마다 꿈속에서 예시몽으로 가르쳐 주시옵소서!

유서와 유언까지 남겨놓고 죽을 각오로 천등산을 찾아왔사오니 제발 가르침을 주시고 신통력을 내려 주시옵소서!……."

나는 계속 일방적으로 의사표시를 하면서 중얼~중얼~ 소원을 빌고 또 빌고 또 빌면서 기도를 합니다.

어느 정도 일방적인 의사전달과 소원을 다 빌고 나서 다시 큰절 3번을 올리고, 이제 마련해 둔 방석을 깔고 조심스레 자리에 앉습니다.

두 다리는 오므려 포개어 양반자세로 앉고, 허리는 쭉 펴서 똑바로 세우고, 두 손은 가슴 앞에 손바닥을 마주하여 합장을 하고, 두 눈은 지그시 감고, 마음은 편안히 하고, 호흡은 처음에는 깊고 길게 하다가 차츰 고르게 하고, 생각은 상단전 앞이마의 중앙 명궁(命宮)을 통하여 우주공간에 두고, 4박자 리듬으로 계속 내 귀로 들릴 만큼 소리를 내어 한마음 일념으로 "산왕대신(山王大神)!"이란 신의 명호를 부르면서 신명기도 정근을 합니다.

신통력을 얻기 위한 대신기도(大神祈禱)는 장소에 따라서 신명기도 방법이 다르기 때문에 산에서 기도할 때에는 가장 먼저 '산왕대신'을 부르고, 호수·강·바다 등등의 물(水)에서 기도할 때는 '용왕대신'을 부르고, 집 또는 기타 장소에서는 '천왕대신'을 불러야 합니다.

또한, 신통력을 얻기 위한 대신(大神)기도는 목적에 따라서 신명기도 방법이 다르기 때문에 하늘 문(天門)을 열기 위해서는 오방신장·백마신장·화엄신장 등등의 '신장'을 부르고, 질병을 치료할 때에는 의술을 주관하는 의술도사·약명도사·약왕보살·약사보살 등등의 '약명신'을 부르고, 재수를 받고자 할 때에는 터줏대감·성주대감·상업대감·천복대감 등등의 '대감신'을 부르고, 아기를 못 낳거나 아들을 못 낳은 사람이 자식을 낳고자 할 때에는 '삼신'을 부르고, 수명이 짧은 집안의 사람이 오래 살고자 할 때에는 '칠성신'을 불러야 합니다.

이러하기 때문에 산속에서 신통력을 얻고자 하는 나는 지금 '산왕대신'을 오직 일념으로 소리 내어 부르고 또 부르면서 소리파와 뇌파의 주파수를 우주자연과 신(神)들을 향하여 계속 전달하고 있습니다.

첫 숟갈에 배부를 리 없는 것처럼 아무리 신명(神名)을 불러보아도 응답이 없습니다.

가슴 앞에 손바닥을 마주하여 합장으로 두 손을 모으고 들고 있는 팔이 너무도 아파서 가만히 조심스레 팔을 내리고, 손바닥을 하늘로 하여 양쪽 무릎 위에 올려놓고 조용히 '묵언 명상'을 시도해 봅니다.

오래고 오랜 시간이 흐르면서 잡념인지 환영인지 또는 신통인지는 모르지만 산 아랫마을 생가에 계신 80살을 훌쩍 넘으신 어머님의 모습이 보입니다.

어머님께서 장독대의 커다란 장독항아리 위에 정한수로 물 한 그릇을 떠 놓고 초 한 자루에 불을 밝혀놓고 두 손을 비비면서 중얼~중얼~ 하면서 소원을 빌고 계십니다.

아마도 깊고 높은 산속으로 도(道)닦으러 입산한 이 못난 아들을 위해 하늘과 신(神)들께 지극정성 기도로 빌고 계신 것 같습니다.

어머님은 집에서 장독대에 정한수를 떠놓고 빌고 있고, 이 아들은 산속에서 돌제단에 정한수를 떠놓고 빌고 있습니다.

어머님도 빌고 아들도 빌고 있습니다.

이 무슨 기가 막힌 운명이란 말입니까?!…….

우리 어머님은 안동 김씨로 밀양 손씨 가문인 우리 집에 시집오시어 첫아기 임신 때부터 그 아기가 태어나고 자라 장년이 된 지금까지 길고 긴 오랜 세월 동안 장독대의 커다란 장독항아리 위에 정한수를 떠올리면서 시집 온 집안과 자손을 위해 평생 동안 빌어오고 계십니다.

내가 어릴 적 옛날의 시골마을에는 마을 한가운데에 공동우물이 있었고 모두가 그 공동 우물물을 길어다 먹었습니다.

우리 어머님께서는 매일 아침 새벽마다 하루도 빠뜨리지 않고 눈이 올 때나 비가 올 때나 추울 때나 더울 때나 새벽동이 틀 무렵이면 어김없이 제 시간에 일어나시어 마을 한가운데에 있는 마을 공동우물에서 물 항아리를 머리에 이고 물을 길어와 커다란 물독에 식수를 가득 채우고는 장독대에 정한수로 물 한 그릇을 먼저 떠올리고 새벽기도로 집안의 안녕을 위해 빌고 또한 자식 잘되기를 빌고 나서야 아침밥을 짓고 집안일을 시작하셨습니다.

80살을 훌쩍 넘기신 지금까지도 수행자가 평생 동안 수행을 하듯, 성직자가 평생 동안 성직생활을 하듯 계속하시고 계십니다.

독자 여러분! 이 세상 어느 수도자 및 수행자가 그토록 오랜 세월동안 변함이 없이 기도발원을 계속할 수가 있을까요?!

이 세상 어느 성직자가 그토록 지극 정성스러울까요?!

이 세상 어느 종교 또는 어느 기도자가 자기 자신보다는 오직 집안과 자식을 위해서만 평생 동안을 기도할 수 있을까요?!

필자는 그런 모습의 어머님께 항상 고마움과 감사함을 느낍니다.

그러한 지극 정성으로 우리 어머님은 6남 1녀의 자녀를 두셨지만 7남매 모두가 잘 성장하여 잘 살아가고 있고 또한 손자들까지도 모두 신체적으로나 정신적으로 잘못 태어나거나 잘못된 사람이 없이 건강하게 태어나고 무탈하게 잘 성장하고 있습니다.

어머님의 모범이 되는 삶과 거룩하심에 저절로 숙연함을 느낍니다.

"자식은 부모님의 뒷모습과 발자취를 보면서 따라 배운다."

백 마디의 말씀보다 그 행동을 보면서 따라 배울 뿐입니다.

특히 필자의 어머님께서는 우리 고유의 원초적 전통신앙이며 토속신앙인 '칠성신앙'을 함께 섬겨 오셨습니다.

원초적 자연의 '칠성신앙'을 섬겨 오신 우리 부모님께서는 우주만물은 모두가 그 생김새와 이름에 따른 각자 고유의 기(氣)가 작용을 하고 있으며, 해·달·별·산·물과 같은 자연 존재물을 신앙으로 정성껏 잘 섬기면 좋은 기운(氣運)을 받을 수 있다고 하셨고, 부처님·공자·소크라테스·예수님이 오시기 전의 아주 먼 옛날 수천 년과 수만 년 그리고 수억 년 전에도 모든 민족과 모든 나라에도 일·월·화·수·목·금·토의 요일은 모두가 있으니, 그것은 태초부터 해·달·별들의 우주하늘자연의 '기운(氣運)'을 의미한다고 가르쳐 주셨습니다.

기(氣)는 에너지로 작용을 하고, 해·달·별은 운(運)으로 움직이며, 각자 고유의 파장과 빛을 가지고 있다고 하셨습니다.

모든 사람은 자기 자신의 영혼과 신앙으로 섬기는 신(神)이 서로 잘 맞아야 기도 응답을 받을 수 있다고 하셨습니다.

예를 들어, 라디오와 TV를 켤 때 주파수 파장 사이클이 서로 맞아야 소리가 들리고 화면이 보이고 하는 것처럼 말입니다.

원초적자연의 '칠성신앙'을 섬겨 오신 우리 어머님께서는 죽어서의 천국행이나 극락왕생을 소망하는 자기중심적인 당신 자신을 위한 기도는 하지 않고, 시집을 온 여인의 덕목으로 조상님 제사(祭祀)와 명절 때의 차례를 잘 모시고, 오직 시집을 온 우리 집안과 자식을 위한 기도만 해오시면서 하늘자연의 섭리와 순리에 따라 도리(道理)를 잘 지키라고 늘 말씀을 해 주셨습니다.

필자는 그러하신 어머니를 우리 어머니로 인연지어서 이 세상에 태어나게 되고 또한 어려서부터 훌륭한 가르침을 많이 받게 되어 정말 행운이라고 생각하면서 항상 감사함을 느끼며 살아왔습니다.

우리 어머님과 제가 또 다음 생에 태어난다면 또다시 핏줄의 인연으로 태어나고 싶고, 다음 생에서는 더욱 훌륭한 아들로 태어나 어머님 은혜에 꼭 보답해 드리겠다고 이렇게 약속을 드리면서 진실한 소망을 가져봅니다.

부모님의 자기희생적 내리사랑과 자식이 부모님을 공경하는 효사랑은 자연의 섭리이고 순리이며 도리(道理)라고 생각합니다.

특히 효도는 만 가지 법도의 근본이니 효행을 잘 하는 사람은 삶이 점점 나아지고, 죽을 때 잘 죽으며 죽은 후에는 지은 대로의 '인과법칙'에 따라 스스로 하늘나라에 태어난다는 진실을 가르쳐 드리면서 이 글을 읽은 독자분들은 이제부터라도 자기 부모님께 '효도'를 하고, 영원토록 그 은혜에 감사를 하며 보답하시길 진심으로 충고를 합니다.

특히 연로하여 병들고 어렵게 사시는 자기 부모님을 끝까지 잘 보살펴 드리길 진심으로 거듭 충고를 합니다.

이 세상 70억 명의 많은 사람들 중에 부모·자식으로 만난 인연은 너무도 소중하고 또한 한 번 맺어진 부모와 자식의 인연은 핏줄동기감응의 '천륜법칙' 때문에 죽은 후 혼령이 되어 100년 이상까지도 마음대로 끊을 수 없기 때문입니다.

필자의 가르침에 공감을 하신 독자분은 이 책을 다 읽은 후, 이 책을 사랑하는 자녀들에게 특히 말썽을 부리거나 불효하는 자식에게 요령껏 귀중한 '책선물'로 활용하시길 바라는 바입니다.

필자의 글은 모든 학교 교육과정의 책에서도, 모든 종교의 경전에서도 결코 배울 수 없는 또는 그들이 결코 가르쳐 주지 않는 것들을 다루고 있고, 동양사상과 효행 및 효도를 강조하며 또한 모든 사람들에게 기본적인 사람됨을 강조하기 때문에 사랑하는 사람이나 아랫사람들에게 '책선물'하기에 매우 적합할 것이며, 무엇보다 가장 중요한 것은 각자의 타고난 천성과 소질에 따른 계발 및 운명과 운에 따른 인생진로와 직업선택 등 '천성소질인간계발론'과 함께 21세기 자본주의 사회에서 정말로 '재테크'를 잘 하는 방법과 '결혼' 잘 하는 방법 그리고 질병의 고통 없이 누구나 100세 이상 '무병장수'하는 방법과 죽을 때는 반드시 하늘나라로 올라가는 '비법' 등등 여러 가지 잘 사는 방법과 가장 중요한 천기의 비밀들을 직접 가르쳐 주기 때문에 매우 중요합니다.

자식농사는 효자·효녀로 그리고 자립·독립정신으로 잘 키우는 것이 부모 입장에서는 가장 큰 투자이고 또한 보람이며, 효도와 효행은 삶의 근본도리(道理)이고 하늘의 법도이기 때문입니다.

또한 사랑하는 자녀들에게 21세기 혼돈과 무한생존경쟁시대에서 물고기를 스스로 잡아먹을 줄 아는 잘 사는 방법의 삶의 기술과 지혜를 함께 잘 가르쳐 주는 것이 가장 중요하기 때문입니다.

그리고 모든 것은 사랑하는 자녀들에게 '상속'이 되기 때문에 부모님부터 반드시 성공과 출세를 해서 부자가 되시라고 꼭 전달을 합니다.

그렇습니다.

'그렇습니다'라고 공감을 하신 독자분은 반드시 잘 살게 될 것이라고 확신을 하고, 모르는 것을 배우려고 하는 자세와 긍정적인 사고방식과 좋은 성격 그리고 효도 효행 실천과 함께 자신의 현재 입장에서 삶을 성실하고 정성스럽게 살아가는 사람은 하늘도 감동하여 더욱 잘 살게 될 것이라고 확신을 합니다.

또한 무한경쟁사회에서 경쟁은 남들과 하고, 가족 간에는 꼭 합심과 협력을 하면서 무슨 일이든 부모님과 자식 그리고 형제자매 등 가족이 함께하면 일이 잘 풀릴 것이라고 확신을 합니다.

또한 부모님이 하시던 일을 그 자녀가 후계자로 승계 받아 계속 이어가면서 몇 대를 계속할 경우에는 유전인자적으로 또는 자연 결속된 믿음으로 또한 이미 모든 여건이 완비되었음으로 경쟁력과 소질 및 능력차원에서 가장 잘 할 수 있을 것이라고 확신을 합니다.

부모와 자식 간의 유전자 검사는 99.99%까지 정확히 일치를 하고, 자녀들은 부모의 운명을 점점 닮아가게 됩니다.

천륜과 핏줄내림 DNA유전관련법칙을 잘 이해하길 바라는 바입니다.

천륜법칙과 핏줄운내림을……

제7장
토굴 속에서 산(山)기도의 고행을 시작한다

모든 정신수행은 스스로 절제와 고행이 따르고…….

기도명상을 하고 있는 시간이 얼마나 오랜 시간이 흘렀을까?

지난날의 일들과 부모형제들의 모습이 환상인지 또는 신통인지 주마등처럼 스쳐가고 이어집니다.

두 다리를 오므려 포개어 가부좌로 오랜 시간 앉아 있으니 다리가 저려오고 무릎이 아파옵니다. 더 이상 무릎의 통증과 다리의 저림마비 때문에 앉아 있을 수가 없습니다.

나의 산(山)기도방법은 오랜 시간 합장을 하고 가부좌로 앉아 정신집중으로 '산왕대신!'을 계속 부르면서 소리파와 뇌파를 우주하늘자연으로 보내고 그리고 주파수·응답의 반응으로 미세한 진동을 감지하면서 더욱더 집중으로 우주하늘자연과 합일(合一)이 되기 위해 더욱 더 깊은 명상(瞑想) 속으로 들어가야 하는데 무릎통증과 다리 저림 마비로 오랜 시간을 가부좌로 앉아 있을 수가 없습니다.

잠시 생각을 분석하면서 가장 우선적으로, 오랜 시간을 그대로 앉아 있을 수 있는 육체단련부터 해야겠다고 판단을 내리면서 몸을 일으켜 토굴 밖으로 어기적거리며 나옵니다.

토굴 밖에서 가볍게 팔다리운동을 하고 목운동과 허리운동을 하고 숨

고르기를 하면서 짧은 거리를 왔다 갔다 하며 궁리를 합니다.

의식의 집중으로 명상삼매에 깊이 들어가려면 장애와 방해가 없어야 하는데 잡념과 무릎통증이 장해가 되고 있습니다.

그렇다면 우선 장해물인 무릎통증부터 해결을 해야 합니다.

정신수련을 하려면 육체단련을 동시에 해야 합니다.

토굴 밖에서 왔다 갔다 하며 궁리를 하던 중에 문득 큼지막하고 납작한 돌멩이가 눈에 뜨입니다.

번뜩 생각이 뇌리를 스치면서 '그래, 저 돌멩이야!' 하고서는 납작한 큰 돌멩이를 토굴 속으로 안고 들어옵니다.

담요로 돌멩이 바위를 감싸서 방석 옆에 옮겨놓습니다. 그리고는 또다시 두 다리를 오므려 포개어 가부좌로 방석 위에 앉습니다. 앉은 자세로 옆에 놓아둔 담요로 감싼 돌멩이 바위를 두 손으로 들어서 무릎 위에 올려놓고 무릎부터 단련을 시킵니다. 더 이상 견딜 수 없는 고통이 오면 바위를 내려놓고 잠시 일어나 다리 운동을 하고, 또 무릎 위에 바위를 올려놓고 앉아서 견딜 수 있는 시간까지 버티다가 더 이상 견딜 수 없는 한계가 오면 바위를 내려놓고 하면서 '무릎단련'을 계속 반복하며 시간을 늘려갑니다.

하루 이틀 사흘 날짜가 지나가면서 한 달 이상이 지나갑니다.

이젠 두 다리를 오므려 가부좌로 앉아서 무릎 위에 큰 바위를 올려놓고도 오랜 시간을 앉아 있을 수 있으니, 무릎 위에 바위를 올려놓지 않으면 하루 내내라도 무릎 통증 없이 가부좌로 앉아 있을 수 있습니다.

한 달 이상의 계속된 육체단련으로 무릎통증의 장해가 해결되고 그 과정에서 잡념의 장해까지 없어집니다.

목적을 이루었으니 바위를 본래 있던 곳에 내어다둡니다.

이제 계절이 바뀌고 초여름이 시작됩니다.

산은 푸르게 신록으로 우거지고 날씨는 점점 무더워집니다.

오늘도 돌제단 위에 정한수를 떠올리고, 촛불을 켜고, 향을 사르고, 동서남북 사방으로 절을 한 번씩 하고 토굴 안으로 들어옵니다.

토굴 안에서 돌제단을 향하여 하늘과 신령님께 큰절 3번을 올리고, 조심스럽게 방석을 깔고 조용히 앉습니다.

오늘도 어제처럼 우선적으로 먼저 후! 소리를 길게 내면서 여러 차례 날숨으로 몸을 이완시키고, 그리고 허리를 쭉 펴고 양반자세로 앉고, 가슴 앞에 두 손바닥을 살며시 합장을 하고, 시선과 생각을 멈추기 위해 두 눈을 살며시 감고, 의식은 가운데 이마 '명궁'을 통하여 우주하늘에다 두고, 4박자 리듬으로 "산왕대신! 산왕대신! 산왕대신!" 신명(神名)을 계속하여 오직 한마음 일념으로 소리 내어 불러봅니다.

오랜 시간이 지나면서 가슴 앞에 합장으로 들고 있는 손끝이 기(氣) 흐름의 반응으로 진동이 느껴지면서 조금씩 흔들리고 손끝에서 몸의 중심 쪽으로 가벼운 전율이 찌르르~ 하고 흐릅니다.

그리고는 무엇인가 보일 듯 말 듯하고, 무슨 소리가 들릴 듯 말 듯하고, 무슨 말이 터져 나올 듯 말 듯합니다.

그러다가 나 자신도 모르게 졸음이 옵니다.

졸다가 문득 깨어나고 또 졸다가 문득 깨어나곤 합니다.

날씨가 무더워지니 요즘은 졸음과의 싸움이 계속됩니다.

기도를 시작하면서 '오늘은 졸지 말아야지!' 하고 거듭 다짐을 해 보지만, 얼마 동안 시간이 지나면 나 자신도 모르게 꾸벅~ 졸다가 깨어나고 또 꾸벅 ~ 졸다가 깨어납니다.

세상에서 가장 무거운 것이 눈꺼풀인 것 같습니다.

더 이상 졸음 때문에 기도를 계속 할 수가 없어서 몸을 일으켜 토굴 밖으로 나옵니다.

토굴 밖에서 왔다 갔다 거닐며 궁리를 해봅니다.

날씨는 점점 무더워지는데 어떻게 해야 졸음을 이길 수 있을까?

저만치 숲속에 싸릿대 나무가 눈에 뜨입니다.

싸릿대 나무를 보는 순간 번뜩 생각이 뇌리를 스치면서 '그래, 저 싸릿대 나무 회초리야!'라고 합니다.

낫으로 새끼손가락 굵기만큼의 싸릿대나무를 한 움큼 베어옵니다.

옛날 어렸을 적에 우리 시골집에서는 싸릿대나무를 베어 바지게로 한 가득 짊어지고 옮겨와 한 움큼씩 새끼줄로 묶어서 싸릿대 빗자루를 많이 만들어 놓고 일 년 내내 마당도 쓸고 골목도 쓸며 사용을 하였습니다.

그런데 나는 지금 그 싸릿대나무로 회초리를 만들려고 합니다.

명상기도를 하다가 졸음이 오거나 잡념이 생기거나 또는 게을러지면 내가 내 손으로 내 몸뚱이를 때리기 위해 싸릿대나무 회초리를 만들려고 합니다.

싸릿대나무로 회초리를 만드는 중에 너무나도 서글픈 마음이 들면서 나도 모르게 눈물이 주르륵~ 흘러내립니다. 맨주먹으로 눈물을 닦으며 또 눈물을 닦으면서 어금니를 악물고 스스로 강해지기 위해 정신과 마음을 다잡아봅니다.

지금의 내 인생은 물러설 데도 없고 또한 물러설 수도 없습니다.

첩첩산중 깊고 높은 산속에서 나 홀로 살아가야 하기 때문에 스스로 강해져야 합니다. 새로운 삶의 목표를 위해 모든 수단과 방법을 다 동원하면서 의지와 신념을 더욱 강하게 굳혀 나아갑니다.

나는 지금 서글픈 마음을 쓸어안고 초라한 모습으로 앉아서 맨주먹으로 흐르는 눈물을 닦으면서 회초리를 만들고 있습니다.

싸릿대나무 회초리를 한꺼번에 여러 개를 만듭니다.

하나가 부러지면 또 꺼내서 사용하고, 또 하나가 부러지면 또 꺼내서 바로바로 사용하기 위해 양손 한 움큼의 회초리를 만들었습니다.

그리고 나서 실험을 해봅니다.

어떤 물건이든 만들었으면 그 물건이 제 기능을 하는지 반드시 기능 확인의 실험을 해보아야 합니다.

만든 물건이 제대로 만들어졌는지? 아니면 잘못 만들어졌는지? 반드시 확인을 해보아야 합니다. 힘들여 만든 물건에 하자가 있으면 원인을 발견하여 제대로 고치고 또다시 완벽하게 고쳐야 합니다.

나는 내가 만든 물건인 싸릿대나무 회초리가 회초리로서 제 기능을 잘 발휘할 수 있을지를 직접 실험으로 확인해 보기 위해 오른손에 회초리를 집어 들고 팔을 머리 위로 높이 들어 올리고 내 등짝을 힘껏 내리쳐 봅니다.

눈물이 핑~ 돌만큼이나 아프고 회초리는 부러지지 않으니 회초리로서 기능 확인이 되었습니다.

그러나 한 번의 기능 확인실험은 미덥지 않기 때문에 확실한 기능 확인을 위해서 어금니를 악물고 이번에는 맨 팔뚝에 힘껏 회초리를 또다시 내리쳐봅니다.

또 눈물이 핑~ 돌만큼이나 아프고 맨 팔뚝에 뻘겋게 회초리 자국 핏발이 생겨도 회초리는 부러지지 않으니 회초리로서의 기능이 재확인되었습니다.

양손 한 움큼의 싸릿대나무 회초리를 토굴 안으로 가지고 들어와 좌선하는 방석 옆에 가지런히 놓아둡니다.

언제라도 졸음이 오거나 잡념이 생기거나 게을러지면 오른손으로 회초리를 즉시 잡을 수 있도록 좌선하는 방석의 오른쪽에 놓아두고서 또 다시 기도명상에 들어갑니다.

그리고는 졸음이 올 때마다, 잡념이 생길 때마다, 게을러질 때마다 나는 내 손으로 내 몸뚱이 등짝을 회초리로 후려치면서 기도를 합니다.

15일쯤 날짜가 지나갑니다.

날씨는 점점 무더워지고 회초리를 사용하다 보니 내 몸뚱이의 등짝은 갈기갈기 살이 찢어져서 목욕을 할 때마다 쓰리고 아리고 너무나 고통스럽습니다.

또한, 기도 중에나 잠을 잘 때에도 회초리로 맞은 부위 상처의 통증 때문에 오히려 기도에 집중할 수가 없을 정도입니다.

지나친 고행이 수도에 오히려 방해가 되기도 함을 깨닫습니다.

지나친 것은 오히려 부족함만 못함을 스스로 깨닫습니다.

"모든 것은 지나침도 부족함도 아닌 적절함이 가장 좋다."

계절이 한여름으로 접어드니 날씨가 점점 무더워집니다.

오늘은 아침부터 토굴 밖에서 왔다 갔다 거닐며 또 다른 궁리를 합니다.

날씨는 점점 무더워지는데 고통 없이 졸음을 이길 수 있는 방법의 묘책을 찾고 있습니다.

토굴 밖에 이쪽 나뭇가지와 저쪽 나뭇가지 사이에 빨랫줄이 걸쳐 있는데, 그 빨랫줄을 보는 순간 번뜩 묘안이 또 뇌리를 스치면서 '그래, 저 빨랫줄이야!'라고 생각이 듭니다.

빨랫줄을 풀어서 손에 들고 토굴 안으로 들어옵니다.

빨래줄 한 쪽 끝을 토굴 안 천장의 높다란 대들보에 묶고, 또 다른 한 쪽 끝은 내 머리통 중앙의 머리카락 한 움큼에 묶어서 줄이 너무 팽팽하지도 않고 너무 느슨하지도 않도록 가늠해보면서 방석 위에 앉아 기도 중에 꾸벅~ 하고 고개를 숙이면 머리칼이 당겨져 몹시 아프도록 줄을 적당하게 잘 조절을 합니다.

그러고 나서 이젠 실험 삼아 가부좌로 앉은 상태에서 꾸벅~ 하고 고개를 숙여보니 줄에 묶인 머리칼 한 움큼이 통째로 뽑히는 것처럼 몹시 아프면서 정신이 번쩍 듭니다.

이제 방석 옆에는 싸릿대나무 회초리를 놓아두고, 머리칼 한 움큼을 줄에 묶어 천장 대들보에 매달고 다시 '집중기도'에 들어갑니다.

내 몸뚱이가 회초리로 매를 맞지 않으려고 긴장을 합니다.

내 머리통이 머리칼을 뽑히지 않으려고 또 긴장을 합니다.

몸뚱이가 스스로 긴장을 하니 정신이 바짝 차려집니다.

이제 졸음으로 인한 장해물이 제거되면서 모두 해결이 됩니다.

'궁하면 통한다'는 말씀이 체험으로 실감이 납니다.

우리의 인생살이도 마찬가지입니다.

무슨 일을 하는 중에 장애물이나 방해물이 생기면, 적극적으로 그 장애와 방해를 분석하고 연구하고 더욱 노력을 하여 극복하면서 뚫고 나가거나, 오히려 역이용하거나, 딛고 일어서는 등등 적극적이고 강인한 사람이 있습니다. 그런가 하면 그 반대로 장애물과 방해물을 핑계 구실로 삼고 책임을 떠넘기면서 중도 포기하는 소극적이고 도피적인 나약한 사람도 있습니다.

독자 여러분은 어느 쪽의 어떠한 사람이 되길 바라십니까?

오직 강자만이 살아남는 경쟁사회에서 어떻게 살아가겠습니까?

21세기는 100살까지 살아야 하는데 준비는 잘 하고 있습니까?

사람의 정신력과 강한 신념은 태산도 움직일 수 있고, 안 되는 것을 되게 할 수도 있고, 놀라운 기적을 이루어 낼 수도 있습니다.

혹시, 지금 이 글을 읽고 있는 독자분께서 필자보다 나이가 젊은 사람이라면, 현재 좌절과 실의에 빠져있는 사람이라면, 일을 하다가 실패를 당하고 있는 사람이라면, 장사영업과 투자손해를 당하고 있는 사람이라면, 대학을 졸업하고도 아직 취업을 못하고 있는 사람이라면, 큰 질병으로 고통받고 있는 사람이라면, 가난한 사람이라면, 그리고 반드시 성공·출세하고 부자가 되어 행복한 삶을 살고 싶은 사람이라면 그동안의 잘못된 생각과 나쁜 성격 그리고 나쁜 행동과 나쁜 습관 등을 즉시 바꾸고, 당장 오늘부터 강인한 정신력과 열정 그리고 '할 수 있다'는 신념을 가지고 살아가시길 꼭 전달합니다.

다시금, 오늘부터 ① 문제점과 자신을 철저히 분석하고 ② 분명한 목적과 목표를 정하고 ③ 반드시 계획을 세우고 ④ 우선순위에 따라 '선택과 집중'을 잘 하여 강인한 정신력과 열정으로 지속성을 가지고 각자 본인의 뜻한 바를 계속 실천해 나아가면 누구나 문제해결과 목적·목표 달성을 분명히 이룩해 낼 수 있습니다.

필자도 이곳 첩첩산중 깊고 높은 천등산 산속에서 강인한 정신력으로 그리고 간절함과 정성스러움으로 반드시 하늘 문(天門)을 열고 신통력과 깨달음의 도(道)를 반드시 얻어낼 것입니다.

이곳 천등산에서 반드시 신통력을 얻고, 그 신통력으로 내가 누구인지? 내 영혼이 누구인지? 나의 전생이 어떠했는지? 나는 어떤 운명을 가지고 태어났는지? 내가 태어나면서 무슨 업(業)을 타고났기에 이렇게 고생과 고통만 따르고 있는지? 이렇게 살다가 내가 죽으면 또 다음 생은 어떻게 될 것인지? 어떻게 해야만 모든 업장을 소멸시킬 수 있는지? 어떻게 살아야 진정한 성공과 행복을 이룰 수 있는지? 등등을 나는 내 힘으로 반드시 모두 다 알아낼 것입니다.

그리고 신통력으로 진리 깨달음의 '도통'까지 이룩해 낼 것입니다.

입산할 때에 배수진으로 죽음까지도 각오를 했고, 이미 유언과 유서까지 남겨놓았으니 결코 포기하지 않을 것입니다.

"무슨 일이든 목숨을 걸고 덤비면 반드시 성공을 한다"

필자도 목숨을 걸고 새로운 '삶의 가치'를 위하여 신통력을 얻기 위한 산(山) 기도로 인간계와 신령계 간의 경계의 벽을, 이승세계와 저승세계 간의 경계의 벽을 뚫고 들어가 반드시 '하늘 문(天門)'을 열고 신통력을

얻어내고 그리고 궁극적 삶의 목표인 해탈 대자유적 존재 '전지전능'의
존자·진인·신인이 꼭 되고 싶습니다…….

우선적으로 반드시 하늘로부터 '신통력'을 허락받을 것입니다.

반드시 신통력 허락을…….

제8장
드디어 인간계와 신령계의 경계의 벽을 뚫는다

반드시 인간계와 신령계의 경계의 벽을 뚫어야⋯⋯.

아침 해가 매일 떠오르듯, 오늘도 깊고 높은 산속의 기도처 성소 돌제 단 위에 정성껏 정한수를 떠올리면서 간절한 마음으로 소원을 빕니다.

"오늘은 제발 인간계와 신령계의 경계의 벽을 뚫게 해주시옵소서!"

오늘도 어제처럼 첩첩산중 깊고 높은 천등산 산속에서 나 홀로 신통력 을 얻기 위한 '집중기도'에 들어갑니다.

먼저 준비운동으로 몸의 기혈을 풀어주고, 후! 소리를 길게 몸속의 탁 기를 내보내며 '날숨'으로 몸을 이완시키고, 입을 다물고 옴! 소리를 강하 고 길게 내면서 뇌 속에 진동을 일으켜 뇌파작동을 준비시키고, 그러고 나서 조심스럽게 두 다리는 오므려 포개어 양반자세로 앉고, 허리는 쭉 펴서 똑바로 세우고, 두 손은 가슴 앞에 손바닥을 마주하여 합장을 하 고, 두 눈은 지그시 감고, 마음은 편안히 하고, 호흡은 처음에는 깊고 길 게 하다가 차츰 고르게 하면서 들숨과 날숨에 집중을 하고, 생각은 상단 전 앞이마 명궁을 통하여 우주하늘에 두고, 그리고 4박자 리듬으로 계속 하여 한마음 일념으로 소리 내어 '산왕대신!'이란 신(神)의 명호를 부르면 서 신명기도 정근을 합니다.

리듬과 파장을 맞추며 집중을 하면서 기도에 몰입해 들어갑니다.

합장을 하고 있는 손이 기(氣)를 받으면서 서서히 진동과 떨림이 오면서 흔들거리다가 상·하로 세게 흔들리고 또한 앞가슴을 때리면서 엉덩이가 들썩거리고 강한 기(氣)흐름으로 인하여 온 몸이 요동을 칩니다.

한바탕 거세게 온 몸이 요동을 친 다음에 손끝과 발끝 그리고 머리정수리에서 몸의 중심 쪽으로 또다시 안정이 된 기(氣) 흐름의 전율이 찌르르 찌르르 찌르르 ~ 하면서 쫙~ 뻗쳐옵니다.

그리고는 머릿속에 뇌수가 꽉 차 오르면서 터질듯한 압력을 느끼고, 앞이마의 중앙 명궁이 멍~해지면서 무엇인가가 보이는 것 같고, 두 귀에서 휘파람소리와 함께 무슨 소리인가가 들리는 것 같고, 입술이 떨리면서 무슨 말인가를 불쑥 내뱉을 것만 같습니다.

정신의 집중과 몰입을 더욱 강렬하게 하면서 '이때다!'라고 직감을 느끼면서 의식의 관찰로 결정적 기회를 포착합니다.

죽을힘까지 사력을 다하면서 더욱 확실하게 눈감은 눈으로 보려고 하고, 귀로 들으려고 하고, 입으로 말문을 터보려고 합니다.

나는 마음속으로 처절하게 울부짖고 있습니다.

"저 벽을 뚫어야 한다! 인간계(人間界)와 신령계(神靈界) 간의 저 경계의 벽을 뚫어야 한다! 이승과 저승 간의 저 경계의 벽을 뚫어야 한다! 내가 살길은 오직 저 벽을 뚫는 것이야! 하늘이시여, 신령님이시여, 제발 저 벽을 뚫을 수 있도록 허락 좀 해주시옵소서!……."

한줄기 흰 빛이 아득한 저 멀리 우주에서 내게로 다가옵니다. 점점 더 가까이 내게로 다가오는 흰 빛은 너무 너무나 눈이 부십니다.

이대로 눈이 멀어버려도 괜찮고, 몸이 굳어버려도 괜찮습니다.

내 평생 처음 보는 신비한 흰 빛이기에 그리고 결정적인 기회포착이구나 하는 직감이기에 나는 끝까지 눈부신 흰 빛을 주시합니다.

신비하고 눈부신 흰 빛이 내 몸에 닿는 순간 내 머리는 띵~ 하고 어지럽고, 내 몸뚱이는 공중에 붕~ 뜨는 무중력을 느끼면서 너무 너무나 황홀함을 느낍니다. 그리고는 점차로 아무런 느낌이 없는 무한대의 엄청난 고요정적이 되어 버립니다. 그 고요정적 속에서 천지가 울리는 음성이 들려옵니다.

"집착을 버리거라!~~."

"마음을 비우거라!~~."

"아무생각도 하지 말거라!~~."

"우주하늘자연과 합일체가 되거라!~~"

정체불명의 천지가 울리는 음성을 듣고, 나는 순간 깨달으면서 집착과 마음의 끈을 살며시 놓아봅니다.

마음이 너무나도 평안해지고 더욱 무한대의 고요정적이 되면서 시간도 없어지고 공간도 없어지고 나 자신까지 없어져 버립니다.

무아지경의 완전초월 상태 무한대의 엄청난 고요정적 속에서 또 천지가 울리는 음성이 또 들려옵니다.

"벽을 뚫었느니라!~~. 인간계(人間界)와 신령계(神靈界) 간의 경계의 벽을 뚫었느니라!~~. 이승과 저승 간의 경계의 벽을 뚫었느니라!~~. 신통(神通)의 첫 관문인 하늘 문(天門)을 열었느니라!!~~."

무한대의 고요정적 속에서 천지가 울리는 음성을 내 두 귀로 생생히 들으면서 결정적 기회를 포착한 이 순간이 혹시나 환청현상은 아닌지 확인을 하고자 조심스럽게 소리 내어 말씀을 여쭤봅니다.

"천지를 울리는 이 음성을 들려주시는 분은 누구시온지요?"

그러자 또 천지가 울리는 음성이 들려옵니다.

"신령님이시다!"

"어떤 신령님이신지요?"

"오방신장 백마장군 신령님이시다!"

"정녕, 신령님이시라면 그 모습을 보여 주실는지요?"

그러자 하늘에서 천지가 울리는 말발굽소리가 들리면서 눈부신 흰빛이 또다시 나타나고 그 빛 속에서 날개가 달린 하늘 백마를 탄 장군이 모습을 드러내시어 저~ 멀리서 이쪽을 향해 돌진을 해옵니다. 점점 더 가까이 달려오면서 점점 더 모습이 커집니다.

천지가 울리는 말발굽소리의 굉음과 함께 하늘 백마의 갈기털이 바람에 휘날립니다.

말 울음소리와 함께 날개가 달린 하늘 백마를 타고 내 앞에 멈추어 선 신령님의 모습은 쇠꼬챙이 달린 투구를 쓰고, 오색 빛깔의 갑옷을 입고, 한 손에 큰 칼을 들고, 왕방울만큼 크고 강렬한 눈빛을 하고 힘이 넘쳐 보이는 장수 모습입니다.

신령님의 모습을 실제로 보니 너무나도 신비하고 무서운 모습이지만 그렇게도 맞닥뜨려보고 싶었기 때문에 내 스스로 두려움을 인내하면서 조심스럽게 직접 말씀을 또 여쭈어봅니다.

"흰색 하늘 천마를 타고 오신 오방신장 백마장군 신령님께서는 무슨 역할을 하시는지요?"

"오방의 방위를 수호관장하고, 산기도하는 하늘제자들에게 하늘 문(天門)을 열어주고 또한 신변을 보호해주는 신령이니라."

"신령님! 그럼 저에게도 하늘 문이 열린 것이온지요?"

"그러하도다. 경계의 벽을 뚫고 하늘 문을 열었느니라."

"신령님! 그럼 이제부터는 어떻게 공부를 해야 되는지요?"

"제자야! 이미 경계의 벽을 뚫고 신령과 직접 통신(通神)을 하였으니 눈이 열리고, 귀가 열리고, 말문이 열렸느니라. 이제부터는 깊은 명상삼매로 '천기신통초월명상'에 들어와 이렇게 직접 신령과 대화를 나누면서 신령들로부터 직접 가르침을 받으면 되느니라."

"신령님! 정녕 그러하는지요?"

"제자야! 정녕 그러하느니라."

"고맙습니다. 이제부터 신령님들께서 많은 가르침을 주시옵소서!"

"잘 알았느니라."

말씀이 끝나시자, 순간 신령님의 모습은 없어지고 하늘 백마의 말발굽 소리만이 멀어져갑니다.

초월상태의 고요정적 속에서 환희가 막 솟구쳐 오릅니다.

의식으로 정신을 차리고 몸을 일으켜 토굴 밖으로 나옵니다.

구슬 같은 땀으로 속옷까지 다 젖어있고, 환희의 눈물이 마구 펑펑 흘러내립니다.

해는 서산으로 기울며 노을이 찬란하게 빛나고, 가끔 날아와 친구가 되어 주던 산 까마귀들이 토굴 주위의 나뭇가지에 앉아서 까악~까악~ 노래를 부르며 축하를 해 줍니다.

하늘을 올려다보며 솟구치는 환희의 큰 소리를 질러봅니다.

"벽을 뚫었다!~~."

산 메아리가 산 전체를 울리면서 하늘까지 올라갑니다.

아무도 없는 첩첩산중 깊고 높은 산속에서 나 홀로 덩실~덩실~ 춤을 춥니다.

나는 환희의 눈물을 흘리면서 춤을 춥니다.

눈에서는 눈물이 흘러내리고 몸뚱이는 춤을 추면서 또 하늘을 올려다보며 큰소리를 지릅니다.

"인간계(人間界)와 신령계(神靈界) 간의 경계의 벽을 뚫었다!~~.

이승과 저승 간의 경계의 벽을 뚫었다!~~.

드디어 하늘 문(天門)을 열었다!~~."

나의 목소리는 산 하늘 메아리가 되어 하늘까지 계속 올라갑니다.

아무도 없는 깊고 높은 천둥산 산속에서 환희와 감격의 눈물을 펑펑 흘리면서 계속 덩실~덩실~ 춤을 춥니다.

동쪽하늘에 둥근 달이 떠오릅니다.

둥근 달이 어둠을 밝혀줍니다.

첩첩산중 깊고 높은 천둥산 산속에서 둥근 달이 떠있는 달밤에 나 홀로 덩실~덩실~ 춤을 춥니다.

환희의 눈물로 자축하는 나 홀로 추는 춤은 둥근 달이 머리 위에 떠 오를 때쯤에야 멈추어갑니다. 마음은 이 밤을 지새우도록 춤을 추고 싶지만 몸뚱이가 지쳤다고 그만 쉬자고 합니다.

머리 위에 떠있는 둥근 달에게 큰절을 합니다.

돌탑에도 큰절을 하고, 옹달샘에도 큰절을 하고, 토굴에도 큰절을 하고, 동서남북 사방으로 큰절을 합니다.

하늘자연의 모든 존재물께 감사함의 큰절을 올리고 또 올립니다.

도(道)닦으러 입산한지 120여 일만에 드디어 '하늘 문(天門)'을 열고 직접 하늘과 '통신(通神)'을 해내는 1차 목표를 달성했습니다. 열정을 가지고 집중과 끈기로 성공을 이루어 내었습니다……

제9장
자기 자신의 과거 전생(前生)을 알아야 한다

모든 사람은 자기 자신의 과거 전생을 꼭 알아야……

신통력의 첫 관문인 경계의 벽을 뚫고 나서부터는 신안(神眼)의 눈이 열리고, 귀가 열리고, 말문이 열려서 언제든 기도할 때마다 신(神)들과 직접대화를 나눌 수 있고 직접 볼 수 있게 되었습니다.

무엇이든 의문이 있을 경우에는 기도 중에 직접 신령님께 질문을 드리고 또한 답을 얻을 수 있습니다.

하늘 문(天門)을 열고 통신(通神)을 하여 신통력을 얻은 이후부터는 커다란 육환장 지팡이에 삿갓을 쓴 스님과 백마를 타고 큰칼을 든 장군이 매일 같이 꿈속에도 명상삼매의 기도 중에도 나타납니다.

오늘도 어제처럼 돌제단 위에 정한수를 떠올리고, 촛불을 켜고, 향을 사르고 그리고 동서남북 사방으로 절을 한 번씩 하고 토굴 안으로 들어오면서 이렇게 마음을 먹습니다.

"오늘은 삿갓 쓴 스님과 큰칼 든 장군의 정체를 꼭 밝혀내야지!"

커다란 투명창문을 사이에 두고 돌탑과 돌제단을 향해 토굴 안에서 정성껏 큰절 3번을 올리고 조용히 방석 위에 앉습니다.

명상기도와 좌선(坐禪)을 행할 때는 먼저 몸속의 기혈이 잘 통할 수 있도록 준비운동으로 몸을 풀어주면서 '이완'을 해 주어야 합니다.

먼저 스스로 터득한 '온몸진동법'으로 가볍게 몸을 풀어줍니다.

다음으로 배가 쑥~ 들어갈만큼 후! 소리를 내면서 길게 '날숨'으로 몸속에 탁기를 내보내고, 입을 다물고 옴! 소리를 강하고 길게 내면서 뇌속에 진동을 주고, 그러고 나서 조심스레 두 다리는 오므려 포개어 가부좌로 앉고, 허리는 쭉 펴서 반듯하게 세우고, 이제부터 두 손은 손바닥을 위로 하여 양쪽의 두 무릎위에 올려놓고, 두 눈은 지그시 감아 눈동자를 아래쪽으로 코끝을 향하는 등 고정을 시키고, 마음은 편안히 하고, 호흡은 처음에는 깊고 길게 하다가 차츰 고르게 하면서 들숨과 날숨에 집중을 하고, 의식은 상단전 앞이마 명궁을 통하여 우주하늘에 두고, 이제부터는 기도방법을 바꿔서 '천기신통초월명상'을 합니다.

들숨 날숨의 호흡을 의식하고, 의식의 변화진행을 '관찰'하면서 점점 더 깊이 명상에 집중을 하고, 내 의식체와 하늘과의 주파수 사이클을 맞추며 몰입해 들어갑니다. 이내 하늘의 천기와 직통을 하면서 몸에 진동과 떨림이 오고, 손끝과 발끝 그리고 머리끝에서부터 몸의 중심 쪽으로 찌르르~ 찌르르~ 찌르르~ 하는 기(氣)흐름의 전율이 쫙~ 뻗쳐옴을 느낍니다. 한참동안 고감도의 전율이 찌르르 ~ 쫙~ 하고 여러 차례 계속되면서 몸뚱이가 공중에 붕~뜨는 무중력을 느끼면서 '무아의 황홀경'이 됩니다.

고감도 기(氣) 흐름의 이 쾌감과 황홀함은 이 세상 어느 것과도 비교할 수 없을 만큼 최고의 지극·지고·지락의 상태입니다.

황홀경의 정점에서 무한대의 고요 정적이 오고, 그리고 모든 것이 정지하면서 시간과 공간이 없어집니다. 이제 서서히 하늘 문이 열리고 내 영혼체는 신(神)들의 세계로 경계의 벽을 뚫고 들어갑니다.

필자가 스스로 터득한 이 기도와 명상법은 필요에 따라서 '신통술기도'라 하고 또한 경계를 초월할 때는 '신통술초월명상'이라 하는 등 두 개의 명칭을 사용하겠습니다.

신통술초월명상 속에서 오늘도 삿갓 쓴 스님과 큰칼 든 장군이 함께하고, 머리칼과 눈썹과 수염이 기다랗고 하얀 백발노인 산신령님이 두꺼운 책을 들고 어제처럼 또 나타납니다.

책을 손에 든 백발노인 산신령님은 어제처럼 오늘도 내가 쌓아올리고 있는 돌탑 위에 걸터앉으시고, 삿갓 쓴 스님과 큰칼 든 장군은 내 곁에 앉습니다. 이 두 분의 모습을 자세히 들여다보면 나이와 의복차림새만 다를 뿐 내 얼굴과 거의 똑같이 닮아 있습니다.

요즘에 와서는 이러한 점이 굉장히 궁금합니다.

내 나이 17살쯤부터 지금까지 오랜 세월 동안 언제나 똑같은 모습으로 가끔씩 내 꿈속에 나타나고, 결국에는 나를 산으로 데리고 들어오고, 지금은 꿈속에서나 명상 중에 매일같이 나타나서 나를 돕고 또한 나를 수호해 주는 정체불명의 두 분이 정말 궁금합니다.

오늘은 이 궁금증을 꼭 풀어야 하겠습니다.

신통술초월명상의 삼매경에 들어 이제 막 책을 펼치시는 백발노인 산신령님께 먼저 질문을 여쭙습니다.

"산신령님! 공부하기에 앞서 저에게는 오랜 세월 동안의 궁금함이 있사온데 오늘은 그 궁금함을 풀게 해주실런지요?"

"제자야! 무엇이 그리도 궁금한가?"

산신령님! 평생 동안 나를 따라 다니고, 지금도 제 곁에 함께 앉아있는 삿갓 쓴 스님과 큰칼 든 장군은 누구이온지요?"

"제자야! 운때가 되면 가르쳐 줄 것이니라."

"산신령님! 궁금함이 오히려 기도공부에 방해물이 되오니 지금 가르쳐 주실는지요?"

"제자야 산기도공부는 순서가 있고 또한 모든 것은 운때가 있다고 하였느니라."

"산신령님! 기도공부의 방해물은 즉시 없애버려야 한다고 생각되옵니다."

"제자야! 운때에 따른 공부 순서가 있는데, 별도의 과외공부를 하겠다고 약속을 하면 가르쳐 줄 수 있느니라."

"산신령님! 그렇게 할 것을 약속드립니다."

"제자야! 잘 들을지니, 또 다른 신분의 너 자신이니라."

"산신령님, 제 자신은 따로 여기 있사온데 제 자신이라니요?"

"제자야! 과거 또 과거 전생의 또 다른 신분의 너 자신이니라."

"산신령님! 좀 더 상세히 가르쳐 주실는지요?"

"제자야! 잘 듣도록 하여라!"

"예. 잘 듣도록 하겠습니다."

"너는 과거 1,000년 전에는 '천왕승'이라는 하늘나라 도솔천궁의 최고 높은 신승(神僧)이었고, 또한 과거 600년 전에는 이곳 천등산 탑사골에 있었던 탑사(塔寺)의 최고 어른 방장 큰스님이었고, 이곳의 옹달샘은 그 때에 네가 물마시던 그 약천샘이었느니라.

지금은 불에 타서 없어지고 그 흔적으로 돌기둥만 남아 있지만 과거 600년 전, 너는 이곳 천등산 탑사에서 최고 어른 방장 큰스님으로 있을 때에 굉장한 법력을 얻고 도승(道僧)으로 열반하였느니라. 그리고는 또 다시 하늘나라 천상세계로 올라가 '제석천궁'이란 하늘궁전의 제석천왕 오른팔 역할 겸 백마신장 중의 우두머리 역할인 '칠성장군'으로 500년 동안 천상세계의 '천사장' 역할을 하다가 하늘의 특별한 사명과 함께 더 도(道)를 닦아 초월해탈 자유자재를 이루겠다고 스스로 원을 세우고 또다시 인간세계로 환생(還生)을 하여 내려왔느니라.

다시 사람 몸으로 환생한 너는 네 영혼의 진짜 바람이나 운명을 모르고 다른 길로만 가더구나. 자기 영혼의 바람과 자신의 운명도 모르고 인생길을 걸어가니, 가장 나쁜 운때에 하늘의 계획에 휘말려서 큰 사업을 실패하고 자살까지도 시도하더구나.

예를 들어, 몸뚱이는 하나뿐인데 그 몸뚱이 속에 주인공으로 들어와 있는 자기 영혼의 바람과 그리고 현실적인 자신의 추구가 각각 다른 길을 선택한다면 하나뿐인 몸뚱이는 과연 어느 길로 갈 것인가?를 한 번쯤은 깊게 정말로 깊이 생각해 볼 필요가 꼭 있느니라.

자기 영혼의 바람과 자기 현실의 추구가 서로 다른 길을 택한 사람은 절대로 성공적인 삶을 이룩할 수가 없느니라.

네 몸뚱이의 주인으로 들어와 있는 과거 전생 너의 영혼의 바람은 최고의 깨달음으로 해탈을 이루어 대자유의 스스로 존재하는 '자재신'이 궁극이고, 너의 현실적인 추구는 보통 사람들처럼 성공출세를 하고 부자가 되어 잘 먹고 잘 입고 잘 쓰고 하면서 물질적으로 잘 사는 것이었으니, 그동안 너무나 귀중한 삶을 헛고생만 하였느니라.

제자야! 너의 운명은 소년 때부터 하늘의 '전령자' 역할을 하면서 땅위에서 일어나는 나쁜 재앙들로부터 사람들을 구원하고 인도하라는 사명을 함께 부여했건만, 소년 때에는 신통능력을 없애버리더구나.

그러나 스스로 또는 하늘로부터 선택을 받아 특별하게 타고난 특별한 사명과 운명은 결국 따르게 되어 있고 또한 따라야 하느니라.

이제라도 깨닫고 스스로 제 길로 들어섰으니 잘되었느니라.

지금, 네 옆에 함께 앉아있는 삿갓 쓴 '천왕승'과 큰칼 든 '칠성장군'은 과거 또 과거 전생의 너 자신이었느니라.

과거 전생 너의 영혼들과 함께 이곳 천등산에서 한 10년 정도만 도(道)를 닦으면 과거 전생의 최고 상근기가 있으니, 삼천대천세계 우주하늘자연의 진리를 다 터득하고 깨달아 너의 영혼의 바람인 초월해탈 자유자재를 이룩할 수 있을 것이니라. 잘 알아들었는가?"

"예, 잘 알아들었습니다. 하지만 하나 더 궁금함이 있사온데 가르쳐 주실는지요?"

"물어보도록 하여라!"

"저의 과거 전 전생까지 모두 알고 계시는 산신령님은 대체 누구이시고, 또한 저와는 어떤 인연이 있는지 가르쳐 주실는지요?"

"제자야! 운때가 되면 다 알게 될 것이니라."

"산신령님! 기왕 말씀이 나왔으니 지금 가르쳐 주실는지요?"

"제자야! 잘 듣도록 하여라!"

"예, 잘 듣도록 하겠습니다."

"네가 이미 알고 있다시피 나는 이곳 천등산의 산신령이고 너하고는 특별한 인연이 있으니, 너와 나는 과거 600년 전에 이곳 천등산 탑사에서 함께 수도했던 도반 친구였느니라.

너는 최고 높은 도승까지 되어 영적으로 거듭나서 천계 천상의 하늘궁전으로 올라가 높은 '인격신(人格神)'이 되었고, 나는 또 다른 인연법에 따라 이곳 천등산의 산신령이 되었느니라.

과거 전생의 도반 친구가 이곳 천등산을 인연으로 하여 인간계의 사람으로 다시 환생을 한다고 해서 기다렸고, 그동안 타고난 운명의 길을 잘못 가길래 염려는 되었으나 너의 운명이 반드시 이곳 천등산으로 또다시 입산하도록 되어 있기에 지금껏 너를 기다렸느니라.

옛날 옛적에 함께 수도했던 도반 친구여! 내가 친구의 우주하늘자연의 천기신통술명상 산(山)기도공부를 힘껏 도와주겠노라. 하지만 꼭 한 가지 지켜주어야 할 것이 있으니 인간계와 신령계와는 엄연한 구분과 규칙이 있는 법이니라.

도반 친구는 지금 사람의 몸으로 그리고 수도수행자의 몸으로 다시 환생을 하고 또한 입산을 했으니 철저히 배우는 자세의 마음가짐과 태도를 갖추어야 하느니라. 잘 알아들었는가?"

"예, 잘 알아들었습니다."

"그럼, 이제부터 책을 펴도록 하여라!"

"예……."

나는 나이가 600살이나 된다는 백발노인 천등산 산신령님과 옛날 옛적의 탑사(塔寺, 오래전에 화재로 불타 없어지고 현재는 절터의 흔적으로 돌기둥만 덩그러니 남아 있음)에서 함께 수도 수행했던 도반 친구였다는 것이 믿어지지 않지만, 그 말씀들을 받아들여 믿기로 합니다. 왜냐하면 ① 탑사의 흔적으로 절터와 함께 돌기둥이 현재까지 남아있고 ② 약천샘 옹달샘이 그대로 존재하고 ③ 삿갓 쓴 스님과 큰칼 든 장군이 나이와 의복 차림새만 다를 뿐 행동과 얼굴이 내 모습과 똑같이 닮았고 ④ 내 운명을 정확히 맞추고 ⑤ 내 영혼이 내 몸속에서 그러하다고 대답을 하고 ⑥ 천등산 아랫마을 사람들은 옛날 절 '탑사'를 모두 알고 있고 ⑦ 현재 산 기도공부를 배우는 입장이기 때문에 이곳 주인인 천등산 산신령님의 말씀들을 그대로 믿기로 합니다.

나는 신통력(神通力)으로 내 영혼의 과거 전생을 알게 되었고, 타고난 나의 운명과 내 몸뚱이 속에 주인공으로 들어와 있는 내 영혼의 바람을 모두 알게 되었습니다.

그렇기 때문에 나는 앞으로 어떻게 살아야 할지 그리고 무엇을 해야 할지 삶의 목표와 방법이 확실해짐을 스스로 깨닫게 됩니다.

지금, 이 글을 읽고 있는 독자분께 질문을 드립니다.

"당신의 영혼은 전생에 무엇?이었고, 현생을 어떻게 살다가 몇 살? 나이에 어떻게 죽을 것이며, 죽어서는 또다시 무엇?이 되어 또 어디로 가게 될 것인가……."

필자는 당신과 당신의 영혼에게 직접 이 '질문'을 드리는 것입니다.

영적인 존재 혼(魂)이 사람 몸속에 들어와 있으면 영혼(靈魂)이라 부르고, 사람 몸속에서 빠져나가면 혼령(魂靈)이라 부르며, 혼(魂)이 인과의 법칙과 인연법에 따라 이승과 저승을 왔다 갔다 할 뿐입니다.

"인생은 모두 영혼들의 나그네 길이다."

당신의 몸속에 주인공으로 들어와 있는 당신의 영혼이 누구?인지 꼭 알아야 함을 진심으로 충고합니다.

최면요법으로 전생체험을 해보든 또는 점(占)을 보든 어떤 방법을 통해서든 당신의 '과거 전생'을 꼭 알아보시길 바랍니다.

당신의 영혼을 알면 전생을 알게 되고, 전생을 알면 '인과의 법칙'으로 타고난 현생의 운명을 정확히 알 수 있게 되기 때문입니다.

자기 자신의 전생과 영혼을 꼭 알아야…….

제10장
세상만물과 사람들은 생긴 대로 살아간다

세상만물에게는 생긴 대로 기(氣)흐름과 운(運)이 따르고……

겨울 동안의 매서운 추위 속에서 죽은 듯하던 나뭇가지 끝에 새움이 트기 시작하고 산수유 꽃이 피고 진달래꽃이 또 피어납니다.

진달래 꽃이 시들고 앵화 벚꽃이 온누리에 활짝 피었습니다.

하늘자연의 섭리와 법칙은 참으로 오묘하고 또한 정확합니다.

4계절의 변화가 뚜렷한 대한민국 한반도 우리 땅은 참으로 진리 깨달음공부 수도(修道)하기에 좋은 곳이라 생각합니다.

4계절 변화의 자연현상이 생로병사, 성주괴공, 생주이멸의 자연 법칙인 '참 진리'를 잘 가르쳐 주고 깨닫게 해 줍니다.

4계절의 뚜렷한 변화가 말 없는 말과 들리지 않는 소리로 우주하늘자연의 섭리 및 진리의 도(道)를 가르쳐 주기 때문입니다.

개소리 닭소리 사람소리가 전혀 들리지 않는 첩첩산중 깊고 높은 이곳 천등산 산속에도 또다시 봄이 시작됩니다.

앞으로 오랜 세월을 이 산속에서 나 홀로 살아가야 하기 때문에 내 스스로 채소를 가꾸어보기로 합니다.

"모든 생물체는 스스로 환경적응을 잘 해야 한다."

사람은 그 어떤 어려운 환경에 처할지라도 반드시 '적응'을 할 줄 알아야 하고 또한 스스로 자립심을 길러 반드시 자주독립의 자존을 할 줄 알아야 세상살이 삶을 당당히 주인으로 살아갈 수 있습니다.

나는 스스로의 생존을 위해서 잠깐씩 운동 삼아 토굴 아래편의 산비탈을 텃밭으로 사용하기 위해 개간을 합니다.

괭이로 땅을 파고 또 땅을 파고 또 땅을 파 나갑니다.

여러 날 동안 계속하여 괭이로 산비탈을 텃밭으로 개간을 합니다.

나무뿌리와 풀뿌리를 골라내고, 돌멩이를 골라내고, 두렁과 이랑을 만들면서 산속에 나의 작은 텃밭을 만듭니다.

물이 흐르는 옹달샘 아래편의 습지에는 자연 야생의 산미나리가 자라고 있으니, 내가 만든 텃밭에는 배추 · 무우 · 당근 · 오이 · 호박 · 옥수수 그리고 토마토 · 고구마 · 감자 등등 비상식량 겸 생식으로 먹을 수 있는 것으로 씨앗을 심습니다.

비닐봉지로 물을 길어와 물을 뿌려 주면서 잘 보살피니 싹이 나고 줄기와 잎이 나면서 내 작은 텃밭에 채소 등이 자라고 있습니다.

나는 밭을 만들고, 씨앗을 심고, 물만 주었는데 자연이 스스로 농부가 되어 채소 등을 길러 줍니다.

산속의 텃밭에 푸른 채소 등이 탐스럽게 잘 자라고 있습니다.

산새들이 몰래 뜯어먹고 산토끼도 몰래 뜯어 먹습니다.

싸릿대나무를 베어오고 칡넝쿨을 베어와 울타리를 만들어봅니다.

싸릿대나무로 울타리를 만들어 빙~둘러쳐 놓으니 산토끼 녀석들은 막을 수 있으나, 산새들은 공중으로 침투하니 막을 수가 없습니다.

산새들은 조금만 뜯어먹으니 그냥 내버려둡니다.

그러면서 내년에는 텃밭을 더 크고 넓게 만들고 더 많은 채소 등을 가꾸어 산토끼와도 함께 나누어 먹어야겠다고 '큰마음'을 내어봅니다.

사람의 마음은 작게 쓰면 한없이 작아지고, 좁게 쓰면 한없이 좁아지고, 크고 넓게 쓰면 한없이 크고 넓어집니다.

"인생살이 일체유심조(一切唯心造) 마음작용이라."

나는 도를 닦으니 진실한 가슴과 큰마음으로 살려고 합니다…….

이제 계절이 바뀌어 또다시 신록의 초여름입니다.

깊고 높은 산속에서 나 홀로 도(道)를 닦으며 하루 한 개씩 돌을 주워와 쌓고 있는 돌탑의 높이가 이제 조금씩 올라갑니다.

산 아래편에 피어있는 아카시아 꽃향기가 바람을 타고 이곳까지 올라오니 산 전체가 아카시아 꽃향기로 너무나 향기롭습니다. 야생초의 풀 향기도 너무나 싱그럽습니다.

요즘은 풀 향기와 아카시아 꽃향기 속에서 백발노인 천등산 산신령님께 한창 신나게 사람의 얼굴과 손금을 보는 '관상학'을 배워보니 정말로 사람의 운명은 얼굴과 손금 그리고 몸통 전체 각각 부위의 생김새와 기색에 따라서 운(運)이 다르게 흐르고 또한 정확하게 나타나고 있음을 확인합니다.

사람은 태어날 때 각각의 전생(前生) 삶의 질에 따라서 '유유상종'의 영혼들끼리 조상과 후손으로 만나게 되고, 조상핏줄의 유전자와 함께 자기전생과 조상의 업(業)이 인과의 법칙과 인연의 법칙에 따라서 '운명(運命)'이라는 것을 타고나고, 또한 삶을 살아가면서 기운(氣運)이라는 것이 각각의 음양오행 법칙에 따라서 정확하게 작용을 하기 때문에 자기 자신의 타고난 사주운명과 운 흐름을 반드시 알아둬야 한다고 생각합니다.

지피지기 전략으로 자기 자신을 포함하여 각각 사람의 '생김새'에 따른 운(運)을 살필 줄 알아야 세상살이를 더욱 잘 살게 됩니다.

어떤 경로를 통하든, 수많은 책들 중에서 이 책을 접하고 지금 이 글을 읽고 있는 독자분께서는 삶을 살아가면서 최고 최대 가르침의 행운(幸運)을 만난 것입니다.

지금, 필자의 글을 읽고 있는 행운의 당신께 한 번 배워서 평생 써먹을 수 있는 '삶의 지혜'를 가르쳐 드릴까 합니다.

이 부분은 책 제목에 상관없이 책 본문의 글 속에 숨겨서 가르쳐 드리는 것이니 꼭 배워두길 진심으로 바라는 바입니다.

이제부터 자기 자신과 가족들 그리고 친구의 얼굴모습을 떠올리면서 또한 밑줄을 그으면서 천천히 이해를 하면서 읽어 보시길 바랍니다.

그럼, 사람의 각각 얼굴 생김새에 따른 타고난 천성 및 성격분석과 소질 재능 및 운세와 운수 등 '관상운(運)'을 가르쳐 드리겠습니다.

사람 얼굴의 생김새는 상 · 하 · 좌 · 우가 반드시 '균형과 조화'를 이루어야 합니다.

만약, 얼굴의 어느 한 부위에 특징이 있으면 그 부위를 의미하는 특징적 운이 반드시 나타나고 또한 작용을 하게 됩니다.

사람 얼굴의 생김새가 사각형인 사람은 대체로 실행력이 있고, 둥근형이면 원만하고, 역삼각형이면 머리가 영리합니다.

사람은 이마가 잘 생겨야 복과 운이 따릅니다.

이마 위쪽의 양끝이 벗겨지면 두뇌가 명석하고, 이마가 직선으로 각이지면 실행력이 강하고, 이마의 중앙이 튀어나오면 오만하고, 이마의 하부와 눈썹 뼈가 튀어나오면 투지력이 강합니다.

이마에 주름살 한 개가 수평으로 기다랗게 생기면 고집과 의지가 강하고, 이마에 주름살 세 개가 길고 가지런하게 생기면 정신력이 풍부합니다.

이마가 너무 낮거나, 너무 좁거나, 잔주름살이 헝클어져서 못생기면 대체로 복과 운이 안 따르고, 고생이 많게 되니 이렇게 생긴 사람을 사무직원이나 또는 남편감으로 선택하지 마세요!

복과 운이 나쁜 사람을 곁에 두면 결국에는 함께 망하게 됩니다.

여성의 이마가 남성처럼 잘 생기면 기가 강해서 팔자가 사납게 되고, 여성의 이마에 흉터가 생기면 운이 나빠지고 남편 복이 없게 됩니다.

특히 관료와 공직자로 출세하려면 이마가 잘 생겨야 합니다.

눈썹은 눈보다 길고 가지런하고 청수해야 귀상이며 길상이고, 반대로 눈썹이 너무 짧거나, 중간에 끊어진 듯하거나, 헝클어져 있거나, 혼탁하면 천상이고 흉상입니다.

눈썹이 길면 정이 많고, 눈썹이 짧으면 고독합니다. 눈썹이 일자형은 강직하고, 초승달형은 총명하고, 삼각형은 지략이 뛰어나고, 눈썹 끝이 치켜 오른형은 용맹하고, 눈썹 끝이 내리처진 형은 나약합니다. 양 눈썹 사이가 넓은 사람은 마음이 느긋하며 속이 넓고, 양 눈썹 사이가 좁은 사람은 마음이 조급하며 속이 좁습니다.

특히 두 눈썹의 높이가 크게 다르면 가정환경과 육친 운이 나쁘고 자기 본위적이고 처신의 태도가 나빠서 인생중년에 큰 실패와 고생이 따르게 되니, 그렇게 생긴 사람을 배우자감으로 선택하지 마세요!

눈빛이 살아있어야 생명력이 강하고 성공출세운이 따르게 됩니다.

눈은 맑고, 빛나고, 크기가 적당하고, 균형이 잡히고, 흑백이 분명하고, 안정감이 있어야 길상입니다. 반대로 눈이 혼탁하거나, 빛이 없거나, 힘이 없거나, 너무 크거나, 너무 작거나, 너무 쑥 들어가거나, 균형이 없거나, 흑백이 분명치 않거나, 살 기운이 흐르거나, 흰자위가 너무 많이 보이거나 등등은 흉상입니다.

눈이 쌍꺼풀형이면 사치하고, 외꺼풀형이면 내실합니다.

눈 꼬리가 치켜 오르면 기가 세고, 내리처지면 기가 약합니다.

눈에 흰자위가 많이 보이면 성질이 나쁘고 흉액을 당하게 됩니다.

다툴 때에 눈을 까뒤집어 흰자위가 많이 보이거나 또는 평소에도 흰 자위가 많이 보인 사람은 그러하지 않도록 꼭 충고를 합니다.

특히 눈빛이 힘이 없거나 혼탁한 사람을 중요 직책자 및 동업자 그리고 배우자감으로 선택하지 마세요!

정신력이 약하고 운까지 나쁘면 결국에는 함께 망하게 됩니다.

아래 눈꺼풀이 팽팽하게 부풀면 성격이 좋고 또한 이성적 성감이 좋으니 이러한 사람을 애인 삼으면 좋습니다.

위 눈꺼풀에 주름살이 많으면 성욕이 강하고 바람끼가 많습니다.

눈 꼬리 주름살이 뚜렷하게 상·하 두 갈래로 갈라지면 마음씨는 착하지만 95% 확률로 부부별거 또는 사별이 따르니 꼭 '대비'하길 바랍니다.

특히 타고난 사주에 도화살과 끼가 들어있는 여성이 쌍꺼풀 수술을 하면 도화살과 끼 그리고 사치 허영심이 더욱 발동을 해서 결혼운이 치명적으로 나빠질 수 있으니, 여성들은 쌍꺼풀 수술을 하기 전에 반드시 운명전문도사를 찾아가 꼭 '운명상담'을 받고, 쌍꺼풀 수술 여부와 '개운관상 쌍꺼풀 성형수술'을 하도록 꼭 충고하는 바입니다.

눈에 붉은 핏줄이 한 가닥으로 기다랗게 눈동자를 꿰뚫으면 99% 확률로 큰 사고를 당하거나 죽음이 따르니 꼭 '조심'하길 바랍니다.

눈빛이 흐트러지면 영혼이 떠날 준비를 하니 '죽음'이 따릅니다.

특히 눈 꼬리 근처에서 옆으로 머리털이 나있는 곳까지의 부위에 손톱 크기만큼의 '거무스레한 반점'이 생기면 95% 확률로 청춘에 홀아비가 되고 청상과부가 되어 인생살이가 고독하고 고생이 많게 되니 꼭 '대비'하길 바랍니다(이 '거무스레한 반점'은 젊을 때 생기기 때문에 늙어서 생기는 저승반점하고는 뚜렷하게 구별이 됩니다).

귀가 잘 생겨야 성품이 좋고 수복운이 따릅니다.

귀가 크면 마음이 넉넉하고, 귀가 작으면 변덕이 많습니다. 귀가 단단하면 활동적이며 적극적이고, 얇으면 소극적이며 정서적이고, 가운데 부분이 튀어나오면 개성과 자기주장이 강합니다. 귀가 윤택하면 명예와 귀운이 따르고, 거무튀튀하고 어두운 색이면 빈천이 따르고, 귓불에 주름살이 생기면 건강이 나쁩니다.

특히 귀 아래편 귓불의 살집이 두툼하고 엷은 홍색으로 윤택하면 건강과 운세가 좋으니 귓불이 잘생긴 사람을 배우자감으로 선택하면 좋고, 그러나 귀고리구멍을 여러 개 뚫은 여성은 '사치허영심'이 강하고 나이가 들어가면서 점점 수명운·재물운·남편운을 나쁘게 하니, 이러한 여성을 아내감으로 선택하지 말 것을 꼭 충고합니다.

광대뼈가 솟으면 기력이 강합니다.

광대뼈가 앞으로 솟으면 양성적으로 기력이 강하고, 광대뼈가 옆으로 뻗치면 음성적으로 기력이 강합니다.

특히 광대뼈가 살집이 없이 너무 튀어나오면 빈천이 따르고 여성은 과부가 되기 쉬우니, 이러한 사람을 배우자감으로 선택하지 말 것을 꼭 충고합니다.

코가 잘 생겨야 명예와 재물운이 따릅니다.

코는 적당한 크기로 반듯하고 깨끗하고 윤택해야 좋습니다. 그러나 코가 너무 크거나, 너무 작거나, 너무 높거나, 너무 낮거나, 너무 길거나, 너무 짧거나, 콧등이 움푹 꺼지거나, 코끝이 뾰족하거나, 콧날이 옆으로 휘거나, 콧등의 중간이 튀어 오르거나, 콧등에 흉터가 생기거나, 콧방울이 너무 빈약하거나, 코가 지저분하거나 등등은 나쁘고 흉상입니다.

코가 높으면 자존심이 강하고, 코가 낮으면 자존심이 약하고, 코가 길면 고지식하고, 코가 짧으면 대충적이고, 코끝이 둥글면 소탈 원만하고, 코끝이 뾰족하면 고상 예민하고, 그리고 코가 너무 작거나 또는 움푹 꺼지면 자존심과 주체의식이 약하고 결혼운이 나쁩니다.

콧등의 중간이 튀어 오르면 상충하여 다툼이 많고, 콧날이 옆으로 휘거나 또는 콧등에 흉터가 생기면 재물운과 결혼운이 나쁘게 됩니다.

특히 코끝이 둥글고 윤택하고 콧방울에 살집이 좋고 힘차게 잘 생기면

의지력과 재물운이 따르니, 이러한 사람을 배우자감으로 선택하면 좋습니다. 그러나 반대로 콧날이 옆으로 휘거나, 콧등에 흉터가 있거나, 콧등이 튀어 오른 사람을 배우자감으로 선택하지 말 것을 꼭 충고합니다.

또한, 특히 타고난 천성의 성질과 성격이 강한 여성과 고집이 센 여성이 코 성형수술로 코를 잘못 더 높이면 오히려 운명이 나빠질 수도 있으니, 코 성형수술을 하기 전에 반드시 운명전문 도사를 찾아가 꼭 '운명상담'을 받고나서 코성형수술 여부와 '개운관상 코성형수술'을 하도록 거듭하여 꼭 충고하는 바입니다.

인중이란 코밑의 도랑을 가리키는데 가로 주름살이나, 흉터나, 점이 없이 단정하고 적당히 길게 생기면 좋습니다.

그러나 인중 도랑이 너무 짧거나, 너무 가늘거나, 옆으로 휘거나, 거슬린 듯 굽거나, 흉터가 생기거나 등등은 나쁘고 흉상입니다. 인중이 길면 호인이고 두령운과 장수운이 따르고, 인중이 짧으면 빈천하고 수명이 짧고, 인중 도랑이 옆으로 굽으면 거짓말을 잘 하고 부부 이별운이 따르고, 인중에 검은 기색이 나타나면 99% 확률로 죽음이 따릅니다.

법령주름살이란 콧방울의 위쪽 부위에서 시작하여 입 양쪽 옆으로 뻗어 내린 주름살을 가리키는데 이 주름살은 나이가 들면서 점점 뚜렷하고 기다랗게 생겨야 합니다.

어른의 법령주름살이 넓고 기다랗게 잘 생기면 의지가 강하고 생활력과 사회 직업운이 좋음을 나타냅니다. 그러나 반대로 어른의 법령주름살이 좁고 짧게 생기면 생활력과 사회 직업운이 나쁨을 나타냅니다. 어른의 법령주름살이 너무 짧거나, 너무 좁거나, 희미하거나, 끝이 입으로 들어가는 모양으로 생기면 흉상입니다.

법령주름살이 이중으로 생기면 일 고생이 많고 생활력이 강합니다.

특히 법령주름살이 넓고 기다랗게 잘생긴 어른은 의지가 강하고, 근면

성실하고, 직업운이 좋고, 수명도 장수하니 믿어도 좋습니다.

나이 들어서 재혼을 하고자 할 때는 법령주름살이 넓고 기다랗게 잘생긴 사람을 남편감이나 맞벌이 아내감으로 선택하길 바랍니다.

입이 큰 사람은 생활력이 강하고 일복이 많고, 입이 작은 사람은 세심하고 소심합니다. 그리고 입술이 두툼하면 정이 많고, 입술이 엷으면 냉정합니다.

양쪽 입끝이 미소 지을 때처럼 항상 위쪽으로 올라간 모양으로 잘생긴 사람은 처세와 처신을 잘 하고 운을 좋게 만들어갑니다. 그러나 반대로 양쪽 입 끝이 아래쪽으로 내리쳐진 모양으로 생긴 사람은 고집이 강하고 처신이 나쁘고 또한 천복을 흘려버리니 다툼과 실패가 따르고 부부이별이 따르게 됩니다.

특히 입이 삐뚤어지거나 또는 양쪽 입 끝이 아래쪽으로 내리쳐진 모양으로 생긴 여성을 아내감으로 선택하면 함께 망하게 되니 꼭 조심하길 바라고, 이러한 여성은 자신의 입 모양을 '스마일형'으로 빨리 바꾸기를 진심으로 꼭 충고합니다.

볼은 적당히 두툼하고 윤택해야 부하운과 재물운이 따릅니다.

그러나 너무 두툼하게 생기면 고집불통이 되고, 움푹하게 들어가거나 또는 주름살이 생기면 전반적으로 기력과 운세가 약합니다.

특히 볼이 움푹하게 들어간 모습으로 생긴 사람을 윗사람으로 모시거나 또는 배우자감으로 선택하지 말 것을 꼭 충고합니다.

턱이 잘 생겨야 생활의 안정과 말년운이 좋습니다.

턱은 적당히 둥그스름하고, 튼튼하고, 균형이 잡히고, 깨끗해야 길상입니다. 그러나 턱이 너무 뾰족하거나, 너무 내밀거나, 너무 들어가거나, 너무 짧거나, 좌우 균형이 틀어지거나, 빈약하거나 등등은 흉상입니다. 턱이 둥그스름하면 성격도 둥글며 원만하고, 턱이 네모형으로 각이 지면 실행적이고, 턱이 뾰족형은 예민하며 소심하고, 턱이 내민형은 적극적이며 정열적이고, 턱이 깎인형은 소극적이며 감정적이고, 턱 끝이 패인형은 집념과 정력이 강하고, 턱 끝이 울퉁불퉁형은 고집이 세고, 좌·우 균형이 많이 틀어진 형은 인생후반에 큰 변화가 따르고, 턱이 튼튼하게 생기면 체력과 의지력이 강하고, 이중 턱 모양으로 생기면 생활의 안정이 따릅니다.

턱은 적당히 둥그스름하면서 잘 생겨야 성격이 좋고 생활의 안정과 말년운이 좋게 됩니다.

특히 턱 모양이 너무 뾰족하거나, 너무 짧거나, 좌·우 균형이 많이 틀어진 사람을 배우자감으로 선택하지 말 것을 꼭 충고합니다.

또한 특히 체력이 약한 사람과 의지력이 약한 사람이 양악수술 등 턱 성형수술로 턱 뼈를 깎아내어 턱을 작고 가늘게 만들면 더욱 허약해지고 가난하게 되고, 말년운이 나쁘게 되고 또한 죽을 수도 있으니, 양악 수술 또는 턱 성형수술을 하기 전에 반드시 운명전문도사를 찾아가 꼭 '평생운명'을 먼저 감정부터 받고, 그리고 양악수술 및 턱 성형수술 여부와 '개운관상 턱성형수술'을 하도록 거듭하여 꼭 충고하는 바입니다.

예쁘게만 고친다고 반드시 운이 좋아지는 것은 결코 아닙니다!!!

술집에 다니는 화류계 여성들은 모두가 예쁘지만 결혼운이 나쁘다는 현실적 진실과 사실을 분명히 깨달아야 합니다.

얼굴 성형수술을 잘못해서 인생 망치는 사람 정말로 많이 봤습니다.

얼굴 성형수술을 마음먹은 사람은 가장 먼저 자기의 타고난 사주운명을 사주+관상+영혼을 함께 볼 줄 아는 운명전문도사를 찾아가 꼭 '운명상담'을 받고나서 '개운관상성형수술'을 해야 얼굴 성형수술로 운(運)까지 함께 좋은 쪽으로 바꿀 수 있다는 진실을 분명히 가르쳐 드리는 바입니다.

이제부터 여성들은 미용성형수술을 할 경우에는 예쁨과 함께 운(運)까지 좋아지게 하는 관상학적 '개운관상성형'을 더 중요시해야 할 때입니다.

또한 의료사고 예방 및 보상을 위해서 수술 전 모습 및 상담내용녹음과 수술비용 입금증 및 영수증 등을 꼭 '보관'해 두시길 바랍니다. 무슨 문제가 발생하게 되면 '증거물'이 꼭 필요하기 때문입니다.

사람의 얼굴을 볼 때에는 미(美)와 추(醜)를 보기보다는 복(福)과 운(運)을 더욱 중요하게 보아야 하고, 사람을 선택할 경우에는 '복운(福運)'이 좋은 사람을 선택해야 함을 꼭 가르쳐 드립니다.

또한 사람은 타고난 천성이 안 바뀌니, 성격·마음씨·행실·습관 그리고 두뇌가 좋은 사람을 잘 '선택'해야 함을 꼭 가르쳐 드립니다.

결혼과 행복 그리고 자식운까지 고려한다면 정말로 가장 중요합니다.

또한 남성들이 여성을 선택할 경우에는 얼굴보다는 몸매를, 몸매보다는 피부를, 피부보다는 마음씨를, 마음씨보다는 복(福)이 있는 여성인지 또는 운(運)이 좋은 여성인지를 잘 보고 '선택'을 잘 해야합니다.

평생 동안 전용으로 성생활을 해야 하고 또한 믿고 함께 살아가야 할 배우자를 선택할 경우에는 정말로 신중 또 신중해야 함을 진심으로 거듭 충고 드리는 바입니다.

또한, 남편과 부인일지라도 사랑을 할 때는 불타오르는 연인이 되어 상대에게 온전히 몸을 내맡기고 사랑에 몰입을 하면서 심장박동과 하나의 리듬으로 온몸이 진동과 떨림의 전율을 느끼면서 서로의 몸 안으로 녹아들어 오르가슴의 무아지경에까지 이르러야 비로소 영혼끼리의 만남이 되는 '완전한 사랑'이라 할 수 있습니다.

그리고 모든 사람들은 얼굴의 기색을 항상 잘 살펴야 합니다.

얼굴에 누르스름하게 뜬 황색이 생기면 큰 질병이 따르고, 어두운 암청색이 생기면 큰 근심이 따르고, 어둡고 붉은 암적색이 생기면 큰 사고가 따르고, 하얗게 뜬 백색이 생기면 큰 슬픔이 따르고, 어둡고 검은 암흑색이 생기면 반드시 죽음이 따르게 됩니다.

이러한 기색(氣色)이 얼굴의 어느 부위에 발현하면 그 부위와 그 기색에 해당하는 운이 반드시 따르게 되니, 항상 세면할 때나 화장을 하고 지울 때 자기 자신의 얼굴을 잘 살피는 지혜가 꼭 필요함을 이 책을 읽는 독자들에게 특별히 가르쳐 드리는 바입니다…….

필자는 첩첩산중 깊고 높은 천등산 산속에서 스스로 터득한 '천기신통 초월명상'으로 도(道)를 닦고 있습니다.

오늘은 기도발이 너무나 잘 받아 공부 진도가 많이 나아갑니다.

기도공부를 끝마치고 명상삼매 상태인 천기신통초월명상에서 깨어나는데 몸이 굳어서 꼼짝할 수가 없습니다. 너무 오랜 시간을 가부좌로 앉아 있어서 몸뚱이가 그대로 굳어 버렸습니다.

그대로의 상태에서 의식으로 팔의 혈을 눌러 팔을 풀고, 그리고 서서히 팔을 움직여 가부좌로 굳어 있는 다리를 내 손으로 다리의 혈을 눌러 다리를 풀고, 서서히 허리를 풀고 몸을 움직여봅니다.

그러고 나서 막 일어서려는데 이게 웬일입니까?!

가랑이 사이 사타구니와 엉덩이가 축축하게 젖어 있습니다. 하도 오랜 시간을 명상삼매 상태로 앉아 있어서 생리현상으로 자신도 모르게 오줌 실례를 했나 봅니다.

찜찜한 기분으로 엉거주춤하며 일어서는데 이번에는 뱃속에서 꾸르르~ 하고 배고픔의 천둥소리가 납니다.

바지를 벗고, 속옷도 벗고, 아랫도리만 발가벗은 모습으로 어색하게 걸으며 옹달샘으로 갑니다.

우선 물 한 바가지를 떠서 벌컥~ 벌컥~ 들이키며 굶주린 배를 물로 채웁니다.

옹달샘 물로 시장끼부터 달래고 아랫도리를 씻으면서 명상삼매 들어있던 시간을 어림잡아 계산해보니, 이틀 동안을 꼼짝도 않고 절구통 바위처럼 가부좌로 앉아 있었던 것입니다. 아마도 기도발이 잘 받아서 명상삼매에 너무 깊이 들어갔었나 봅니다.

신통력을 얻으면서 스스로 터득한 최고의 명상삼매 기도방법인 '천기신통초월명상'에 깊이 들어가면 '초월의식'이 되어 시간과 공간의 벽이 없어지고, 또한 '무아지경'이 되어 나 자신까지도 없어져버립니다.

이것이 무아의 상태이고 경지입니다(일반참선과 간화선 및 단전호흡 · 위빠사나 · 묵상 · 요가 · 염불기도 · 자비명상 등등은 무아의 경지로까지 잘 되지가 않습니다).

이것이 '신통술초월명상' 수행법입니다. 초월명상을 해보지 않은 사람은 무아경지의 초월의식과 우주의식 및 순수의식을 통한 '대적정'과 그리고 '대광명'을 절대로 느껴보지 못하고 또한 모를 겁니다.

대적정의 명상삼매에 깊이 들어가면 바로 곁에서 대포를 쏘고 천둥이 쳐도 그 소리가 안 들리고, 잠시 동안이라고 생각하는데도 10시간, 20시간이 금세 지나가 버립니다.

이 글을 읽고 있는 독자분 중에도 재미있는 게임이나 놀이 등등의 무슨 일에 깊이 몰두하여 푹 빠져있을 때는 다른 생각이 안 나고, 다른 소리도 안 들리고, 배고픈 줄도 모르고 등등 경험들을 한두 번쯤은 겪은 적이 있었으리라 생각합니다.

이처럼 명상삼매에 깊이 들면 무아지경 절대의 고요정적 속에서 모든 것이 정지하고 시간과 공간의 개념이 모두 없어져 버립니다.

무아의 경지가 되면 우주하늘과 내가 '합일체'가 되어 버립니다.

내 자신이 심층의식으로 들어가고 초월의식 · 우주의식 · 순수의식이 될 때 비로소 내 의식은 곧 신(神)의 경지로까지 이르게 되고, 스스로 육체를 가진 신(神)이 될 수 있는 것입니다…….

필자는 첩첩산중 깊고 높은 천등산 산속의 토굴 속에서 깊은 명상삼매 기도의 '천기신통초월명상법'으로 인간계와 신령(神靈)계간의 경계의 벽을 뚫고 들어가 나이가 600살인 천등산 산신령님으로부터 직접 가르침의 방법으로 '관상술'과 '관심법'을 배웠습니다.

이렇게 신(神)들로부터 영적으로 직접 전수받은 관상법을 '신통관상술'이라 합니다.

풍수지리학도 관상법의 범주에 들기 때문에 신통관상술의 능력을 지니면 투시력으로 땅속까지 볼 수 있고 풍수지리를 잘 볼 줄 알게 됩니다.

천기공부의 한 과목으로 들어있는 관상법과 관심법은 세상살이에서 활용범위와 실용가치가 매우 높다고 생각합니다.

우리의 삶은 처음부터 끝날 때까지 사람을 만나고 또한 사람과 거래를 하는 대인관계 속에서 살아가야 합니다. 그러기 때문에 성공출세를 하고 싶거나 부자가 되고 싶은 사람은 사람과 사물을 제대로 볼 줄 알아야 하고, 또한 우리의 삶은 태어날 때부터 죽을 때까지 운(運)이 작용하기 때문에 관심법과 관상술로 사람과 운(運)을 잘 판단할 줄 알아야 하며 앞날의 예측을 잘 할 줄 알아야 합니다.

어느 개인의 정확한 운명감정 또는 운명 예언을 점(占)칠 경우에 객관적 판단기준의 자료가 될 수 있는 것이 바로 얼굴과 손금 그리고 몸통 전체의 생김새에 나타나 있는 '표시'의 운(運) 판단법입니다.

얼굴과 손금 그리고 몸통 전체의 생김새에는 그 사람 '개인운명'의 고유 암호가 정확하게 나타나 있다는 진실을 분명히 가르쳐 드립니다.

성경책과 경전책에도 "얼굴과 손금에 부호와 암호로 표식을 주었다"라고 기록이 되어 있습니다.

동양학의 '주역'은 점술서이고 3천년 동안 활용이 되고 있습니다.

3천년 전 구약성경시대에는 예언가들이 너무나 많았고, 고대 이집트와 고대 인도의 찬란한 고대문명시대에는 마법사와 점술가들이 신통력으로 오히려 '시대의 지도자'이기도 했습니다.

우리는 현재 약 2~3천년 전의 종교를 믿고 있기 때문에 시대에 안맞는 것은 버리고, 각종 예언서와 천기누설 등을 현대사회에 잘 적용시켜 '실용지식'으로 활용을 잘 해야 한다고 생각합니다.

그렇게 하기 위해서는 필자의 저술책과 가르침이 방법이고 해법입니다.

필자는 이 책으로 하늘의 '운명작용법칙'에 따라서 태어날 때 각 사람의 타고난 천성적 성격과 소질·재주·체질·두뇌 및 생김새와 말솜씨 그리고 타고난 운명과 각가지 운(運)에 따른 '천성소질인간계발론'을 주장하면서 점차로 그 '증명'을 해 나아갈 것입니다.

필자가 천기(天氣)공부를 하면서 직접 기록한 이 책 내용의 실용적 가치를 이제부터 하나하나 계속하여 '증명'을 해 드립니다.

천기(天氣)는 우주하늘자연의 섭리이고 법칙이며 진리이고 진실이지만, 지금까지 너무나 많은 비밀에 쌓여있었습니다.

지금 이 책을 읽고 있는 독자분들은 나이가 몇 살이든 또는 직업과 신분이 무엇이든 또는 사상과 이념 및 종교가 무엇이든 간에 지금까지의 잘못 오해하고 있는 지식들로 인하여 생긴 편견과 고정관념 등의 구속으로부터 마음을 활짝 열고서 평생 단 한 번뿐이고 귀중한 기회인 하늘의 비밀 '천기누설'이야기 속으로 계속 따라오시길 바랍니다.

우주하늘자연과 신(神)들의 비밀작용을 학문적으로 접근하는 것이 3천년 이상 학문적 역사를 가지고 있는 동양철학이고, 주역학의 점술학이고 명리학입니다. 오늘날에는 모든 대학 및 평생교육원에서 학문으로 가르치고 있고, 최고 지성인들은 우주자연의 근본원리인 '동양철학'을 공부하고 있습니다. 따라서 동양철학과 명상을 꼭 알아야 합니다.

필자는 천기(天氣)의 학문적 접근과 초학문적 접근 등으로 독자분들이 이해하기 쉽도록 서술에 노력을 하면서 정말로 중요한 운(運) 작용인 '천기학'을 계속 펼쳐나가겠습니다.

우주하늘자연과 신(神)들의 비밀누설을······.

제11장
보이지 않는 기운(氣運)들이 세상을 다스린다

동양철학과 운명작용의 비밀법칙을 많이 알아야…….

첩첩산중 깊고 높은 천등산 산속에서 산(山)기도 공부를 하며 신(神)들로부터 직접 학문적으로 천기학(天氣學)을 배우고 있습니다.

나이가 600살인 산신령님으로부터 '천기신통초월명상' 속에서 영적으로 관상학을 배우고 또한 명리학을 배우고 있습니다.

천간 · 지지 · 음양 · 오행 · 상극 · 상생 · 삼합 · 육합 · 삼형 · 자형 · 상충 · 상파 · 상해 · 원진 · 귀문관 · 역마 · 화개 · 도화 · 백호 · 12신살 · 대장군 · 상문 · 조객 · 삼살 · 생기 · 복덕 · 천의 · 유혼 · 절체 · 절명 · 귀혼 · 화해 · 천록 · 안손 · 식신 · 징파 · 오귀 · 합식 · 진귀 · 퇴식 · 관인 · 복단 · 공망 · 주당 · 용신 · 격국 · 대운 · 육갑 · 육효 · 육임 · 팔괘 · 구궁 · 둔갑술 등등을 배우고 또 배워 나아갑니다.

무극 및 태극에서 음 · 양으로 나누고, 음 · 양에서 5행(화 · 수 · 목 · 금 · 토)을 적용하고, 5행에서 22행과 64괘 및 384효로 풀이하는 법을 배워 나아갑니다.

시간을 잊고, 날짜를 잊고, 계절을 잊고, 세월을 잊고 살아갑니다.

세상은 시간과 공간으로 구성되지만, 신통초월명상삼매 속에서는 시간과 공간이 없어지고, 산(山)속에서는 시간개념이 없습니다.

토굴 밖 숲속의 나무를 보면서 계절의 변화를 알고 세월의 흐름을 짐작할 뿐입니다.

계절이 바뀌고 또 바뀌고 서너 번 바뀌어 추운 겨울이 되었습니다.

겨울철은 '생로병사 · 생주이멸 · 성주괴공' 우주하늘자연의 법칙에 따라 사 · 공 · 멸에 해당하니 겨울철이 되면 모두가 사(死)하고, 멸(滅)하고, 공(空)하게 됩니다. 즉, 우주자연의 만물은 태어나면 자라고, 늙고, 죽는다는 것이고, 만들어지면 사용되고 닳고 소멸된다는 이치입니다.

우주하늘자연의 만물과 만사가 다 이러할진대, 사람도 죽을 때가 되면 당연히 죽어야 하고 또한 죽게 됩니다.

첩첩산중 깊고 높은 겨울철의 산속에서 앙상한 나뭇가지를 바라보며 우주하늘자연의 원리와 섭리 그리고 순리를 깨달으면서 우리 사람과 인간의 죽음을 생각해 봅니다.

"세상에서 가장 확실한 진실은 누구나 죽는다는 것이다."

죽음 때문에 세상의 많은 종교와 철학이 생겨난 것입니다. 종교탐구의 가장 중요한 문제는 신(神)보다는 죽음(死)입니다.

살아있는 사람은 누구나 우주자연의 섭리가 작용하는 '운명의 법칙'에 따라 운때가 되어 저승사자가 명부를 들고 데리러오면 누구든지 따라가야 하고, 또한 하늘의 명부에서 이름을 빼버리면 죽을 수밖에 없거나 또는 죽어야 합니다.

그러할 때 그 사람 한평생 인생살이의 성공과 실패의 기준은 죽음을 잘 준비한 사람과 죽음을 준비하지 못한 사람으로 나눌 수 있습니다.

"가장 성공적인 삶은 죽을 때 가장 잘 죽는 것이다."

의미있고 보람있고 가치있는 삶을 살았거나 또는 깨달음을 얻은 사람은 편안한 마음과 편안한 모습으로 잘 죽을 수 있습니다.

원한이나 미련이 없이 편안하게 잘 죽어야 그 사람의 영혼이 좋은 곳으로 갈 수가 있고, 영혼이 좋은 곳으로 잘 돌아가야 그 자신과 가족 또는 자손들 모두가 함께 좋게 되는 것입니다.

인과응보의 '운명작용윤회환생법칙'에 따라서 금생에 사람 몸을 빌려 사람으로 태어났으면 반드시 잘 살아야 하고 그리고 어떻게 살든지 간에 죽을 때에는 절대로 원한이나 미련이 없이 편안하게 잘 죽어야 함을 분명히 가르쳐 드립니다.

그러나 꿈속에서라도 저승사자를 무서워하는 사람 또는 저승사자에게 안 끌려가려고 하는 사람 또는 삶에 미련을 가진 사람과 죽음에 억울함을 느끼는 사람 그리고 죽음이 두려운 사람 등등은 분명히 죄를 지었을 것이고, 인생을 잘못 살아온 사람들입니다.

그리고 그렇게 나쁘게 죽음을 맞이한 사람들의 죽음이나 죄를 많이 지은 사람의 죽음, 또는 익사사고 · 교통사고 · 화재사고 등등의 각종 사고로 비명횡사를 당하고 죽는 죽음, 또는 각종 암으로 죽거나 또는 뇌사상태 · 각종 불치병 등등 눈을 뜨고서 서서히 한(恨) 많게 죽는 죽음, 또는 귀신병과 정신병으로 특별 격리되었다가 죽는 죽음, 또는 상문살 · 동토살 · 동목살 · 동법살 · 주당살 · 급살 그리고 사람들의 원망과 저주의 입살[口煞] 그리고 원한을 품고 스스로 목숨을 끊은 자살 등등으로 죽는 죽음은 그 모두가 전생의 삶과 현생의 삶을 잘못 살아서 그 '인과응보'로 벌을 받아서 죽음을 당한 나쁜 죽음들입니다.

그렇게 전생의 삶과 현생의 삶을 잘못 살아 '인과응보'로 벌을 받아 죽는 죽음들은 또다시 다음 생(來生)으로 이어지니, 그렇게 한 많은 죽음을 당한 그 영혼들은 죽은 후 귀신(鬼神)으로 전락되어 불쌍한 혼령으로 구천세계를 떠돌게 된다는 사실과 진실을 꼭 알아야 합니다.

이 대목에서 필자는 천기운명학으로 전생 · 현생 · 래생과 영혼 · 혼령 및 조상과 후손간의 업(業)내림 등의 '운명작용'을 공개하면서 이 글을 읽는 독자분들께만 천기(天氣)의 비밀을 또 가르쳐 드리고자 하니 다음 글들은 이해를 하면서 천천히 읽으시기 바랍니다.

태어날 때 신체적 불구자로 태어나거나 또는 간질병과 자폐증·조현병·귀신들림 등 각종 정신병에 걸리거나 또는 소아마비·뇌성마비 등등에 걸리거나 또는 어릴 때 죽는 죽음과 비명횡사 날벼락을 당하는 등등의 큰 불운과 큰 불행은 자기 영혼의 '전생업보'와 핏줄 내림의 '조상업보' 때문이라는 사실적 진실을 가르쳐 드립니다.

또한 어릴 때 죽은 영혼이나 젊어서 죽은 영혼은 본래 수명의 나이가 될 때까지 일정기간의 세월 동안은 절대로 저승세계를 못 들어가고 중음세계의 끝없는 기다림상태나 구천세계를 떠돌게 되며, 특히 10살쯤이나 20살쯤의 어린 나이 또는 젊은 청춘에 교통사고, 화재사고, 익사사고 등등의 객사 및 비명횡사로 죽음을 당하거나 또는 자살로 죽게 되면 약 40~50년 이상 오랜 세월동안 그 영혼은 저승세계를 못 들어가고 중음세계의 기다림 상태나 또는 유령과 좀비로 구천세계를 떠돌아다니다가 본래 수명의 나이가 되어야 저승세계로 들어갈 수 있게 되거나 또는 축생으로 태어나거나 또는 혼백의 기소멸(氣消滅)로 사라진다는 것입니다.

한편, 사람으로 태어나서 나이가 육십갑자 60살 이상 70·80·90·100살 이상 수명장수를 누리다가 편안히 죽는 죽음을 맞이한 영혼들은 저승세계의 순리에 따라 곧바로 저승세계로 잘 들어갈 수 있으니, 이렇게 잘 죽은 영혼에게는 49재·천도재·진오기굿·씻김굿·추도식 등등 그 어떤 종교의식도 필요 없다는 것입니다.

혹시, 이 글을 읽고 있는 독자분 중에는 무녀(巫女) 또는 법사나 스님에게 조상점(祖上占)을 쳐보거나 또한 천도재·진오기굿·씻김굿·조상굿 등등의 굿이나 재를 올리는 경험을 해본 사람도 있을 것입니다.

원한 많은 조상을 풀어주는 조상굿 또는 천도재를 여러 번 해 주었는데

도 자꾸 반복된 원한 많은 조상의 나쁜 얘기가 또 나오는 현상은 어린나이 때 또는 젊은 나이 때 또는 억울하고 한 많게 죽은 영혼들은 본래 수명의 나이가 될 때까지 그리고 원한이 풀릴 때까지는 아무리 조상굿이나 조상천도재를 해주어도 저승세계를 못 들어가고 해원천도(解冤薦度)가 안 된다는 '하늘의 법칙'이 있기 때문입니다. 원한 많은 영혼들은 신통도술법력으로 영혼치유와 업살풀이를 함께 하는 '특수조상해원천도재'로만 해원천도를 시킬 수 있는 것입니다.

이러한 사실적 진실과 비밀진리적 이론과 법칙에 관하여 여러 번씩 필자가 세계 최초로 연구 발표한바 있고, 이 책에도 또다시 글자로 적시해서 '공개발표'를 하면서 진심으로 가르쳐 드리는 것입니다.

필자가 신통능력으로 사실과 진실을 확인까지 한 이러한 이론과 이 책의 내용에 대해서 틀린 부분을 발견할 수 있는 심령학자·철학가·신학자·법사·스님·목사님·신부님 등등이 있으면 누구든 언제라도 공개토론이나 이의를 제기해 주시길 바라는 바입니다.

신(神)과 영혼 및 혼령에 관련해서는 신통능력을 가진 특별한 영적능력의 스승 '영사(靈師)'만이 그 진실을 가장 잘 알 수 있으니, 신(神)을 대상으로 신앙하는 모든 종교에서는 '신통능력'을 가진 사람이 최고이고, 그것은 신(神)을 대신할 수 있는 능력을 증명하는 것입니다.

달을 가리키는 '손가락'에 불과한 모든 종교들의 경전 또는 성경책 글자공부을 하는 성직자들은 그냥 '추종자'일 뿐이고, 신통능력이 없는 이는 결코 제사장 또는 신(神)의 대행자가 되지 못하며, 가톨릭 종교에서도 신부(神父)자격이 결코 없는 것입니다.

이 글을 읽고 있는 독자 여러분 중에는 잘못 알고 있을지라도 지금까지 자기가 배우고 알고 있는 것만 또는 눈으로 볼 수 있는 것만 믿으려고 할 것이고 또한 많은 사람들도 그러할 것입니다.

초등학교 수준에서는 그만큼의 지식으로 세상을 바라 볼 뿐입니다.

"모든 종교와 신학에서는 영적 스승 '영사(靈師)'가 최고능력자이다."

세상은 아는 만큼 보이기 때문에 탁월한 '신통능력'을 가진 필자 영사(靈師)가 이 책으로 스스로 존재하는 신(神), 인격신(人格神), 정령(精靈) 그리고 귀신(鬼神) 등에 대해서 모두 가르쳐 줄 것인바, 이 책을 끝까지 읽고 스스로 잘 판단해 보시길 바라는 바입니다.

생명과 영혼을 가지고 태어난 사람과 인간은 각 사람 개인의 운명(運命)이라는 것을 가지고 태어나고, 운명이라는 눈에 보이지 않는 힘은 반드시 하늘 법칙에 따라 작용을 하니 각각의 사람은 ① 자기 영혼의 전생 업작용 ② 자기 핏줄의 조상업작용 ③ 조상과 후손의 동기감응작용 ④ 풍수지리의 기운작용 ⑤ 음양오행의 역리작용 등등이 인과법칙과 관계성 법칙에 따라서 '항시작용'을 한다는 것입니다.

이러한 비밀작용 중에서 자기 핏줄의 조상업작용인 영혼과 혼령의 동기감응작용은 핏줄이라는 하늘의 '천륜법칙(天倫法則)' 때문입니다

핏줄이라는 천륜적 법칙은 정확한 '하늘법칙'으로 진실입니다.

하늘법칙에 따른 진실과 진리는 변할 수도 없고 변해지지도 않습니다.

핏줄은 천륜적 하늘법칙으로 '항시 작용'을 하기 때문에 조상님과 후손 그리고 부모님과 자식 간의 핏줄적 DNA 유전현상과 핏줄적 관계성 현상이 살아있는 사람과 죽은 자 간에 천륜 핏줄의 운(運)법칙으로 항시 작용을 하고, 부모와 자식 간의 유전자검사는 99.99%까지 정확히 일치한다는 과학적 진실을 알아야 합니다.

이러한 천륜 핏줄의 운(運)법칙을 유전인자적 '핏줄내림 작용법칙'이라 하고 조상혼령과 자식영혼간의 '핏줄동기감응작용법칙'이라 하며, 특히 '핏줄동기감응작용법칙'이 가장 강하게 작용하는 분야는 풍수지리학의 음택인 조상 산소 묘터입니다.

좋은 땅 명당자리에 조상님 산소 묘를 잘 쓰면 신기하게도 '즉시 발복'을 하게 되니 풍수지리학을 믿는 사람들은 대복(大福)과 대운(大運)을 잡으려고 지금도 좋은 땅 명당자리를 찾아다니고 있고, 특히 고위직의 관료와 정치인 그리고 재벌 기업인과 부자들은 '명당터' 작은 땅 몇 평에 수천만 원 또는 수억 원의 비밀거래를 하기도 합니다.

다이아몬드가 크기는 작아도 그 가치성 때문에 값이 비싸듯, 좋은 땅 명당터는 작아도 그 가치성 때문에 값이 비싸고 매우 귀중하게 여기는 사실과 진실들을 상류사회에서는 상식으로 되어 있습니다.

경제논리에서 명당터 몇 평에 수천만 원 또는 수억 원을 투자해서라도 그 이상의 복과 운을 만들어내면 '큰 이득'을 보기 때문입니다.

그러나 불효자와 무식한 사람과 자손들은 아무곳에나 조상묘를 쓰고 또한 부모님을 공원묘원이나 납골함에 방치를 해 버립니다.

"오늘 자기 자신의 행동은 그림자가 되어 평생을 따라다닌다."

사람들의 생각과 행위가 자신의 '미래운'을 좌우하는데도 말입니다.

운(運) 전문가인 필자는 어떻게 했을까요?

필자는 운때에 맞추어 수년 전에 우리 조상님의 묘소를 고향 생가가 있는 마을 옆 '삼태봉 와우형' 자리로 새로이 이장을 해서 잘 모셔드렸습니다. 또한 필자는 하늘의 계시에 따라 특별한 명당터에 나무로 사람모양을 깎고 사주성명과 부적을 새겨 넣어 살아생전에 본인 자신의 '가묘'를 우리나라 명산과 국사봉에 '비방'을 해오고 있습니다.

이 책은 일반 독자층을 대상으로 하기 때문에 명당터 '즉시발복' 효과와 집터·빌딩터·사찰터·공장터·가게터·묘터 그리고 살아 생전 자신의 '가묘비방' 등등의 풍수지리에 대해서는 '터문제'가 있거나 '터감정'을 요청해 오는 인연 닿는 특별한 사람들에게만 훗날 별도의 기회를 꼭 약속드리고, 살아생전 자기 자신의 '가묘 발복비법' (돈 한 푼 안 들이고 국립공원 등 전국명산의 명당터에 '가묘발복'을 할 수 있음) 등등도 꼭 필요한 특별한 사람들에게만 훗날 별도의 '만남기회'를 꼭 약속드리면서 일반 독자분들을 위해 우리가 살아가면서 많이 나타나고 있는 현상적 진리를 예로 들면서 하나씩 가르쳐 드리고자 합니다.

이러한 천륜 핏줄 운(運)법칙이 두 번째로 강하게 작용하는 쪽은 질병과 불운 그리고 수명 등등의 DNA 유전인자적 핏줄내림작용법칙에 따른 '핏줄 대물림운(運) 현상'이라는 것입니다.

핏줄적으로 아버지 할아버지 조상 중에서 간암·폐암·위암·대장암 등등의 불치병 암으로 죽은 조상이 있으면 그 후손이나 살아있는 가족 중에서 똑같은 현상의 질병이 또 나타납니다.

핏줄적으로 아버지 할아버지 조상 중에서 뇌혈관 질환·심장병·고혈압·중풍·당뇨병·각종 정신질환·폐질환·신장질환·각종 희귀병 등등의 난치병이나 불치병으로 죽은 조상이 있으면 그 후손이나 살아있는 가족 중에서 똑같은 현상의 질병이 또 나타납니다.

핏줄적으로 아버지 할아버지 조상 중에서 두 집 살림·난봉꾼·사기꾼·도박꾼 또는 마약·술 등등의 중독자가 있으면 그 후손이나 살아있는 가족 중에서 똑같은 현상이 또 나타납니다.

핏줄적으로 어머니 할머니가 자궁암·유방암·췌장암·혈액암·신장질환·가슴앓이·치매 등등의 난치병·불치병에 걸리거나 또는 암으로 죽거나 또는 몸을 파는 창녀 및 화냥끼·바람끼가 있으면 그 딸이나 손녀 중에서 똑같은 현상이 또 나타납니다.

핏줄적으로 어머니 할머니가 청상과부가 되거나 또는 별거녀·이혼녀·세컨드가 되거나 소박을 당하면 그 딸이나 손녀 중에서 똑같은 현상이 또 생겨납니다.

핏줄적으로 어머니 할머니가 점쟁이 무녀(巫女)였으면 그 딸이나 손녀 중에서 또 무녀가 생기고, 또한 평생 동안 신(神)끼 때문에 삶의 고통과 불행을 계속 죽을 때까지 당하게 됩니다.

현재 무녀 중에는 '핏줄내림'이 많고, 과부 또는 이혼녀가 많습니다.

핏줄적으로 조상이나 가족 중에서 교통사고·익사사고·화재사고·집 나가 죽은 객사 등등의 각종 사고로 비명횡사 죽음을 당했거나 또는 술·마약·도박 등등의 중독자가 있었거나 또는 자살 등으로 원한 많게 죽은 사람이 있었으면 그 후손이나 살아있는 가족 중에서 똑같은 현상의 사고와 불운이 또 나타납니다.

특히, 자살사망·옥중사망·정신병사망·비명횡사사망·뇌사사망·암질병사망과 치매·중풍·술중독·홀아비와 과부·이혼·신(神)끼 등은 '유전인자적 핏줄운(運)내림'이 가장 강하게 나타납니다.

약 90% 확률로 '유전상속 핏줄 대물림'이 반드시 따르게 됩니다.

또한 부모형제자식 중에서 원한 많게 죽은 그 시점이 가까울수록 남아 있는 가족 및 후손들에게 강하게 나타납니다.

특히, 병들어 죽은 영혼들은 가족 및 자손들 몸속의 장기들 중 췌장·심장·폐·간·콩팥·위장 그리고 자궁에 가장 많이 '빙의'가 되어 똑같은 질병을 만들고, 또한 각종 사고로 비명횡사한 영혼들은 똑같은 사고와 우환 등을 만들기 때문에 '영혼분리 및 영혼치료' 등으로 반드시 해결을 해야 합니다.

나쁜 핏줄운(運)내림과 나쁜 영혼 빙의 등은 '가장 큰 불행'인데 등한시 할 수 있겠습니까?!

후손과 자녀 및 가족들이 두 눈을 뻔히 뜨고 부모님처럼 '불운과 불행'을 닮아가는 데 뾰족한 묘수가 있습니까?!

"조상부모님의 나쁜 핏줄운(運)내림은 '사전예방'만이 최선책이다."

이러한 현상은 너무나도 무서운 사실적 비밀진실입니다.

특히, 부모님이 잘못된 그 자녀들은 반드시 사주와 얼굴 및 손금 등으로 자기 자신의 각종 불운과 수명운을 '확인'하는 방법으로 미리 꼭 한 번 운명감정을 받아보시길 바랍니다.

이러한 현상은 'DNA 유전인자적 핏줄운(運)내림법칙'때문입니다.

그리고 핏줄적으로 아버지 어머니가 사업가이면 그 후손 중에 또 사업가가 생겨나고, 아버지 어머니가 법조인이면 그 후손 중에 또 법조인이 생겨나고, 아버지 어머니가 연예인이면 그 후손 중에 또 연예인이 생겨나고, 아버지 어머니가 교육자이면 그 후손 중에 또 교육자가 생겨나게 됩니다.

그리고 핏줄적으로 아버지와 어머니 등 조상님이 장수(長壽)한 집안은 그 후손도 장수하는 사람이 많게 되고, 아버지와 어머니 등 조상님이 단명(短命)한 집안은 그 후손도 단명하는 사람이 많게 됩니다.

그리고 핏줄적으로 남자는 아버지계(父系)를 따라서 대체로 나타나고, 여자는 어머니계(母系)를 따라서 대체로 나타납니다.

또한 어머니계(母系) 외가집도 반드시 핏줄운내림이 작용합니다.

특히, 부모님이 암으로 죽거나 또는 자살 및 비명횡사 및 객사를 하거나 또는 이혼을 하거나 또는 신(神)끼가 있거나 등등 '불운한 집안'은 그 자녀도 핏줄운(運)내림으로 부모운을 닮아서 결국 불운하게 되고, 이러한 현상은 10명 중 9명이 들어맞고 대체로 90% 확률이기 때문에 '사전예방조치'가 최선책임을 가르쳐 드립니다.

이처럼 핏줄내림현상과 핏줄동기감응현상은 정도의 차이만 있을 뿐 거의 정확하고, 전생업작용보다 핏줄업작용을 더 많이 타고난 사람은 99%까지도 '조상 핏줄운(運)내림 현상'이 나타날 수 있습니다.

물질과학이 아무리 발전을 해도 과학으로 영혼과 혼령을 만들 수 없고, 나쁜 상속의 전생업내림과 핏줄운내림을 막아낼 수가 없습니다.

현대의술의 최고인 대학병원에서는 귀신병을 예방하거나 또는 귀신을 떼어내거나 또는 나쁜핏줄내림 등을 치료할 수는 결코 없습니다.

대학병원에서 현대 의술로 영혼해원천도와 귀신병 및 핏줄내림우환 등을 해결할 수 있으면 필자가 '1억 원 현상금'을 내걸겠습니다.

또한 전생업내림과 핏줄업내림은 자가치료를 할 수 없습니다.

이 글을 읽고 있는 독자분과 모든 사람들은 일반과학과 초과학 그리고 정신과학 및 심령과학 등을 '구별'할 줄 알아야 합니다.

현재의 과학수준으로는 그 증명을 해낼 수도 없고 또한 할 수도 없는 초과학분야 천기학의 기(氣) · 살(煞) · 업(業) · 영혼(靈魂) · 혼령(魂靈) · 신(神) · 운명(運命) 등등은 실제로 존재하고 작용하고 있다는 '비밀진실'을 꼭 가르쳐 드리는 바입니다.

필자는 영혼과 혼령을 연구하는 심령세계와 신학 · 종교학 · 천기학 · 운명학 등을 연구하는 운명분야 및 의식과 정신세계에서는 최고의 실력과 능력을 갖추고 있는 신통도술의 영사(靈師)이고 도사(道師)입니다.

박사학위는 인간이 수여하지만, 도사학위는 하늘이 수여를 합니다.

특히 신(神)을 믿는 종교에서는 단순 성직자인 목사 · 신부 · 스님보다는 신통도술의 '특별능력'을 겸한 영사(靈師)와 도사(道師)가 가장 높고, 살아있는 '신(神)의 대행자'임을 가르쳐 드리는 바입니다.

오히려, 필자는 불교와 기독교 등 종교가 생기기 이전의 근본 진리인 우주하늘자연과 신(神)의 '섭리'를 가르쳐주려고 합니다.

지금 필자는 이 글을 써 내려가면서 답답함을 조금 느낍니다.

필자의 답답함을 솔직히 말씀드리면, 필자가 알고 있는 체험적 진실과 진리를 글로 표현하는데 전문 글쟁이가 아니어서 다소 서툴기 때문입니다. 비록 서투른 글 솜씨이지만, 이 글들은 남에게 대필을 시키지 않고 필자가 직접 체험으로 알고 있는 것들을 '육필'로 수정 없이 기록하고 써 내려가면서 세상에 진실을 전달하고 또한 세상을 이롭고 아름답게 하고자 하는 바람입니다.

필자는 바로 앞 전생(前生)이 하늘나라 제석천궁의 천사장 칠성장군이었고, 하늘신(天神)이 사람으로 환생을 했으며 현재는 사람 모습이기 때문에 신인(神人)일체로 '홍익이념'을 펼쳐보고자 합니다…….

이 책은 필자가 실제 체험한 구도수행의 '자전 이야기'지만, 이야기를 전개하면서 중간 중간에 알박기로 천기누설과 함께 잘 살기 위한 삶의 지혜를 가르쳐 주는 삶의 '길잡이'가 되어 줄 것입니다.

인생을 살아가면서 삶의 진짜 방법 및 기술과 또한 운명을 바꿀 수 있는 '동기부여'의 이 한 권의 책과의 만남은 커다란 행운입니다.

헛 껍데기 같은 외국 번역 책이나 소설가의 말장난 허구 픽션 가짜 이야기책을 많이 읽은 것은 결코 최선책이 아니라고 생각합니다.

또한 한 사람 작가의 책은 한두 권만 읽으면, 그 작가의 지식과 가치관을 모두 알 수 있기 때문에 작가별 한두 권 이상의 책은 더 읽을 필요가 없다고 생각합니다.

책을 읽는 것은 삶에 도움이 되지만, 책을 많이 읽는다고 해서 또는 열심히 노력만 한다고 해서 또는 욕심을 부린다고 해서 모두가 성공출세 및 부자가 되거나 행복해질 수 있는 것은 결코 아닙니다.

태어날 때 복(福)을 못 타고 태어나고 살아가면서 운(運)까지 나쁘면 아무리 공부를 잘한들, 아무리 욕심을 부린들, 아무리 노력을 한들, 안 되는 사람은 계속 평생 동안 안 되는 것입니다.

그렇기 때문에 '운명작용이론'의 비밀법칙들을 꼭 알아야 합니다.

물리학의 법칙·화학의 법칙·수학의 법칙·천기학의 법칙 등 법칙과 진리는 바꿀 수도 없고 바뀌어 지지도 않는 것입니다.

일·월·화·수·목·금·토 그리고 산·물은 우주하늘자연에너지의 근원이고, 해·달·별이 존재하는 동안 하늘과 자연의 법칙은 계속 존재할 것이고, 하늘과 자연의 법칙을 이론화하는 것이 주역이며, 필자가 독자적으로 더욱 연구한 것이 필자 '손도사운명작용이론'입니다.

필자는 이 책으로 운명작용이론과 법칙을 공개 발표하면서 인연 닿은 독자분들께만 삶의 가장 중요한 잘 사는 방법의 참지식과 큰 지혜를 그리고 영혼진화와 영혼구원의 방법까지 가르쳐 드릴 것입니다.

이 책을 읽은 후, 많은 사람들이 올바로 깨달아서 지금까지의 잘못된 편견과 고정관념들을 과감히 깨부수어 '달걀 속에서 병아리가 나오듯' 또는 '누에꼬치에서 나방이 나오듯' 스스로 의식개혁과 마음혁명을 일으키고 그리고 현재의 삶이 개선되어 자유롭고 행복할 수만 있다면, 필자는 손가락이 부르트더라도 글을 쓸 것이고 또한 책으로 전달시켜 개인과 사회 그리고 인류를 이롭게 해 드릴 것입니다.

필자는 실제체험의 대서사 자전구도 이야기를 계속 펼쳐 나아가면서 이 책에 사실과 진실 그리고 진리만을 기록할 것이며, 이렇게 책으로의 만남도 귀한 '인연'이라 생각하고, 이 글을 읽고 있는 독자분 모두를 반드시 성공·출세시켜드리고, 부자가 되게 해드리고, 무병장수 100세 이상 잘 살게 해드리고, 그리고 행복하게 해드릴 것입니다.

필자와 '인연'이 닿은 사람은 반드시 그렇게 해드릴 것입니다…….

제12장
죽음까지도 각오하고 마지막 시험을 통과한다

다시 천등산 산(山)기도의 상황현실로 들어갑니다.

첩첩산중 깊고 높은 천등산 산속에서 도(道)를 닦고 있습니다.

계절이 바뀌고 또 바뀌고 여러 번 바뀌어갑니다.

오늘도 깊은 명상삼매에 들어가 천기신통초월명상으로 인간세계와 신령세계 간의 경계의 벽을 뚫고 신령계의 세계로 들어갑니다.

오늘도 어제처럼 삿갓 쓴 스님과 큰칼 든 장군이 백발노인 산신령님을 모셔옵니다.

두꺼운 책을 손에 들고 계신 백발노인 산신령님께서는 어제처럼 오늘도 내가 쌓아올리고 있는 돌탑 위에 높이 걸터앉으시고, 삿갓 쓴 스님과 큰칼 든 장군은 나와 똑같이 하여 내 곁에 앉습니다.

한창 신나게 천기공부를 하는 중에 산신령님께서 목이 마르다고 하시기에 나는 물을 뜨러 옹달샘으로 갑니다.

옹달샘으로 걸어가다가 무심코 뒤를 돌아보니 내가 그대로 토굴 안에 '초월명상삼매'로 앉아있는 것입니다.

나는 순간 놀라고 하도 신기해서 토굴 안에 앉아 있는 나를 보기도 하고, 옹달샘으로 물을 뜨러 걸어가고 있는 또 다른 나를 보기도 하며, 둘이 된 나를 번갈아 보면서 갸우뚱거리며 바가지에 옹달샘 물을 떠 옵니다.

둘인 나를 번갈아 보며 물을 떠오다가 한눈을 팔고 발이 돌부리에 걸려 넘어지려는 순간, 장군이 나를 부축을 하고 물바가지는 이미 백발노인 산신령님의 손에 들려있습니다.

이 모든 상황을 가부좌로 앉아 깊은 초월신통술명상의 삼매경에 들어있는 또 다른 내가 모두 '주시'로 지켜보고 있는 것입니다.

"나도 이제 유체이탈을 하는 건가?!"

"나도 이제 신통술과 도술을 부리는 건가?!"

나는 방금 전의 상황을 분석하면서 돌이켜 생각을 해봅니다.

개소리 닭소리 사람소리가 전혀 들리지 않는 첩첩산중 깊고 높은 천등산 산속의 토굴에서 한 번도 산(山) 밖을 나가지 않은 '두문불출'로 한 5년쯤 도(道)를 닦으니 내 모습은 머리칼이 길게 자라서 등허리까지 내려오고, 수염도 길게 자라서 앞가슴까지 내려오고, 다 헤진 누더기 옷차림을 하고 있습니다.

처음에는 기도를 하였지만, 이제는 명상을 합니다.

명상은 주의깊은 관찰이고 관조이며 초연하게 '주시'를 합니다. 주시는 객관적 이해와 깨달음을 얻는 최고의 근본방법입니다. 신통력은 진리발견과 깨달음을 얻기 위한 최고 방편입니다…….

산속에서 한 5년쯤 무문관 두문불출 토굴기도로 도(道)를 닦으니 앉아서 만 리를 보고, 서서 구만리를 볼 수 있는 등등 신통력과 함께 별의별 신기한 일들이 일상처럼 벌어지고 있습니다.

지금은 수도(修道)생활 7단계의 시험까지 통과를 하고 명상기도공부에 가속도가 붙어서 진도가 잘 나아가고 있습니다.

하지만 처음 산(山)기도를 시작할 때는 신령세계와 인간세계 사이 경계의 벽을 뚫어 천문(天門)을 열고, 직접 신(神)들과 통신(通神)을 하기까지의 고통과 그 후 단계 단계의 모든 장해와 시험을 통과하면서의 엄청

힘든 고행이 계속되어 왔습니다.

오랜 세월 동안 인적이 끊겨 개소리 닭소리 사람소리가 전혀 들리지 않는 첩첩산중 깊고 높은 산속에서 오직 나 혼자만 살고 있는데 기이한 여러 가지 일들이 벌어지곤 합니다.

캄캄한 어두운 밤중에 토굴 밖의 숲속에서 부스럭~부스럭~ 거리는 정체불명의 소리와 소쩍~소쩍~ 하고 울어대는 소쩍새의 울음소리는 머리칼이 쭈뼛쭈뼛 거꾸로 서는 무서움과 애간장을 녹이는 구슬픔을 느끼게 하고, 또한 한밤중 저승세계가 가장 많이 열리는 시간 때 밤 12시 경에 천신(天神)기도를 하기 위해 옹달샘으로 정한수 물을 뜨러 갈 때, 또는 100m 거리쯤 멀리 떨어져 있는 화장실 뒷간을 캄캄한 어두운 밤중에 다녀올 때에 머리카락을 풀어헤치고 하얀 소복차림의 여자 귀신이 불쑥 나타나면 정말로 머리칼이 거꾸로 섭니다.

그리고 신안(神眼)과 영안(靈眼)이 열리면서부터는 밤낮 구분이 없이 어느 때고 귀신과 혼령들의 모습 그리고 신(神)들의 모습이 보이니 시도 때도 없이 섬뜩섬뜩합니다.

죽은 혼령들의 모습은 사람으로 살면서 ① 가장 성공할 때의 모습 ② 평상시 삶의 모습 ③ 죽을 때의 모습 등등으로 상황과 필요에 따라 달리해서 보여지고 또한 나타나기도 합니다.

혼령과 귀신들의 모습을 실제로 보면 목이 잘려 피가 철철 흘러내리는 목 없는 귀신, 대나무 죽창에 찔려서 피를 흘리고 다니는 귀신, 총 맞은 자리에 구멍이 뻥 뚫리고 피를 흘리고 다니는 귀신, 농약을 마시고 구역질을 하면서 흰 거품을 흘리고 다니는 귀신, 목에 밧줄을 매달고 혀를 늘어뜨리고 다니는 귀신, 온몸에 불이 훨훨 타서 뜨겁다고 소리소리 지르며 뛰어다니는 귀신, 춥다고 덜덜 떨고 다니는 귀신, 배고프다고 손을 벌리고 다니는 귀신, 시집 못가서 발가벗고 다니는 처녀귀신, 따돌림 받고 너무나 슬퍼 보이는 할멈 귀신, 히죽거리며 돌아다니는 미친 귀신, 하얀 소복차림에 눈에 쌍심지를 켜고 다니는 원한 귀신 등등으로 불쑥불쑥 보이고 나타납니다.

또한 신령님의 모습도 실제로 보이고 불쑥불쑥 나타납니다.

눈이 하나뿐이거나, 머리가 두 개이거나, 다리가 세 개이거나, 팔이 여러 개이거나, 머리에 뿔이 생겨 있거나, 눈이 왕방울만큼 크거나, 키가 하늘 높이만큼 커다랗거나, 어깻죽지에 날개가 달려 있거나, 머리는 사람이고 몸통은 짐승의 모습 등등 기이한 모습들을 하고 있기도 합니다.

그리고 천둥 · 번개 · 폭풍 · 회오리가 칠 때 신(神)들의 성난 모습과 또한 흰 구름 푸른 하늘에 또한 큰 나무와 바위에도 신(神)들과 정령들이 생생히 직접 보이기도 합니다.

때로는 하늘의 신령님들께서 귀신들에게 명령을 내려 나의 산기도 공부를 시험하기도 합니다.

오랜 세월 동안 수많은 여러 가지 시험들 중에서도 '외로움'의 시험이 가장 힘들고 고통스럽습니다.

산속에서 도 닦는 공부는 100일을 넘기기가 힘이 듭니다. 그러나 나는 벌써 5년 동안을 버텨내고 있습니다.

이처럼 한 사람의 도사(道士)가 만들어지기까지는 엄청난 하늘의 시험과 오랜 세월의 고통과 인내가 따르는 '수행수도 생활'을 반드시 거쳐야 합니다.

산속에서 도(道) 닦는 공부는 단계 또 단계의 별의별 장해와 시험을 다 겪으면서 반드시 이겨내고 또한 통과를 해야 합니다.

단계 단계의 장해를 이겨내고 시험을 통과하면서 공부와 도(道)의 정도가 점점 높아가면서 이 몸 이대로 우주와 합일체가 되어갑니다.

보통 사람들은 무의식상태로 일상생활을 하지만, 명상수행 및 도(道)를 닦는 사람들은 무의식에서 의식으로 그리고 점점 의식의 각성으로 깨어나게 되고 더욱 진행하여 올라가면 순수의식·초월의식·우주의식 등이 되고, 신통술이 저절로 생겨서 신통술을 방편으로 깨달음의 대각(大覺)을 이루고 해탈의 '대자유'를 얻게 됩니다.

아주 먼 옛날 종교 이전의 신선(神仙)과 성자들처럼 또한 도(道)의 교조인 노자와 석가모니·예수님·달마대사·소태산·상월처럼…….

계절이 바뀌고 또 계절이 바뀌어 나아갑니다.

오늘도 하루가 그냥 지나갑니다.

요즘 며칠 동안은 계속 명상삼매에 깊이 들지를 못하니 천기신통초월명상이 잘 안 되어 산신령님으로부터 영적 공부 개인교습을 받지 못하고 있습니다.

자만심과 교만심의 정신해이로 인한 마장(魔障)에 걸려서 7번째 단계의 시험에 걸리고 말았습니다.

마음으로는 명상삼매에 들어가야 한다고 하면서도 정신이 해이해져 잘 되지가 않습니다. 내 스스로 내 점(占)을 쳐보니 신(神)들의 시험 마장에 딱 걸려들었습니다.

이쯤에서 신(神)들의 마장에 걸리면 대부분 미쳐버리거나, 병신 또는 폐인이 되어 버리기도 하는 등등 엄청난 고생을 치러야 합니다.

내 삶을 이렇게 두 눈 뻔히 뜨고 또다시 실패를 할 수는 없습니다.

몸부림을 치고 울부짖으며 잘못과 실수의 원인을 분석하면서 초심의 원칙으로 다시 되돌아갑니다.

처음 입산했을 때처럼 다시금 약쑥을 뜯어와 짓이겨 쑥물을 만들어 약쑥물 목욕을 하고, 향을 부수어 물에 담그고 향물을 우려내어 향물 목욕을 합니다. 또한 기도처 주위에 약쑥을 태워 약쑥 연기를 피우고, 굵은 소금을 사방으로 뿌리고, 맑은 물 청수를 사방으로 뿌립니다.

매일 여러 번씩 몸을 씻고 매일 기도처를 정화(淨化)합니다.

다시금 싸릿대나무 회초리를 준비합니다.

회초리를 손에 들고 팔을 머리위로 높이 들어 올려 내 등짝을 내 손으로 내리치면서 자만과 교만으로 해이해진 마음과 정신을 다잡아보려고 무진 애를 씁니다.

혹시나 부정이 타서 그런가 하면서 부정풀이도 해 봅니다

또다시 내 스스로 내 점(占)을 쳐보니 역시 신(神)들의 마장에 단단히 걸린 것을 알겠습니다.

운이 좋을 때는 아무리 딴 짓거리를 해도 잘 나아가지만, 운이 나쁠 때는 아무리 노력을 해도 잘 안 되고 오히려 더 꼬이고 엎친 데 덮치기도 합니다.

하늘이 벌을 내리거나 또는 시험과 시련을 줄 경우에는 꼭 '나쁜 운때'를 고르니, 대부분 나쁜 운때에 손해·실패·사고발생·이혼·구설수·망신살·관재수·좌천·명퇴·큰 질병·죽음 등등을 당하게 됩니다.

그렇기 때문에 운세와 운수 그리고 운때를 미리 알고서 사전에 그 준비 및 대비와 대응을 잘 해야 합니다.

그러나 나는 지금 천기공부중이라 어쩔 수 없는 신(神)들의 계획에 따른 마장에 걸려 정말 미쳐버릴 만큼이나 괴롭고 고통스럽습니다.

해이된 정신과 마음을 다잡아 보려고 내 팔뚝을 내 이빨로 물어뜯으며 몸뚱이에 긴장을 주어 봅니다.

연이틀 간격으로 오른쪽 팔뚝을 물어뜯고, 왼쪽 팔뚝까지 물어뜯으면서 몸뚱이에 긴장감을 점점 가중하다가 결국에는 내 이빨로 내 팔뚝의 살점을 뜯어내고야 맙니다.

양쪽 팔뚝을 메리야스 속옷을 찢어서 감싸고 묶어놓으니, 무더운 여름날 자기 이빨에 살점이 뜯겨나간 상처는 덧이 나서 퉁퉁 붓고 짓무르기

시작합니다.

나는 지금 신(神)들의 시험 마장으로 인해 너무나 지쳐있습니다.

하루 한 끼니씩 생식으로 먹는 음식까지 끊고 금식을 합니다.

나쁜 운때에 신들의 계획된 마장의 시험에 걸려들었기 때문에 이런 방법을 써보고 저런 방법을 써보지만 제대로 통하지가 않습니다.

"오! 내 인생이 여기서 끝나버리다니, 유서까지 써놓고 산기도를 들어왔는데……."

이제 나로서는 최후의 방법을 쓸 수밖에 다른 방법은 없습니다.

최선의 노력을 하는 것은 잘 살려고 하는 것이고, 잘 살려고 하는 것은 행복하기 위해서이며, 궁극의 행복은 깨달음을 얻어 마음과 영혼의 해탈과 구원이니 이제 절차의 방법을 바꾸어 버립니다.

우주하늘자연의 이치는 무상(無常)하여 모두가 변화없는 변화의 법칙을 따라서 화려한 꽃들도 시들어가고, 뭇생명들도 죽음은 피할 수 없으니 '덧없음'을 받아들이려 합니다.

"그래, 깨달음을 많이 얻었으니 차라리 생사초월을 해 버리자!"

기진맥진한 육신을 이끌고 기어가다시피 하여 옹달샘으로 갑니다.

옹달샘 물로 마지막 목욕을 하고, 빨아둔 새 옷으로 갈아입고, 길게 자란 머리칼과 수염을 정갈하게 쓰다듬고, 평안한 얼굴 표정을 짓고, 그리고 가부좌의 명상할 때 모습으로 앉아서 내 영혼을 가장 좋은 곳 하늘나라의 '하늘궁전'으로 인도하고자 스스로 의지적 죽음의 의식을 나 홀로 쓸쓸히 시작을 합니다.

나는 해탈열반경과 함께 최고 높은 등급의 하늘천국행 극락왕생 주술진언을 계속 외우고 또한 내 영혼을 스스로 달래면서 직접 내 영혼에게 안내지시를 합니다.

"내 영혼아! 내 영혼아! 삶과 죽음을 초월해 버리자. 영원한 해탈열반대자유로 가자꾸나. 하늘나라 7단계의 최고 높은 33천 천국행 극락왕생을 하자꾸나. 천년왕국 만년왕국 하늘궁전으로 올라가자꾸나. 하늘천국 극락왕생진언~옴 마리 다리 훔바탁 사바하! 옴 마리 다리 훔바탁 사바하! 옴 마리 다리 훔바탁 사바하!……"

이렇게 가부좌로 앉아서 내 영혼을 내 의지에 따라 하늘나라 33천의 천국과 천당 중에서도 가장 좋은 '하늘궁전'으로 극락왕생을 시킬 수만 있다면, 내 영혼을 영원한 '대자유와 자재'를 누리는 하늘나라 최고 높은 등급의 신(神)으로 올라서게 할 수만 있다면, 그렇게만 죽을 수 있다면 가장 성공하는 삶이려니 또한 정말로 가장 멋스럽게 죽음을 맞이하는 것이려니 생각하면서 해탈열반경과 하늘궁전 천국행 극락왕생 주술진언을 계속 외웁니다.

나는 나의 자유의지에 따라서 죽음을 선택하고 그리고 좌탈입망(座脫立亡) 방법의 가부좌로 앉아 경문과 진언을 밤낮으로 외우면서 스스로 가장 잘 죽는 죽음을 실행하고 있습니다.

이제 서서히 나의 의식이 가물가물해집니다.

나는 신(神)들의 마장에 걸린 지 21일 만에 가부좌로 앉아서 좌탈입망의 모습으로 스스로 죽어버립니다…….

내 영혼은 몸뚱이를 빠져나가 길을 떠나갑니다.

다른 사람들은 죽을 때 저승사자가 데리러 오기도 하고, 또는 조상님이 마중을 나오기도 한다는데, 나에게는 저승사자도 나타나질 않고 조상님도 나타나지 않습니다.

이윽고 커다란 강이 눈앞에 나타납니다.

나는 '저 강만 건너면 되는구나!' 하고 생각하면서 강을 막 건너려고 하는 순간 하늘에서 눈부신 흰빛이 내 앞으로 쭉~ 뻗어옵니다[신령세계의 빛은 ① 흰색 빛 ② 파란색 빛 ③ 붉은색 빛의 3종류로 크게 나누고, 빛의 색깔과 밝고 어두움에 따라 구분을 할 수 있으니 눈부시게 밝은 '흰색 빛'을 최상급 신령의 빛이라 합니다].

나는 하늘에서 내게로 비춰온 눈부신 흰 빛 속으로 들어갑니다.

'이 눈부신 흰 빛은 극락천국 하늘나라로 인도하는 빛이구나!'하고 생각하면서 흰 빛을 타고 하늘나라로 올라갑니다.

12궁의 천당·천궁과 33천의 천국 하늘나라로 올라가니 금은칠보로 장식한 궁궐이 나타납니다. 궁궐을 바라보니 궁궐 앞에 '제석천궁(帝釋天宮)'이란 현판이 황금색 빛깔로 빛나고 있습니다.

황금색으로 빛나는 궁궐 현판을 유심히 바라보니 언젠가 본 듯한 모습입니다.

내가 전생(前生)에 살던 하늘나라의 하늘궁전 '제석천궁'입니다.

반가운 마음으로 제석천궁의 궁전대문을 확~ 밀치고 들어섭니다.

하늘궁전 안 맞은편 정면의 높은 자리에 앉아 계시는 '제석천왕(帝釋天王)'님께서 뇌성 같은 큰 소리로 호통을 치십니다.

"그대는 천등산으로 다시 돌아가도록 하라! 10단계까지의 시험을 통과해서 인류의 위대한 성자들처럼 7신통 10지승을 꼭 이루도록 하라! 아직, 하늘나라에 올 때가 아니니라! 그대의 몸뚱이에 악령이 들어가기 전에 속히 천등산으로 다시 돌아가도록 하라!……"

나는 하늘나라 제석천궁까지 올라갔다가 제석천왕님의 호통소리만 듣고, 다시 수도처인 천등산으로 되돌아옵니다.

아직도 내 몸뚱이는 토굴 안에서 가부좌의 모습으로 그대로 앉아 있습니다.

악령과 귀신들이 몸뚱이에 들어가지 못하도록 하늘의 신장들이 갑옷을 입고 창검을 들고 내 몸뚱이를 지키고 서 있습니다.

내 육신의 모습은 기다란 머리칼과 기다란 수염에 다 헤져 꿰맨 누더기 옷을 입고, 메리야스 천으로 양쪽 팔뚝을 감싸 묶고, 기진맥진한 모습으로 앉아 있습니다.

내 영혼은, 최고의 '깨달음'을 완성하기 위해서는 반드시 몸뚱이가 필요하기 때문에 또다시 몸뚱이 속으로 쑥~들어갑니다.

또다시 삿갓 쓴 스님과 큰칼 든 장군이 나타납니다.

삿갓 쓴 스님이 처음 보는 약초를 손에 들고 보여주면서 약초가 있는 곳의 지형을 가르쳐 줍니다.

큰칼 든 장군이 나를 부축하고 산신령님도 나를 부축하여 일으켜줍니다. 나는 삿갓 쓴 스님과 큰칼 든 장군 그리고 산신령님과 신장들의 부축과 도움으로 기진맥진한 몸을 이끌고 가서 약초를 뜯어옵니다. 뜯어온 약초를 짓이겨 팔뚝 상처에 싸매고 그리고 약초 즙을 몇 모금 마시면서 기운을 차려봅니다.

깊은 산속의 수많은 요정들과 정령들이 모두 지켜보고 있습니다.

하늘의 시험에 내 스스로 의지적 죽음이란 배수진을 치고 최후방법의 초강력 대응법을 쓰니 또 한 단계의 시험을 통과시켜줍니다…….

이처럼 마지막 방법으로 죽을힘을 다하여 덤비거나 또는 죽음을 각오하고 버티면 안 되는 것이 없습니다.

그러나 값비싼 댓가의 죽음을 몸소 체험하면서 자만심과 교만함이 얼마나 나쁜가를 뼈저리게 후회하며, 이제부터는 마음을 더욱 다잡아 철저히 경계를 합니다.

값비싼 댓가를 치르면서 계속 정진과 겸손을 깨우치며 나아갑니다.

우리들 주변을 살펴볼 때도 한때는 화려하게 잘 나가던 정치인과 연예인들이 한순간 게이트나 스캔들을 일으켜서 구설수와 망신살을 당하고 감옥을 가기도 합니다.

이처럼 자만심과 교만함은 시기질투의 대상이 되기도 하고, 신(神)들로부터 경책으로 벌을 받기도 합니다.

높은 곳에서 떨어질 때는 날개없는 추락을 합니다. 잘 나갈수록 자만심과 교만심을 철저히 경계하길 꼭 충고합니다.

잘 나갈 때는 교만함과 자만심 경계를…….

제13장
깊은 산(山)속에서 신선(神仙)처럼 살아간다

계절이 바뀌고 또 바뀌고 또 바뀌면서 세월이 흘러갑니다.

시간 개념을 잊어버리고 살아가니 자연의 변화를 보면서 세월의 흐름을 짐작할 뿐입니다.

하루 한 개씩 돌을 주워와 쌓고 있는 돌탑이 이제는 내 키의 두 배 높이까지 올라갑니다.

돌탑을 쌓기 위해 가까운 곳에 있는 돌은 다 주워와 버렸으니, 돌 한 개를 주워오려면 이제는 멀리까지 가서 주워 와야 합니다.

쌓고 있는 돌탑이 높이 올라갈수록 나의 도(道)도 함께 올라갑니다.

신령님으로부터 직접 개인교습을 받는 '영적 가르침'은 명상삼매로 들어가 천기신통초월명상 속에서 이루어지고, 신(神)들의 계시와 공수는 어느 때고 주어지며, 평상시가 명상이고 명상이 평상시로 되면서 평상시와 명상의 구분이 없어지고 행주좌와가 매일 똑같이 일여합니다.

필자는 처음 입산(入山)을 할 때는 산도(山道)를 닦아서 신통과 도통을 이루어 초인 · 진인 · 신인이 되고 싶었습니다.

결국에는 신통으로 하늘의 비밀 천기(天氣)를 다 통달하였습니다.

신통술을 방편삼아 의식의 계속된 각성으로 대각(大覺)을 이루고, 원각 및 본각을 이루어 아뇩다라 샴막 삼보리 최상의 깨달음을 얻어서 이제

도사(道士)가 되고 신선(神仙)이 되어 하늘과 자연의 섭리와 순리에 따르며 무위로 살아갑니다.

"사람이 자연 속에서 신통력으로 도통을 하는 것은 위대하다."

신통력(神通力)은 여러 가지가 있고 특별히 하늘이 내려줍니다.

신통력은 먼저 천안통이 있고 '천안통'은 의식의 집중으로 보이지 않은 것을 볼 수 있고, '천이통'은 들리지 않은 소리를 들을 수 있으니, 모든 존재물의 참 모습과 운(運)을 다 알아낼 수 있습니다.

'신족통'은 축지법을 쓰고 유체이탈을 할 수 있고, '타심통'은 상대를 꿰뚫어 볼 수 있고, '숙명통'은 먼 옛날의 과거도 볼 수 있고 또한 먼 훗날의 미래도 볼 수 있습니다.

'약신통'은 모든 질병을 알아낼 수 있고 또한 치유도 할 수 있고, '누진통'은 스스로 모든 번뇌와 망상을 끊고 대자유가 되는 것입니다.

필자는 이것을 '7신통'이라 명칭을 합니다.

지금까지 불교에서 2천년 이상 6신통이라고 해 왔지만, 약사불께서 질병을 고쳐주는 약신통을 꼭 넣으라고 말씀해 주시어 필자는 약사불의 가르침에 따라 이제부터 '7신통'이라고 호칭을 합니다.

사람이 수행으로 7신통력을 지니면 '전지전능자'가 됩니다.

나는 이제 석가모니불처럼 독성으로 7신통을 이루고 도(道)의 7단계까지 올라서니 신선(神仙)처럼 살아갑니다.

요즈음 나의 모습은 꼭 신선(神仙)의 모습입니다.

머리칼은 길게 자라서 등허리까지 내려오고, 수염도 길게 자라서 앞가슴까지 내려오고, 다 헤진 누더기 옷에 눈빛만 신비하리만큼 빛을 내고 있습니다.

자연인 또는 신선처럼의 기이한 모습을 하고, 그냥 그대로의 자연 속에서 자연과 함께 살면서 나 홀로 도(道)를 닦아 이제 독성(獨成)을 이루고 지존(至尊)으로 나아갑니다.

옛날 옛적에 석가모니께서 독성으로 깨달음을 이룬 것처럼…….

이제 계절이 바뀌어 이곳 깊은 산(山)속에도 수확의 가을철입니다

요즈음은 우주자연의 섭리에 따라 새벽에 일찍 일어나고, 산꼭대기에서 동쪽을 향하여 명상자세로 앉아 솟아오르는 찬란한 태양의 기운을 받는 '아침태양명상'을 매일처럼 하고 있습니다. 태양과 우주하늘자연의 '생명 에너지'를 듬뿍 받아들이고 나서 하루 일과를 시작합니다.

오늘은 망태기를 짊어지고 산열매를 따러갑니다.

오랜 세월 동안 나 홀로 천등산 깊고 높은 산속에 살면서 기도처를 중심으로 생활반경 이내의 산중턱 마당바위까지 산길을 만들어 놓았는 바, 모든 생활반경에는 길을 잘 만들어 놓아야 합니다.

산꼭대기까지도 산길을 만들어 놓았고, 저쪽 작은 봉우리 딸각봉·월각봉·수리봉까지도 산길을 만들어 놓았습니다.

이곳 천등산은 한반도의 남쪽 땅 끝 전라남도 고흥(高興)에 위치하고 남해바다 해안가에 해발 555m 높이로 불쑥 솟아 있습니다.

한반도의 백두대간이 남쪽으로 뻗으면서 지리산 노고단에 기(氣)를 뭉치고, 한 줄기 기맥(氣脈)이 남쪽으로 흐르면서 송광사가 있는 조계산을 만들고, 더 남쪽으로 고흥반도까지 따라 내려오면서 남해바다 바닷물을 만나 용호(龍虎)가 합작으로 이곳 천등산(天登山)을 만들어놓으니 엄청난 기(氣)가 하늘로 솟구치고 있습니다.

천등산(天登山)이란 이름은 '하늘로 오르는 산'을 의미합니다.

하늘로 오르는 산이기 때문에 엄청나게 기(氣)가 강하게 느껴지고 기도발이 잘 받습니다…….

필자는 이 책을 통하여 풍수지리학계와 모든 이들에게 지금까지 숨겨진 비밀 한 가지를 공개하고자 합니다.

이곳 천등산(天登山, 하늘로 오르는 산)의 바로 앞에는 또 하나의 높은 산인 유주산(榆朱山, 전라남도 고흥군 도화면 구암리 소재)이 남해 바다 해안가에 나란히 우뚝 솟아 있습니다.

　그 유주산의 산꼭대기에는 축성 연대를 알 수 없는 높이 6m 가로 6m 세로 6m 정도의 커다란 돌탑이 납작한 자연 돌만 사용하여 정사각형 모양으로 신비하게 만들어져 있다는 것입니다.

　이 고을에서는 이 돌탑을 한반도 중심선의 가장 남쪽에 위치한 봉화대라고 합니다. 하지만 필자가 신(神)들께 확인을 해보니, 이 돌탑은 본래가 바다신(海神)들께 제사를 올리는 신단(神壇)이라고 합니다.

　한반도 중심선의 남쪽 땅 끝 남해바다 해안가 높은 유주산에 우리나라에서 자연석으로 쌓아올린 가장 커다란 신단이 왜 고흥에 있을까?

　우리나라에 하나뿐인 나로우주선 발사대가 왜 고흥에 생겼을까? 우리나라의 가장 아래쪽 땅 끝에 위치한 이곳의 지명이 왜 고흥(高興)일까? 등등 관심이 있는 분들은 천등산의 기(氣) 흐름과 유주산 꼭대기에 납작한 돌로 쌓아올리고 축성연대는 알 수 없는 신비한 '666신단(神壇)'을 꼭 한 번 답사하여 직접 확인해보시길 바랍니다……

　오늘은 가을철의 쾌청한 날씨에 경치도 구경할 겸 망태기를 짊어지고 천등산 산꼭대기로 올라갑니다.

　천등산 산꼭대기에 올라와 사방을 한 바퀴 둘러봅니다.

　산꼭대기 위에서 남쪽을 바라보니 유주산 너머로 망망대해의 남해바다와 다도해 해상국립공원이 보이고, 서쪽을 바라보니 녹동[도양]항구와 녹동―제주를 매일 왕래하는 카페리호 큰 배가 보이고, 그리고 남서쪽 사이로 바다 위에 소록도와 거금도·금당도·시산도 등등의 섬들이 보이고, 푸른 바다 위에 소록연륙교와 거금 연도교의 교각이 하늘높이 우뚝 솟아 보이며, 북쪽을 바라보니 고흥읍과 봉황산·말봉산이 보이고, 동쪽을 바라보니 산봉우리가 나란히 8개 솟아있는 팔영산과 고흥 나로우주 발사대 시설이 저 멀리 보입니다.

전라남도 고흥군 남해바다 다도해의 가장 큰 섬 거금도의 가장 높은 산봉우리 해발 590m '적대봉'과 녹동항구 앞의 국립 특수시설 관광지로 유명한 '소록도'와 '녹동활어시장' 그리고 '나로 우주발사대'는 우리나라의 유명한 관광명소이기도 합니다.

특히 전라남도 고흥군 금산면에 위치하고 있는 '적대봉'은 푸른 파도가 넘실대는 남해바다위의 커다란 섬 거금도의 한 가운데에 해발 590m 높이이고, 산꼭대기에는 태백산 천제단처럼 높은 돌단을 쌓고 돌단위에 가슴높이로 돌담장을 쌓아놓았고, 돌단위에서 360도로 빙~둘러 푸른 바다를 마음껏 바라 볼 수 있습니다.

적대봉 등산길은 네 갈래가 있고, 누구나 가볍게 산을 오를 수 있으며 산 아래 한가로운 시골 어촌에는 해산물이 풍부하고, 거금대교 끝지점 전망대 아래의 금진항에서 출항하여 소록도 및 거금도 바다유람을 할 수 있는 '거북선유람선 나로호'는 꼭 한 번 타볼만 합니다.

또한 녹동항구에서 제주항까지 사람과 자전거 및 자동차를 함께 태우고 매일 왕복으로 운항하고 있는 (주)남해고속회사의 6,266톤급 대형카페리 '아리온제주'호는 고흥녹동항에서 매일 오전 9시 출발하고, 제주항에서는 매일 오후 4시 출발하며 3시간 30분쯤 소요되는 바다여행길은 아름다운 추억과 함께 몸과 마음의 힐링이 되어 줄 것이라 생각하면서 꼭 한 번 추천드리는 바입니다……

다도해 남해바다와 섬들의 경치가 너무나 아름답게 보입니다.

천등산 산꼭대기에서 사방을 한 바퀴 빙~ 둘러 경치를 구경하고, 저쪽 작은 봉우리로 향하면서 산길을 따라 걸어갑니다.

7년 동안의 오랜 세월을 이곳 산속에서 살다보니 능선과 골짜기의 지형을 손바닥 들여다보듯 구석구석까지 모두 알고 있습니다.

어디에 가면 무슨 열매가 있고 또 어디에 가면 무슨 약초가 있는지 모두 다 압니다.

저쪽 작은 봉우리를 향하여 산길을 따라가면서 지난해에 그곳 골짜기에서 산머루와 산다래 그리고 으름 열매를 많이 따와서 잘 먹었기 때문에 올해도 또 그쪽으로 갑니다.

칡넝쿨이 이리저리 얽혀있고 머루넝쿨과 으름넝쿨 그리고 다래넝쿨이 나뭇가지 사이에 얽혀 있습니다.

망태기에 작은 포도송이처럼 생긴 산머루 열매를 따서 담고, 작은 바나나처럼 생긴 으름 열매를 따서 담고, 산다래 열매도 따서 망태기에 담습니다. 산열매를 사나흘 먹을 만큼만 잘 익은 것으로 골라 따서 망태기에 담아 짊어지고 토굴로 돌아옵니다.

토굴로 돌아오는 길에 휘파람소리와 함께 나이가 200살이나 된다는 그 산신동자(山神童子)가 또 불쑥 나타납니다. 이번에는 선재동자와 요술동자 그리고 산속의 많은 요정들까지 따라 왔습니다.

"형아! 가르쳐 줄까? 말까?"

"동자야! 무슨 일인데 선택을 하라는 거냐?"

"형아가 사탕 사준다고 약속을 하면 또 한 가지 중요한 것을 가르쳐줄 텐데."

"그래, 사탕 사줄 테니 말을 해 보거라!"

(어린아이 동자는 사탕을 좋아하고 어른 신(神)과 신장들은 술과 고기를 좋아하며, 모든 신령님은 떡·과일 그리고 생화(生花) 꽃을 좋아합니다. 그리고 신과의 약속은 반드시 지켜야 합니다.)

"형아! 약속을 했으니 이쪽으로 따라와 봐!"

동자들과 요정들이 나를 따라오라고 하더니 저만치 보이는 우거진 숲

속의 작은 바위 쪽으로 데리고 갑니다. 앞서 걸어가고 있는 산신동자가
바위 아래에서 멈춰 서더니 또 말을 건네옵니다.

"형아! 이 근처에 보물이 있는데 그것이 뭐~게?"

"동자야! 사탕을 사준다고 약속했으니 그냥 가르쳐 주거라."

"형아! 보물이 있는 장소까지 왔으니 뚝딱 점(占)을 쳐봐."

산신동자가 자꾸 보물이 있다고 해서 나는 의식을 집중하여 신통술로
신안(神眼)을 열고 주위를 살펴봅니다.

서서히 신통술 신안(神眼)으로 주위를 살펴보니 양지 바른 곳에 산삼
(山蔘)이 보입니다.

의식의 집중을 풀고 산신동자한테 보물을 찾았노라고 말을 합니다.

"동자야! 그 보물이라는 것이 산삼이 맞지?"

"형아! 산신할아버지께서 오늘 일러주라고 해서 가르쳐준 거야."

"동자야! 항상 고맙구나."

"형아! 사탕 사준다는 약속은 꼭 지켜야 해!"

할 말이 끝나자 산신동자는 함께 온 선재동자와 요술동자 그리고 많은
요정들을 데리고 순간 뿅 ~ 하고 사라집니다.

조금 전에 신안으로 보았던 지점에서 빨간 열매가 달려있는 산삼을 발
견합니다. 주위를 자세히 둘러보니 5그루나 자라고 있습니다.

그 중에서 가장 큰 것으로 하나만 조심스레 캐어 산열매가 담겨있는 망
태기에 함께 넣고 토굴로 돌아옵니다.

이곳 깊은 산속에는 나 혼자만 오랜 세월 동안 살고 있고 또한 산삼이
있는 곳의 위치도 나 혼자만 알고 있으니, 가끔 필요할 때 하나씩 캐먹기
로 하고 나머지 4그루는 그냥 그대로 놔둡니다.

나는 이곳 천등산에 살면서 20여 뿌리 야생으로 자란 산삼을 캐먹었고
산더덕·잔대 등을 많이 캐 먹었습니다.

가끔씩 산신동자가 불쑥 나타나서 산삼이 있는 곳을 가르쳐 줍니다. 또한 식물도감과 동의보감에도 없는 약초를 가르쳐 주고, 생약초 사용법도 가르쳐 줍니다. 모든 것이 언젠가는 필요할 테니 나는 신(神)들이 가르쳐 준 것들을 모두 기록을 하면서 잘 배워 둡니다.

　가을철의 산은 온갖 산열매가 무르익으니 먹을 것이 풍성합니다.

　옹달샘이 있는 토굴 주위의 산 아래쪽 숲속에는 자생하고 있는 밤나무가 많습니다. 밤알을 따러 나무에 올라가지 않아도 익으면 밤송이가 저절로 벌어지면서 잘 익은 알밤이 땅에 떨어지니 그냥 주워오기만 하면 됩니다.

　낙엽 사이에 숨어버린 알밤은 다람쥐와 산동물들 몫으로 내버려두고, 눈에 보이는 것만 주어와도 충분히 먹고도 남습니다.

　나는 산속에서 도를 닦으며, 생식(生食)을 하기 때문에 요즘처럼 가을철에는 산속에 있는 온갖 산열매로 늘 끼니를 해결하고 있습니다.

　가을철의 산은 온갖 열매가 풍성하고 온갖 단풍이 울긋불긋하니 몸도 마음도 여유롭고 풍족함을 느낍니다.

　우리의 삶이 가을철의 산(山)만 같으면 좋으련만 하고 작은 소망을 가져 봅니다.

　진실한 삶의 소박한 작은 소망을……

제14장
방편도술로 깊은 산(山)속 옹달샘을 보호한다

계절이 또 바뀌어 산(山) 기도 생활 8년째입니다.

처음 입산(入山)할 때 산신령님께서 산(山) 기도 기간을 10년 정도라고 말씀하시더니 8년 전에 해주시던 그 말씀이 주변 환경변화를 볼 때 적중할 것 같습니다.

미래운명은 수십 년 전에 또는 수백 년 전에 또는 수천년 전에 이미 모두 예정되어서 '예정된 운명의 프로그램'대로 진행되고 있다는 신령님의 가르침이 점점 더 신뢰가 갑니다.

지금까지 신령님의 가르침은 모두 다 들어맞고 있습니다.

나는 신령님의 가르침에 따라 천기(天氣)를 공부하면서 모든 존재물의 생긴 모양과 이름에 따른 기운(氣運)작용을 배웠습니다.

내가 산(山) 기도공부를 하고 있는 이곳 천등산(天登山)의 이름을 풀이하면 '하늘로 오르는 산'이란 좋은 의미와 기운을 나타내고 있습니다.

이처럼 모든 이름에는 그 "이름에 따른 기운이 형성되고 또한 운(運)이 정확히 작용한다"는 진실입니다.

그렇기 때문에 기업 · 회사 · 빌딩 · 상품 · 가게 등등의 이름을 짓는 '상호작명'과 사람의 이름을 짓는 '성명작명'은 가장 중요하다고 생각합니다.

이름은 처음 지을 때 정말로 잘 지어야 하고, 잘 지은 이름은 평생 동안의 기운(氣運)을 좋게 만들어갑니다.

인생을 살아가다가 운(運)이 안 좋은 사람은 가장 먼저 타고난 '사주운명'을 꼭 진단받아보고, 또한 '이름풀이'를 해 보아야 하며 이름이 나쁠 경우에는 즉시 '개명(改名)'을 해주어 좋은 이름으로 바꾸어줘야 합니다.

요즈음은 개명과 개명신고가 잘되고 있습니다.

모든 이름은 처음 지을 때에 잘 짓는 것이 중요하고, 별명·아호·예명·세례명·법명 등등 함께 불러주는 이름도 정말로 중요합니다.

특히, 장사재수운과 직결된 가게이름 '상호'는 아주 중요하고, 인기운과 직결된 연예인의 '예명'은 정말로 중요하니 반드시 잘 지어야 합니다.

(필자는 그동안 수많은 사람들의 운명감정과 이름감정을 해주면서 수많은 상호와 가게이름 그리고 사람들의 이름을 지어주었고, 그리고 유명 예술인과 연예인 심ㅇ진, 김ㅇ수, 김ㅇ아, 김ㅇ희, 박ㅇ진, 이ㅇ연, 이ㅇ희, 송ㅇ아, 전ㅇ연, 최ㅇ지, 고ㅇ라 등등 수많은 유명인들의 '예명'을 지어주었으며, 영화배우 손예진의 예명도 필자가 직접 지어주면서 당시 연예기획사 'MS팀' 사장에게 최고 유명 연예인이 될 것이니 잘 키우라고 정확한 '예언'까지 해주었음을 증명하고, 또한 필자는 유명하거나 능력있는 엔터테인먼트 사장들을 많이 알고 있고 연결을 해줍니다.)

이처럼 이름을 잘 짓는 '작명'은 운(運)과 정확하게 직결되기 때문에 정말로 중요합니다.

유명한 상품 또는 상호와 유명한 사람 또는 유명한 지명 등등의 이름을 분석해보면 신비하리만큼 정확함을 알 수 있습니다.

그렇기 때문에 모든 이름을 지을 때는 '운명전문가'에게 작명하시길 진심으로 꼭 전달드리는 바입니다…….

특히, 오래된 옛 지명은 이미 그 이름에 따른 기운이 계속해왔기 때문에 나는 이곳 천등산(天登山)에서 최고의 득도와 해탈을 이루고 반드시 하늘로 오르게 될 것입니다.

지금 이 글을 읽고 있는 독자분 중에 혹시 도(道)를 공부하는 사람이나, 신(神)을 공부하는 사람이나, 신(神)을 대상으로 깊은 신앙생활을 하고 있는 종교인들은 이 책의 이야기 현장이고 또한 필자가 산(山) 기도 공부를 한 대한민국 한반도 남쪽 땅 끝 전라남도 고흥군에 위치하고 있는 '천등산(天登山) 답사'를 꼭 한 번 진심으로 권유합니다.

고흥반도의 남쪽 남해안에 위치하고 있는 천등산(天登山)은 고흥군의 도화면 · 풍양면 · 포두면 등등 3개 면으로 나뉘어져 있고 산꼭대기가 그 분기점이 되고 있습니다.

그런데 이곳 천등산(天登山)이 산불예방과 철쭉꽃 관광 및 등산로 개발이란 명분으로 도화면 신호리 탑사골과 풍양면 사동리 뱀사골 사이에 자동차가 통행할 수 있는 임도 산길이 뚫리고 있습니다. 현재는 공사를 하고 있는 모습이 직접 눈의 시야에는 보이지 않지만, 앞쪽 산골짜기 저 멀리 능선 너머 아래편과 뒤쪽 산 고개 너머 저 멀리 반대쪽 아래편의 양쪽 끝에서부터 중장비들에 의해 나무들이 베이고 땅이 파헤쳐지는 모습들이 신안(神眼)으로 다 보입니다.

이로 인해 이곳 천등산(天登山) 산신령님께서 엄청 진노하고 계십니다.

나무들도 쓰러지면서 비명소리를 지릅니다.

산짐승들이 자기들의 생활터전을 침범한다고 시위를 합니다. 온갖 생물들이 일방적인 파괴의 괴력에 총궐기로 저항을 합니다.

그렇지만 사람들은 이를 보지 못하고 듣지를 못하고 있습니다.

나는 너무나도 안타까움을 느끼고 있습니다.

이곳 천등산(天登山)도 다른 지역의 관광지 산(山)들처럼 개발바람이란 못된 바람이 불어 닥쳐 개발계획의 예정된 운명에 따라 자연훼손이 진행되고 있습니다.

천등산 임도 산길을 뚫는 공사가 여러 달을 지나니, 이제 저 멀리 산골짜기 아래편에서 공사하는 모습이 시야에 보이기 시작합니다.

산신령님께서 나에게 잠시 산 아래편 공사현장에 내려가 기왕에 공사가 진행 중이니 산길의 방향이라도 다른 쪽으로 설계변경을 요구하라고 하십니다.

나는 산신령님께서 시키시는 대로 산 아래편 공사현장까지 내려갑니다.

한창 임도 산길을 뚫는 작업을 진행 중인 공사현장 사람들은 인적이 없는 깊은 산속에서 원시인처럼 모습을 하고 나타난 내 모습을 보고는 기겁을 하고 작업을 모두 멈추는 것입니다.

나는 공사현장 책임자에게 나의 신분을 밝히고, 임도 산길의 설계도면과 설명을 부탁하니 산신령님의 말씀대로 임도 산길이 옹달샘을 관통해서 산고개를 넘어가게 되어 있음을 확인합니다.

공사현장 책임자에게 산신령님의 말씀을 전달하면서 설계변경을 요구하니 이미 결정이 되어 공사가 진행 중이기 때문에 설계변경은 불가능하다고 합니다.

나는 산신령님의 진노와 옹달샘이 훼손되어 없어지게 되는 것을 어떻게든 해결하려고 궁리를 하면서 이런저런 얘기를 꺼내며 지혜를 발휘합니다.

'즉석에서 기적을 보여주면 관계기관과 공사시행자에게 보고가 들어가게 되고 또한 중간 설계변경도 가능하겠지'라고 생각을 하면서 공사현장 책임자와 공사진행 앞날의 사고발생을 정확히 점(占)을 쳐줍니다.

"내가 사람의 운명을 좀 볼 줄 아는데 한마디 해도 되겠습니까?"

"예, 말씀해 보시지요!"

"공사현장 책임자 당신의 얼굴을 보니, 당신 아버지는 술병으로 죽었고, 자녀는 2명이고, 당신도 지금 술병에 걸려있구먼. 혹시 맞습니까?"

"예! 맞습니다요, 그러면 앞으로 어떻게 살아야 잘 살겠습니까?"

"당신의 얼굴 관상만으로 간단히 운명을 볼 때 현재하고 있는 기술자 직업이 가장 적합하고, 당신의 수명은 59세까지이고 결국 술병으로 죽게 될 것입니다. 아버지가 술병으로 죽었고 당신도 술병으로 죽으면 당신 아들도 술병으로 죽게 될 것입니다. 당신의 운명은 그렇게 되어 있기 때문에 당장 생명보험이라도 가입을 해두고, 술을 끊고 마음공부를 하면서 선행을 베풀어야 합니다. 그렇게 할 수 있겠습니까?"

"예! 그렇게 하겠습니다. 그러나 술을 워낙 좋아해서 알코올중독까지 되면서도 끊지를 못하고 있으니 어떻게 하면 되는지요?"

"그것은 술병으로 죽은 당신 아버지의 핏줄내림현상과 핏줄동기감응작용으로 나타나기 때문이니, 당신 자신이 강한 의지로 당장 술을 끊든지 또는 술병으로 죽은 당신 아버지 혼령을 해원천도와 영혼치료를 동시에 해주든지 양자택일을 꼭 해야 해결이 될 것입니다. 자기 자신과 자식을 위한다면 나쁜핏줄운내림현상은 반드시 해결을 해야 할 것입니다."

"예! 잘 알았습니다. 꼭 그렇게 하겠습니다."

공사현장 책임자와의 얘기를 듣고 있던 건설 중장비 포클레인 기사가 곁에서 간단하게 자기 운명도 좀 봐달라고 부탁을 해옵니다.

나는 포클레인 기사의 나이만 물어보고 신안(神眼)으로 그 사람의 얼굴을 보면서 아주 짤막하게 점(占)을 쳐줍니다.

"포클레인 기사 당신의 얼굴을 보니, 당신은 전생업살 때문에 성질과 성격이 너무 강하여 인간 덕이 없고, 토목공사하러 다니면서 죽은 이들의 묘와 땅을 함부로 마구 파헤쳐서 동토살을 맞아 3년 전에 외동아들이 죽고 부인은 집 나가버렸구먼. 혹시 맞습니까?"

"예! 딱 맞습니다요. 그럼 앞으로 제 인생은 어떻게 되겠습니까?"

나는 포클레인 기사의 이름을 한 번 물어보고 신안(神眼)으로 그 사람의 얼굴을 보면서 또 답을 해줍니다.

"당신의 운명은 앞으로 혼자 독신으로 살게 되고, 수명은 68세까지이며, 욕심과 재물운은 가지고 태어나서 집문서를 3개씩이나 소유하게 되지만, 외롭고 쓸쓸한 죽음을 맞이하게 될 것입니다."

"앞날의 운명이 그렇게 되어 있다면 어떻게 하면 좋은지요?"

"당신은 전생업살 때문에 외로이 혼자가 되고 또한 성질과 성격이 강해서 그렇다고 했으니, 당장 성질머리부터 고치고 항상 동토살을 조심하고 반드시 업장소멸을 꼭 해야 할 것입니다."

"전생업살이 그렇게도 무서운 것입니까?"

"전생업살을 타고난 사람은 현생을 마칠 때까지 평생 동안 업살작용 때문에 고통과 고생을 당하게 되니 정말 무서운 것입니다. 이것이 바로 인과응보의 정확한 법칙인바, 반드시 업(業)과 살(殺)을 풀어주고 당장 성질머리를 고치고 선행을 많이 베풀어야 할 것입니다."

"예! 잘 알았습니다. 꼭 그렇게 하겠습니다."

나는 그 자리에서 즉석으로 공사현장 사람들의 운명을 짤막하게 봐주면서 포클레인의 포크 삽에 검은 혼령 군웅(軍雄)이 붉은 피를 흘리고 앉아 있는 모습을 신안(神眼)으로 보면서 우락부락하게 생긴 포클레인 운전기사에게 조심하라는 경고를 해줍니다. 그러면서 공사현장 책임자에게 결정적 쐐기를 박는 신수점(占)을 쳐줍니다.

"오늘로부터 3일 훗날 사시경에 포클레인이 뒤집히고 운전하던 기사는 몸을 크게 다치는 부상을 당하게 될 것입니다. 지금까지의 내 점(占)이 맞고 또한 3일 후의 사고발생 예언이 맞거든 당장 공사를 중지하고 관계기관과 공사시행자에게 그대로 보고를 해서 설계변경을 하도록 하십시요!"라는 말을 남기고 다시 산(山)을 올라옵니다.

그로부터 3일 후가 되었습니다.

산신령님께서 다시 산(山) 아래편의 공사현장에 내려가 보라고 하십니다.

나는 신안(神眼)을 열고 산 아래편을 우선 살펴봅니다.

미리 앞날의 점(占)을 쳐주었던 그대로 사고가 발생했습니다.

나는 산(山) 아래편의 공사현장으로 다시 내려갑니다.

공사는 중지되었고, 양복차림의 사람들이 서너 명 와있습니다.

공사현장 책임자가 나를 보자마자 허겁지겁 뛰어오더니 급하게 말을 합니다.

"도사님이 예언을 해 주신 대로 중장비 포클레인이 큰 사고가 나서 운전자는 몸을 크게 다쳐 고흥병원으로 급하게 후송되었습니다. 그래서 모든 상황보고와 함께 공사시행이 군청이기 때문에 군수님께서 직접 현장조사를 나오셨습니다."

나는 군수님과 인사를 나누고 나서 확실한 믿음을 확인시켜 주고자 즉석에서 군수님의 운명을 한마디 말해줍니다.

"군수님의 얼굴을 보니, 당신의 전생은 학자선비였고 또한 조상님 중에 관직을 지낸 분이 있으니 관록을 타먹는 공직이 잘 맞고, 고흥군 최초로 3선까지 군수를 해먹을 것입니다. 3선 군수직이니 계속 출마하시고, 천기누설은 함구를 꼭 당부합니다."

군수님은 내 손을 덥석 잡더니 눈빛을 내면서 말을 합니다.

"도사님 말씀이 족집게처럼 꼭 맞습니다. 금번 지자체장에 또 출마를 하면 틀림없이 당선이 되겠습니까?"

"틀림없이 당선이 됩니다."

"도사님! 무엇이든 말씀을 해주십시요. 도사님의 청원은 다 들어드리겠습니다."

"천기의 비밀은 운때까지 또는 목적과 목표를 이룰 때까지 반드시 감추어 비밀을 유지해야 합니다. 당신에게 가르쳐준 당신의 미래운(運)은 당신 혼자만 알고 있어야 하며 철저한 준비와 대비를 잘 해야 합니다. 그렇게 할 수 있겠습니까?"

"예! 꼭 그렇게 하겠습니다."

그러자 군수님을 따라온 수행원들이 자기들의 운명도 한마디씩만 간단히 봐달라고 부탁을 해옵니다.

나는 이렇게 만나는 것도 인연법이거늘 하고 생각하면서 신안(神眼)으로 얼굴 관상을 보면서 한마디씩만 간단히 그들의 '타고난 운명'을 가르쳐줍니다.

그들은 나의 점(占)치는 능력을 지켜보면서 계속 감탄을 하고 또 감탄을 합니다.

나의 점(占)치는 능력에 감탄을 하고 있는 그들을 보면서 나는 객관적인 나의 신통력을 체크를 하고 확인하면서 다시금 삶의 보람을 느낍니다.

나는 오랜 세월만에 사람으로서의 보람을 느껴봅니다.

그리고 그 후, 천등산(天登山)의 자동차 임도 산길은 산 능선과 산골짜기를 구불구불하게 휘감아서 옹달샘 옆 작은 능선 저쪽 편으로 약 100m 거리를 두고 지나가게 되었습니다.

이로써 천년 동안 유지되어온 천등산(天登山) 산속의 옹달샘을 지키게 된 것입니다.

천등산의 운명 속에는 이곳 옹달샘이 훼손되어지게 되어 있었습니다. 그러나 나쁜 쪽으로의 운명을 미리 알고 진행중에 설계변경과 공사변경을 하도록 해서 옹달샘을 지키게 된 것입니다.

우리 사람들의 운명과 인생도 마찬가지입니다.

예를 들면, 활시위를 떠난 화살은 쏘는 방향으로의 운명을 진행하면서 분명히 공중을 계속 날아가게 됩니다. 그러나 공중을 날아가고 있는 그 화살에 정확하게 어떤 힘을 작용시키면 화살의 진행방향을 바뀌게 할 수 있다는 것입니다.

이처럼 사람의 운명은 분명히 예정되어 있지만 또한 바꿀 수도 있습니다.

운명을 좋은 쪽으로 바꾸려면 가장 먼저 자기 자신의 타고난 사주운명과 운(運)을 미리 정확히 알아내야 합니다.

자기의 타고난 사주운명과 운(運)을 '운명감정'을 통하여 미리 알아내어 앞날에 대한 준비와 대비를 잘 해내는 사람만이 성공·출세·부자가 될 수 있고 그리고 행복하게 살아갈 수 있다는 것을 분명히 가르쳐 드리는 바입니다.

이 글들은 모두 사실이고 진실이며 또한 진리입니다.

필자는 이 책에 사실과 진실 그리고 진리만을 이야기 형식으로 기록하면서 진심 어린 마음으로 많은 사람들에게 '지혜의 가르침'을 주고자 합니다.

지금, 필자의 이러한 글들을 읽고 있는 독자분은 정말 행운을 만난 것이고 또한 한평생을 살아가면서 필자를 꼭 한 번 직접 만나게 되면 인생 최고의 '좋은 가르침'을 얻게 될 것입니다.

"이 세상에서 가장 중요한 것은 자기 자신의 운명정보이다."

제15장
우리민족 동포들에게 간절히 호소를 한다

진실하고 간절한 소망은 꼭 이루어진다…….

계절이 바뀌고 다시 봄이 되니 도 닦는 공부가 9년째로 접어듭니다.

천등산 탑사골 깊고 높은 산(山)속에서 나 홀로 도(道)를 닦으며 무위자연법으로 살아가고 있습니다.

신선(神仙)처럼 우주자연의 생명에너지 생기(生氣)를 먹고 살아가니 하루 이틀에 한 끼니만 생식(生食)을 하고도 잘 살아갑니다.

생식으로 한 끼니 먹고 한 번 명상에 들면 하루 이틀 동안 그대로 삼매경(三昧境)에 빠져 신통술초월명상에 들어 있기도 합니다.

요즘은 생시와 꿈속 그리고 평상시와 명상의 구분이 없고, 또한 좌선(坐禪)과 행선(行禪)의 구분도 없어졌습니다.

항상 '선정상태'이고 하루하루가 지극히 안정이 잘되어 있습니다.

또한 단순하고 간소하게 살면서 하늘의 섭리와 순리에 따르고 도리를 잘 따르면서 이쪽과 저쪽, 선과 악, 사랑과 미움, 승리와 패배 등등 분별심과 차별심을 초월하는 제3의 현상으로 '주시자'가 되어, 내 자신의 내면적인 사념·감정·행위·의식·영혼까지 주시를 하게 되니 마음작용에 끄달리지 않고, 나쁜 기운에 영향을 받지 않으면서 7가지 신통력으로 '전지전능자'가 되어 신선(神仙)처럼 살아 갑니다.

나는 이제 신안(神眼)과 영안(靈眼) 그리고 도안(道眼)과 혜안(慧眼)이 열린 눈으로 모든 존재물을 있는 그대로의 '참모습'을 보면서 우주하늘자연과 합일체가 되어 더불어 함께 살아갑니다.

나는 신통관상과 관심법으로 모든 대상을 정확히 꿰뚫어 봅니다.

사람의 얼굴을 보면 눈을 통해서 그 사람의 내면과 영혼 모습을 직접 볼 줄 알고, 그 사람의 전생과 현생 그리고 래생까지 모두 알 수 있습니다. 또한 얼굴 생김새를 함께 보면서 객관적이고 세밀한 성격·소질·재주·체질·두뇌·질병·수명운까지 동시에 '비교분석'을 하기 때문에 보석감정사가 보석을 보면서 보석감정을 하듯, 그 사람의 타고난 운명과 운세·운수·운때와 관재구설수·큰 재앙과 미래의 질병 및 성공출세운·관직운·재물운·애정결혼운 그리고 수명운 등등을 종합적으로 정확히 운명감정 및 운명진단으로 '운명예언'을 합니다.

천등산(天登山)에 들어와 두문불출 토굴생활 산(山)기도명상을 9년째 계속하면서 오직 혼자 힘으로 깨달음을 이룬 진리의 스승 석가모니불처럼 도를 닦아 스스로 도사(道士)가 되었습니다.

"발 없는 입소문이 천리를 가고 만리를 간다."

내가 도를 닦고 있는 천등산에 산불예방과 철쭉꽃 관광 및 등산로 개발이란 명분으로 자동차가 통행할 수 있는 임도 산길을 뚫는 공사를 진행하던 중에 사고가 발생하여 현장 포클레인 운전기사가 고흥병원에 입원을 한 후, 군수님과 지방순시 중인 국회의원 그리고 군청 직원들이 찾아오게 되고 또한 산(山)사람 내가 점(占)을 쳐준 사실이 여러 사람들을 통해 입소문이 돌면서 새로 뚫은 임도산길을 통해 이 깊고 높은 산속까지 가끔씩 외부사람이 찾아옵니다.

어떤 사람은 이 깊고 높은 산속까지 걸어서 땀을 흘리며 올라오기도 하고, 어느 사업가와 높은 공직에 있는 도지사님 그리고 도지사님의 친구인 어느 국회의원은 깊고 높은 산속에 있는 나를 만나보기 위해 4륜 구동 지프차를 타고 서너 번 찾아오더니 아예 천등산 산꼭대기 근처에 헬기장까지 만들어 놓고 단골로 찾아오곤 합니다.

이곳 천등산에 자동차 임도 산길이 완공되자 삼사일에 한 명 정도 찾아오던 외부사람이 이젠 매일 한두 명씩 찾아옵니다.

이 깊고 높은 천등산 8부 능선 옹달샘 토굴에서 나 홀로 수도수행을 하고 있는 자연인 산(山)사람 도사(道士)를 찾아옵니다.

요즘은 찾아오는 외부사람들 때문에 조금 시끄럽고 불편하는 등 수도와 수행생활에 방해를 받고 있습니다.

그렇지만, 나는 산(山)기도 천기공부는 이미 끝났고 또한 나의 신통력과 도술을 시험도 해볼 수 있기 때문에 '인연법'에 따라 고생스럽게 찾아오는 사람들을 거절하지는 않고 있습니다. 오히려 긍정적인 생각과 자비의 마음으로 많은 사람과 영혼들에게 가야 할 바른 길을 가르쳐 줄 수 있어서 보람을 느껴봅니다.

그러면서 힘들고 고생스럽게 이 깊고 높은 산(山)속까지 나를 만나보러 찾아오는 사람들이 자기 영혼의 전생과 자기 핏줄의 운(運)내림을 전혀 모르고 살아가고 있음을 확인하면서 안타까워합니다.

많은 사람들이 자기가 태어날 때 어떤 운명을 타고났는지?도 모르고 또한 자기의 운이 어떻게 진행되고 있는지?도 모르는 등등 운명작용을 전혀 모르고 그냥 열심히 노력만 하면 되는 줄 알거나 또는 행여나 하다가 운이 나쁜 사람들이 타고난 사주팔자운명의 프로그램에 따라 손해를 당하고, 실패를 당하고, 감옥에 가고, 이혼을 당하고, 사고를 당하고, 불치병에 걸리고, 죽고 하는 등등 '날벼락'처럼 억울함을 당하게 되니 눈뜬 장님 같고 귀머거리 같아 너무나 안타까울 뿐입니다.

모든 사람은 태어날 때 각자의 타고난 사주, 즉 생년 · 생월 · 생일 · 생시와 얼굴 및 손금에까지 그 사람의 '평생운명'이 모두 나타나 있다는 진실을 분명히 알고 살아가야 합니다.

모든 종교들의 경전이나 성경내용에도 '각 사람의 얼굴과 손금에 부호의 표식으로 모두 가르쳐 준다'라고 분명히 말씀하고 있습니다.

요즈음은 대학교에서 명리학과 동양철학을 가르치고 있고, 점성술은 인류역사와 함께 가장 오래 되었으며, 명상은 정신수련 및 자기 성찰의 최고 방법으로 사용되고 있습니다.

사람들은 모두가 각자의 '의식수준'에 따른 영혼을 가지고 있습니다.

너무나도 소중한 '영혼들의 삶'이기 때문에 꼭 잘 살아야 합니다.

필자는 모든 사람이 다 성공·출세·부유함·무병장수 그리고 행복하기를 바라는 진심 어린 마음에서 이 글을 쓰고 그리고 책으로 진실된 진리를 널리 알리고자 합니다.

그러나 혹시, 필자의 글을 읽고 있는 독자분 중에서 현재 개인 순재산이 100억 원 이상의 부자이거나 또는 종교 등 무엇에 푹 빠져 이미 미쳐버린 사람들은 이 책을 읽지 마시길 바랍니다.

왜냐하면, 부자재벌들은 태어날 때 복(福)을 잘 타고났기 때문이고, 또한 사상·이념이나 종교에 깊이 빠져들면 '외눈깔' 사람이 되어 버리고, 외눈깔 사람은 객관적이고 합리적인 사리판단력을 잃어버리며, 결국에는 그 사상·이념이나 종교에 미쳐버려 편견과 고정관념에 사로잡힌 골순분자 '추종자'에서 결코 벗어날 수 없기 때문입니다.

종교들의 경전은 교묘한 방법으로 사람들에게 '죄의식'을 심어 주고, 평생 동안 죄인으로 살아가게 하면서 저마다의 교리만 강조를 합니다.

종교들이 신도를 묶어두기 위해 가르치는 '교리공부'에 빠지면 평생 동안 몸뚱이와 정신 그리고 영혼까지 '노예'가 되어 버립니다.

무엇에든 노예가 된 사람들은 가장 어리석은 '바보천치'들입니다.

교리공부와 글자를 믿는 신앙은 절대로 하늘나라 천국극락에 올라 갈 수가 없으니, 자기 목에 '구속의 굴레'만 계속 씌울 뿐입니다.

"종교들의 전문적인 교리공부와 청빈은 '성직자'에게만 필요하다."

성직자는 청빈해야 하고, 일반신자는 부유해야 합니다.

이 글을 읽고 있는 독자분은 이 시간부터 깨달음을 필요로 하는 올바른 신앙과 마음공부를 함께 하여 '깨우침'으로 자기의 영혼 진화와 함께 영혼구원 받으시길 진심으로 축원하는 바입니다…….

필자는 의식의 최고 각성상태로 항상 깨어있고, 또한 신안(神眼)과 영안(靈眼) 그리고 도안(道眼)과 혜안(慧眼)이 열린 상태이기 때문에 필요에 따라서 또는 생각의 집중만 하면 보이지 않는 모습을 볼 수 있고, 들리지 않는 소리를 들을 수 있고, 느끼지 못한 느낌을 느낄 수 있으니 무엇이든 알아낼 수 있고 또한 해낼 수 있는 '전지전능자'가 되고 있습니다.

인간계와 신령계 그리고 이승세계와 저승세계 양쪽 모두와 과거 · 현재 · 미래를 훤히 꿰뚫어 볼 수 있습니다.

요즘의 나는 생각과 바람의 차원이 도사(道士) 또는 도인(道人) 그리고 성자(聖者)의 경지에서 모든 것을 헤아리게 되었습니다.

삶의 가치관이 바뀌고 마음씀씀이 높아지니, 우리 모두와 중생들을 구제해야 한다고 스스로 나 자신이 변화해 갑니다. 그래서인지 죽은 사람의 혼령들이 너무나 많이 보입니다. 어떤 때는 토굴 밖에 수십 명 또는 수백 명 또는 수천의 혼령들이 모여들어서 자기들의 원한 좀 풀어달라고 또한 영혼구원 좀 해달라고 하소연들을 해옵니다.

그들은 대부분 과거 일본의 점령 때 또는 6 · 25한반도 남북전쟁 때에 억울하게 죽은 우리의 불쌍한 선조님들의 원혼(冤魂)들입니다.

또한 해방 후 좌 · 우 다툼과 독재정권 때 민주화시위 및 노동시위 그리고 각종 사고와 집 나가 객사로 억울하게 죽은 영혼들입니다

수많은 우리민족 선조님들의 원한 서린 하소연에 매일 같이 시달리고 또한 접하면서 가끔씩 신통술초월명상으로 들어가 버립니다.

신통술초월명상 속에서 내 의식체 겸 영혼체는 나의 자유의지에 따라 시·공을 초월한 '유체이탈'을 합니다.

하늘의 명기(明氣)는 산(山)을 통하여 땅에 내리니, 나는 요즘 유체이탈로 동양권의 신령스런 영산(靈山)인 히말라야·카일라스산·태산·황산·구화산·후지산 그리고 백두산과 지리산에 자주 다녀옵니다.

가끔씩 그리스의 델피신전과 미국 애리조나주의 세도나와 네팔의 피시테일성산에도 다녀옵니다.

또한 가끔씩 천사들의 안내로 로마의 베드로성당에도 다녀옵니다.

또한 중국 북경의 자금성과 일본 동경의 황궁에도 다녀옵니다.

유명한 산들의 명기(明氣)를 받으러 다니기도 하고, 또는 아주 옛날 과거 전생에 인연이 있던 곳을 다녀오기도 하고, 또는 국가 차원적 기운 회복(氣運回復)을 위해 싸우러 다니기도 합니다.

과거 일본이 우리나라 한반도를 침략하고 강점하면서 한반도 금수강산 우리 산맥의 정기를 쇠말뚝으로 혈을 끊었듯이, 나도 우리나라의 도사(道士)로서 내 손으로 일본 후지산의 정기를 끊으려고 쇠말뚝을 들고 쳐들어가기를 수없이 시도를 합니다.

하지만 그때마다 후지산 산봉우리에서 후지산 산신령과 일본의 천황 대신 그리고 정체불명 검은 모습의 일본 고승이 앞을 가로 막습니다. 나는 번번이 실패를 하지만 시도를 하고 또 시도를 계속 합니다.

나의 이러한 생각과 행동은 큰 신통력을 지닌 도사(道士)와 상극적 관계에 있는 나라신(國神)들 간의 기(氣) 싸움입니다.

이러한 기(氣)싸움을 경험하면서 우리나라의 나라신(國神)이 아직도 약함을 뼈저리게 실감을 합니다.

지난날 우리 선조들을 많이 죽이고 또한 우리 땅을 강점하면서 우리 문화재까지 약탈한 일본 사람과 일본 나라신(日本國神)을 이길 수 있을 때까지 나는 옛날의 고승이신 사명대사처럼 계속해서 도력과 법력을 더 쌓아 더욱 강해지고 싶습니다.

어떠한 명분으로든 사람을 많이 죽인 나라와 통치자는 억울하게 죽은 원혼(冤魂)들의 저주와 하늘의 법칙인 '인과응보'로 반드시 댓가의 벌을 받게 될 것이고 또한 벌을 받아야 합니다.

또한 무고한 사람들에게 고통만 주는 독재국가도 모두 인과응보법칙으로 벌을 받게 되어 결국 망할 것이고, 자살폭탄과 테러로 무고한 사람들을 많이 죽이고 평화를 해치는 나쁜 종교와 나쁜 정부의 지도자들도 본인과 그 후손들까지 모두 벌을 받게 될 것입니다.

그리고 지난날 약소국가와 약소민족을 침략한 나라와 그 국민들은 지도자와 조상을 잘못 둔 '죄업'으로 최소한 100년 동안은 반성과 사죄를 해야 마땅한 것입니다.

이것은 조상과 후손간의 지은 대로 받아야 하는 '하늘법칙'입니다.

하늘은 그 지역과 국가의 운때와 그 사람의 운때에 맞춰서 반드시 심판을 하고 천벌(天罰)을 내리게 되어 있습니다…….

그러나 현재의 지금 상황과 기운(氣運)의 논리에서 필자는 억울함을 느끼면서 통탄을 하고 또 통탄을 합니다.

필자가 초월명상 중에서도 실제 행동으로도 그리고 나라의 국력으로도 일본과 후지산을 이기지 못하는 것은 우리나라의 나라신(韓國神)의 힘이 약하기 때문입니다.

필자는 이 책을 통하여 7천만 우리민족 동포들에게 두 주먹을 불끈 쥐고 결연한 심정으로 꼭 한 가지 공개적으로 호소를 하고자 합니다.

우리도 이제는 제발 우리의 것이 소중함을 깨달아 자기 자신이 종교 신앙으로 섬기는 신과 함께 우리나라의 민족신(民族神)과 선조신(先祖神), 즉 하늘 천륜의 법칙인 우리민족의 시조, 자기 성씨의 시조와 자기 조상 그리고 위대한 공적을 남기신 위인들과 호국장군 등등의 우리의 조상(祖上)님도 함께 잘 섬기자고 우리민족 동포들에게 피눈물로 간절히 호소를 드립니다.

우리 민족국가의 전통성을 잘 지켜야 되지 않습니까?!

우리 자신의 근본뿌리를 잘 찾아야 되지 않습니까?!

이 세상 천지만물 중에 뿌리 없는 나무가 있습니까?!

우리나라 주변의 강대국인 '일본과 중국은 자기 나라의 조상신을 너무나도 잘 섬기고 있다'는 진실과 사실을 알아야 합니다.

이제부터 우리도 우리의 조상신(祖上神)을 잘 섬기면 분명히 강해질 수 있고, 강해지면 잘 사는 부자 나라가 될 수 있습니다.

신령과 조상신들은 땅에서 강하면 하늘에서도 강해지고, 하늘에서 강하면 땅에서도 강해집니다.

'모든 신(神)들은 섬김을 받을수록 더욱 강해지고, 조상신은 핏줄을 통해서 가장 강하게 작용한다'는 진실을 꼭 가르쳐 드립니다.

필자는 이러한 진실적 비밀진리를 7천만 우리민족 동포들의 양심과 심장을 향하여 호소하는 심정으로 꼭 알려드리는 바입니다…….

이러한 메시지를 꼭 전달하면서 필자는 현재 상황에서 내가 해야 할 일을 내 스스로 찾아서 실행을 합니다.

필자는 이제 도사(道士)가 되었으니, 금수강산 이 땅에서 처참하고 억울하게 죽은 우리민족 동포 선조님들의 원한 서린 하소연들을 모른 체할 수가 없습니다. 억울하게 죽은 모든 원혼들을 달래주고 '해원천도'를 꼭 잘 시켜서 땅을 깨끗이 정화하는 일부터 시작을 하려합니다.

하늘의 기운이 대우주의 역(易)의 법칙에 따라 큰 변화를 하고 있고, 지구의 기운(氣運)도 동쪽에서 서쪽으로 한 바퀴를 돌면서 다시 동쪽의 동양으로 오고 있으니, 큰 변화의 대운(大運) 맞이를 우리는 미리 준비를 잘 해야 합니다.

지구의 기운은 2050년쯤 되면 '동양 주도권시대'가 시작됩니다.

필자는 하늘에서 신(神)들이 인정하고 보호해 주는 도인(道人)이고 도사(道士)이기 때문에 그러한 '큰 운 맞이'를 미리 준비하기 위해 우선 이 땅의 땅부터 깨끗하게 정화를 시키려고 합니다.

금수강산 이 땅에서 과거 일본의 강점 당시에 그리고 6·25한반도 남북전쟁 당시에 처참하고 억울하게 죽은 우리의 불쌍한 선조(先祖)님들과 민주화시위 및 노동시위 그리고 각종 사고 및 각종 질병 그리고 자살로 원한 많게 죽은 영혼들이 유령(幽靈)과 좀비로 전국 산천과 방방곡곡을 구름떼처럼 몰려다니면서 큰 사고들을 일으키고 다니는 저 원혼(冤魂)들을 그냥 내 버려둘 수는 없습니다.   .

약 1억대 1 경쟁 속에서 사람 몸을 받아 이 세상에 한 번 태어나보려고 겨우 어미 자궁 속에 태아 영혼으로 들어왔는데 '영혼살인'을 당한 낙태아기 영혼들이 평생동안 그 어미와 산부인과 의사를 '저주'하는 모습을 그냥 내버려둘 수가 없습니다.

오죽이나 억울하면 원한귀신들이 되어 유령·영산·수비·좀비로 몰려다닐까 하고 생각도 해보지만, 영혼들의 세계는 인과(因果)의 법칙과 업(業)의 법칙 그리고 순환순서의 질서법칙 때문에 혼령으로서의 영혼은 자기 스스로 자기의 길을 결코 바꿀 수가 없습니다.

의식수준과 영적능력이 낮은 사람의 영혼들은 '자신의 능력으로는 자기의 길을 바꿀 수 없다'는 하늘의 법칙 때문인 것입니다.

'저 불쌍한 귀신(鬼神)으로 전락한 혼령들도 사람으로 살아있을 때에는 모두가 다 우리의 조상(祖上)님이고 내 핏줄이었는데' 하고 생각을 하면 너무나도 가슴이 찢어질 듯 아픕니다.

한 핏줄 동포끼리의 불행한 싸움통에 이름도 모른 산천에서 피를 흘리고 죽은 한 많은 저 원혼들(독자분 당신의 집안에도 한 사람쯤은 전쟁 때 죽은 조상이 있을 것입니다)이 아직까지도 구천을 맴돌며 이 나라 금수강산을 구름떼처럼 잡귀신 유령과 좀비로 떠돌아다니면서 대형 사고를 치고 온갖 재앙을 초래하는 저 원한 많은 혼령들을 독자 여러분들이여 어떻게 할까요?!

사람으로 태어나서 불치병 또는 각종 사고 및 자살 등등으로 비명의 한 많은 죽음을 당한 저 불쌍한 원귀·악귀·요귀의 원한 서린 저 원혼들(독자분 당신의 가족 중에도 한 사람쯤은 불치병이나 각종 사고 및 자살로 원한 많게 죽은 가족이 있을 것입니다)도 구천을 맴돌며 이 나라 금수강산을 유령과 좀비로 떠돌아다니면서 일가친척 및 후손과 가족들에게 해코지를 하고 다니는 저 원한 맺힌 혼령들을 독자 여러분들이여 어떻게 할까요?!

낙태아기들 영혼살인의 죄업으로 산부인과 병원이 모두 망해버리고, 산부인과 의사들은 모두 인생종말이 나쁘게 되고, 또한 낙태아기 어미들의 평생동안 가슴에 박혀있는 '양심대못'을 독자 여러분들이여, 어떻게 할까요?

독자 여러분! 당신이라면 과연 어떻게 하시겠습니까?

필자는 지금 독자 여러분의 진심어린 가슴과 양심 그리고 효심과 자비심(慈悲心)을 향하여 질문을 던지고 있습니다.

저 불쌍한 혼령들 속에는 내 조상님도 끼어있을 수 있고 여러분의 조상님도 끼어있을 수 있으며, 모두가 우리의 선조님들인데 과연 독자 여러분은 어떻게 하시겠습니까?

당신도 죽으면 혼령으로 돌아가고, 사람으로 살 때의 삶의 질에 따라서 잡귀신이 될 수도 있는데 과연 어떤 대답을 하시겠습니까?

지금, 당신의 대답을 신(神)들과 당신 조상(祖上)님 그리고 당신의 양심과 영혼이 바라보고 있는데 과연 어떤 대답을 하시겠습니까?…….

지금 바로 대답을 주저하시는 독자분께서는 이 책을 놓으십시요!

잠시 생각을 해보고 그리고 찾아가십시요!

당신의 친부모·친형제·친자매·친자식 등 당신의 핏줄 가족들이 어떻게 살아가고 있는지 꼭 한 번 찾아보고 살펴보십시요!

당신의 조상님과 부모님의 묘소와 납골함이 잘 보존 관리되고 있는지 꼭 한 번 찾아보고 살펴 보십시요!

당신의 조상님과 부모님의 제사와 추도식에는 정성껏 잘 참여하는지 자신을 돌이켜 살펴보십시요!

사람으로 태어나서 지금까지 어떻게 살아왔고, 또한 지금은 어떻게 살아가고 있는지? 자기 자신을 잠시 생각해 보시길 바랍니다…….

당신은 지금 누구입니까?

당신은 지금 어떻게 살고 있습니까?

'당신이 지금 살고 있는 그 모습을 하늘과 조상님 그리고 당신 영혼이 두 눈을 부릅뜨고 지켜보고 있다'는 진실을 꼭 알아야 합니다.

사람으로서의 기본 도리(道里)를 지키고 따를 줄 알아야 합니다.

자식과 후손으로서의 효도(孝道)의무도 이행할 줄 알아야 합니다.

"짐승도 지어미가 아프거나 죽을 때는 곁에 있어 준다."

효심·효도·효행은 자식과 후손의 근본도리이며, 핏줄인연의 법칙은 하늘법칙이기 때문에 정말로 중요하다는 것을 꼭 전달합니다.

핏줄은 천륜으로 계속 죽은 후에까지 연결되어 있고, 영혼들은 죽지 않고 자기가 지은 대로 '과보의 법칙'만 따를 뿐입니다.

죽음은 끝이 아니고 또 다른 시작이며, 저승세계에서 볼 경우에 인간 세계가 오히려 저승이고, 영혼들은 심판과 윤회를 반복할 뿐입니다.

그렇기 때문에 항상 '하늘의 순리(順理)를 따라 도리(道理)를 지키며 살아가야 한다'는 것을 진심으로 가르쳐드리는 바입니다.

필자는 하늘에서 신(神)들이 인가한 도사(道士)가 되었습니다.

저 수많은 혼령들은 내가 신통력 도사(道士)의 능력을 지녔기 때문에 저마다의 하소연을 하기 위해 나를 찾아 온 것입니다.

필자는 이제 도인(道人)이기 때문에 도사(道士)로서의 사명감을 가지고 도(道)의 삶과 도(道)의 길을 가야 합니다…….

나는 오늘도 특별한 목적으로 신통술초월명상으로 들어갑니다.

내 조국 금수강산 이 땅에서 살아가는 우리민족 동포들이 잘 살려면 우선적으로 한반도 이 땅에서 많은 사람이 죽는 '전쟁'을 꼭 막아야 하고, 새로운 운맞이를 위해 금수강산 이 땅을 깨끗이 '정화'를 시켜야 하며, 땅을 정화하려면 원한 서린 우리의 조상님들을 모두 '해원천도(解冤薦度)'를 시켜드려야 합니다.

또한 낙태아기영혼들도 모두 '해원천도'를 해주어야 합니다.

나는 오늘도 어제처럼 우리나라의 영산(靈山) 백두산 천문봉 산봉우리로 갑니다. 백두산은 한반도 전체의 명기와 지령을 총괄하고, 지리산은 남쪽지역을 주관하기 때문에 백두산 천문봉 산봉우리로 갑니다.

나는 백두산 천문봉 산봉우리에서 하늘을 향해 소원을 빕니다.

지극 정성스런 마음으로 눈물을 흘리며 빌고 또 빕니다.

비나이다 ~~. 비나이다 ~~. 하늘 신령님께 비나이다!

우리나라 내 민족 동포에게 사랑과 자비를 내려주소서!

비나이다 ~~. 비나이다 ~~. 모든 신령님께 비나이다!

한반도 이 땅에서 전쟁을 꼭 막아주시고, 내 민족 동포가 서로 싸우다가 금수강산 이 땅에서 붉은 피를 흘리며 비명에 죽고, 죽어서는 원한귀신이 되어 유령·좀비로 떠돌아다니니, 불쌍한 이들의 넋을 달래고 해원시켜 극락천국 좋은 곳으로 인도해 주소서!

또한, 교통사고·화재사고·폭발사고·추락사고·익사사고 등등 날벼락처럼 각종 사고로 비명에 횡사·객사를 당하고, 죽어서는 원한귀신이 되어 구천을 헤매며 떠돌아다니니, 불쌍한 이들의 넋을 달래고 해원시켜 극락천국 좋은 곳으로 인도해주소서!

또한, 자살·급살·동토살·상문살·주당살·객사살·심장병·뇌진탕·폐암·췌장암·뇌사·정신병·치매 등등의 불치병이나 각종 사고로 비명횡사의 살(煞·殺)을 맞아죽고, 죽어서는 원한귀신이 되어 후손이나 살아있는 가족에게 핏줄대물림 우환 또는 핏줄내림병으로 해코지를 하면서 구천을 헤매며 떠돌아다니니, 불쌍한 이들의 넋을 달래고 해원시키고 특수 영혼치유까지 해서 극락천국 좋은 곳으로 인도해주소서!

또한, 태어나보지도 못하고 어미 자궁 속에서 살인을 당한 낙태아기영혼들이 평생을 붙어다니며 자궁살과 부부싸움 및 이혼살 그리고 자궁암으로 복수를 하니, 낙태아기영혼들을 달래고 해원시켜 다시 태어나도록 인도해주소서!

비나이다 ~~. 비나이다 ~~. 하늘 신령님께 비나이다!

비나이다 ~~. 비나이다 ~~. 모든 신령님께 비나이다!

우리나라 금수강산 이 땅의 이름 모를 산천에서 전쟁으로 죽고, 각종 사고로 비명에 죽고, 각종 불치병으로 한 많게 죽은 유주무주 혼령 넋들을 달래고 해원시켜주소서! 또한 영혼치유까지 해서 극락천국 좋은 곳으로 천도·인도를 해주시고, 우리나라와 민족 동포에게 남북통일과 평화·행복을 내려주소서! 평화·행복을 내려주소서!~~

만조상 해원진언, 옴 삼다라 가다 사바하!

극락천국 왕생진언, 옴 마리다리 훔바탁 사바하!…….

나는 백두산 천문봉과 장군봉 산봉우리에서 하늘을 향해 소원을 빌고, 땅을 향해 진언과 독경을 합니다.

소원을 빌고 해원경과 진언을 읊으면서 한없이 눈물을 흘립니다.

우리나라 금수강산의 산천과 구천세계에서 원한귀신으로 떠돌아다니는 유주무주 혼령들이 원한을 풀고 좋은 곳으로 '해원천도'가 잘되고, '영혼 치유'가 잘되어야 온갖 불치병과 핏줄내림병 및 핏줄대물림우환 그리고 각종 사고 발생 재앙들이 줄어들거나 없어지게 됩니다.

그래야, 이 땅에서 살고 있는 우리민족 동포 백성들이 운(運)이 좋게 되고 복(福)을 받을 수 있게 될 것이라고 확신을 합니다.

나는 도사(道士)로서 그리고 이 땅에 태어나 먼저 가신 선조님들의 후손으로서 도리를 따르고, 사명감과 의무감을 이행하고자 눈물을 흘리며 백두산 천문봉과 장군봉 산봉우리에서 하늘을 향해 소원을 빌고 땅을 향해 독경(讀經)과 진언(眞言)을 읊습니다.

억울하고 한 많은 불쌍한 우리의 모든 조상님들을 위하여 지극한 효심과 도심(道心)으로 기도의 눈물을 흘리고 또 흘립니다.

보통사람들은 다른 사람이야 잘못되든, 굶어죽든, 손해 보든, 억울하든 말든 자기 자신과 자기 가족만 잘 먹고, 잘 입고, 잘 쓰고, 잘 살려고 아귀(餓鬼)다툼처럼 살고 또한 이 나라 이 땅 자기의 조국을 버리고 이민을 가고 또한 이중국적까지 취득해서 여차하면 조국을 버리려고 하지만 나는 도저히 그럴 수가 없습니다.

"배은망덕과 배신을 하면 반드시 훗날 댓가를 꼭 받는다."

나는 후손으로서 도저히 배은망덕과 배신을 할 수 없습니다.

내가 죽으면 저승에서 또다시 선조와 조상님들을 만나 뵐 텐데 외면을 하거나 도저히 양심과 도리를 저 버릴 수는 없습니다.

나는 도인(道人)이고 도사(道士)가 되었으니, 도(道)의 길을 가면서 도

(道)를 행하여야 하기 때문에 이 한목숨을 바쳐서라도 우리민족 동포를 모두 다 잘 살게 할 수만 있다면 또한 우리민족 동포의 선조님들을 하늘나라 천당과 천궁의 극락세계로 모두 다 천도·인도할 수만 있다면 두견새가 밤새도록 피를 토하면서까지 울어대듯, 나 또한 이 생명 다할 때까지 해원천도경과 해탈열반경을 독송하리라!!

이 한평생을 바쳐서라도 억울하게 죽은 저 많고 많은 우리의 조상 원혼들을 해원천도시켜 드리기 위해 반드시 국사당(國祠堂)을 지으리라!!

이 나라에는 불교의 사찰도 많고, 천주교의 성당도 많고, 기독교의 교회도 많지만 우리민족과 우리 국가를 위한 국사당(國祠堂)은 아직 없습니다. 국가에서도, 정부에서도, 재벌기업에서도, 사회단체에서도 아직까지 제대로 된 국사당(國祠堂) 하나 짓지를 않고 있습니다.

필자는 각 분야의 지도층과 상류층 특히 대통령과 기업 재벌들에게 진심의 마음으로 또한 모든 동포와 국민들에게 호소를 합니다.

누구나 죽으면 저승세계 영혼과 혼령들의 세계로 돌아갈 텐데 저승가서 조상님들 뵐 면목은 떳떳하십니까?!

가슴과 양심에 손을 얹고 진심으로 생각들을 좀 해보시길 바랍니다.

그동안의 통치자와 지도자 그리고 재벌기업인과 정치인·종교인·교육자와 지식인들을 포함하여 기성세대의 어른들은 반성 좀 해야 합니다. 국민 도움으로 재벌이 된 부자들은 사회 환원을 좀 해야 합니다. 일본놈들한테 빌붙어 사리사욕을 채운 사람들과 그 후손들은 죽을 때까지 반성을 해야 하고, 또한 재산의 사회 환원을 해야 합니다.

외세들에게 금수강산 이 땅을 점령당하고, 주권을 빼앗기고, 억울하고 처참하고 가난했을 때 과거를 돌이켜 생각 좀 해보시길 바랍니다.

지금도 일본·러시아·중국이 우리민족을 얕보고 있습니다.

정말로 우리는 국민의식을 바꾸어야 하고, 준비와 대비를 잘 해야 하며, 국사당(國祠堂) 건립으로 '정신적 구심점'이 꼭 필요합니다.

정신적 구심점을 만들어 '국가관'을 분명히 해야 하고, 정신혁명으로 정신들을 일깨워야 합니다.

역사 이래로 '애국자'가 왜 존경을 받는지 생각해 보시길 바랍니다. 큰 애국자와 큰 위업 및 큰 공덕을 남긴 사람들은 죽은 후 반드시 칭송과 함께 '인격신(人格神)'이 된다는 진실을 꼭 가르쳐 드립니다…….

필자는 이제 도사(道士)가 되었으니, 우선 국가와 민족을 위해 반드시 국사당(國祠堂)을 지어서 원한으로 죽은 많고 많은 우리의 조상님들을 모두 다 영혼치유와 함께 해원천도를 시켜드리고, 또한 영혼승천을 시켜 드리겠다고 '큰 서원(大誓願)'을 세워봅니다.

"위대한 가치의 큰 서원은 꼭 이루어진다."

나는 한없는 눈물을 흘리며 백두산 천문봉 산봉우리에서 기도를 계속 합니다.

모든 신령님께 우리 '민족신전 국사당(民族神殿國祠堂)'을 내 손으로 꼭 지을 수 있도록 해달라고 간절한 마음으로 소원을 빌고 또 빌면서 말씀에 권능이 따르는 '진언'을 계속 말합니다.

업장소멸진언, 옴 아르늑게 사바하!

만조상 해원진언, 옴 삼다라 가다 사바하!

무량겁 멸죄진언, 옴 모니모니 새야모니 사바하!

소원성취진언, 옴 아모카 살바다라 사다야 시베 훔!…….

[필자는 이 책을 출간하면서 우리민족 신전 '국사당' 건립을 추진합니다. 이미 필자 개인의 자비 부담으로 우리나라 한반도 최고 산줄기 백두대간의 남쪽 제일 명산 지리산 입구, 경상남도 하동군 화개면 범왕리(凡王里) 산 100번지 임야 약 2만 평과 백두대간의 설악산 입구, 강원도 속초시 도문동(道門洞) 산 306번지 임야 약 4만 평을 매입해서 국사당 지

을 터를 준비해 두고, 계속해서 '건축비용'을 마련 중입니다. 우리민족 동포라면 직업과 신분 그리고 종교를 초월하여 누구라도 자신의 능력에 따라 개인이든 기업이든 많은 사람들이 '동참'해 주시길 바라고, 진심으로 가치있고 보람있는 곳에 돈을 잘 쓰고, 그 인과적 '선행공덕'으로 살아서나 죽어서나 또는 이승과 저승세계에서 자기 자신과 자손들까지 함께 복(福)받으시길 축원하고 기원하면서 이 책을 통하여 이제 조용히 세상에 공개를 합니다.

우리 다 함께 민족과 나라의 '국운(國運)'을 우뚝 일으켜 봅시다!!]

필자는 이제 나이 들면서 인생 가치관과 목표를 바꾸고, NGO로 '공익사업'을 합니다. 필자가 마지막 평생의 공익사업으로 추진하고 있는 우리민족과 국민의 '천성소질인간계발' 국민계몽과 우리민족 신전(神殿) '대한민국 국사당'건립에 진심으로 동참 의사가 있으신 분들은 필자가 육필로 쓴 필자의 저술 책을 많이 구입해 주시고 그리고 주위사람들에게 '책선물'로 많이 나누어 주시길 희망합니다.

부자와 재벌들은 반드시 필자의 '공익사업'에 동참을 전달합니다~.

우리나라와 우리민족은 인적 자원뿐이니, '인간계발'을 잘 하여 민족과 국민의 경쟁력을 키우는 것이 최선책이라 생각합니다.

최선의 인간계발은 저마다의 타고난 성격과 지능·소질·건강·수명·신체조건 등과 가장 중요한 사주운명에 따른 '천성소질운(運)인간계발론'입니다. 천성소질적 삶은 가장 합리적인 삶이라 생각합니다.

필자는 이 책의 판매수익금과 모든 후원금 등을 우리민족 인간계발과 신전(神殿) 건립자금으로 모두 쓰여진다는 약속을 꼭 드립니다.

필자가 펼치고 있는 '공익사업'에 우리민족 동포라면 2040년까지 누구나 참여하실 수 있고, 다양한 사람들에게 성공삶을 위한 이 책의 '책 선물'과 또한 마음공부와 깨달음으로 영혼진화를 위한 이 책의 '책읽기 운동'에 많은 동참을 진심으로 기대하는 바입니다.

(혹시, 이 책의 대량구입 문의 또는 후원금과 낙태아기영혼비밀천도 등의 문의는 핸드폰 010-5105-5000번과 신한은행 110-282-426760을 이용해주시고, 입금자 이름을 꼭 기재해 주시길 바랍니다.)

"인간은 오직 '선행공덕'만이 죄사함과 축복을 받는 방법이다."

그렇습니다. 선행공덕은 반드시 축복이 따릅니다.

현재의 인생은 영혼들이 인연법에 따라 잠시왔다 가는 '나그네길' 같은 것이고, 착한 선행과 깨달음 공부를 많이 해서 조금이라도 더 '영혼진화'를 해 나아가는 것이 영혼들 삶의 본질입니다.

사람으로 살 때의 삶은 잠깐 세월이지만, 영혼의 삶은 수백 년 또는 수천 년의 오랜 세월이 계속 되기 때문에 지금 사람의 몸을 가지고 있을 때 착한 일 '선행'을 많이 하여 이 세상 최고의 '하늘은행'에 공덕 비축을 진심으로 바라는 바입니다.

하늘의 말씀을 전달하면, 세상과 인생살이는 지은 대로 받고 뿌리는 대로 추수를 합니다…….

이 책을 구입하고 읽어주신 독자님께 진심으로 감사를 드립니다.

또한, 필자의 책을 '책 선물'로 공덕을 많이 베풀어주신 많은 후원자와 자선가 및 기업인들께 진심으로 감사를 드리는 바입니다…….

제16장
절대존재 하늘 신(天神)들의 '가르침'을 전한다

계절이 바뀌고 또 바뀌고 세월이 흘러갑니다.

필자는 지금 첩첩산중 깊고 높은 산속에서 10년째 산 밖을 한 번도 나가지 않는 두문불출 토굴기도를 하며 우주하늘자연의 진리와 신(神)의 섭리를 깨닫기 위해 산도(山道)를 닦고 있습니다.

내 모습은 10년째 한 번도 머리칼을 자르지 않고 수염도 깎지 않아서 머리칼은 기다랗게 자라 등허리까지 내려오고, 수염도 기다랗게 자라 가슴까지 내려오고, 다 헤진 누더기 옷에 눈빛만 신비하리만큼 빛을 내고 있는 자연인의 모습을 하고 있습니다.

시간과 공간의 개념을 초월해 버리고, 삶과 죽음의 개념도 초월해 버리고, 그냥 그대로의 자연 속에서 하늘자연을 벗 삼아 섭리와 순리 그리고 도리에 따라 '무위자연법'으로 살아갑니다.

이제 도(道)의 10단계까지 올라서니 신선(神仙)처럼 살아갑니다.

하루·이틀에 한 끼니만 생식(生食)으로 물에 불려 둔 생쌀과 생콩을 솔잎 및 산나물들과 함께 먹고, 옹달샘 생수(生水)와 생명에너지 생기(生氣)를 먹으며 진짜 신선(神仙)처럼 살아갑니다.

하루 한 개씩 돌을 주워와 쌓아올린 돌탑은 이미 완성이 다 되어서 돌탑의 꼭대기까지의 높이는 내 키의 3배쯤이 됩니다.

10년 동안 하루 한 개씩 돌을 주워와 쌓아올린 나의 돌탑입니다.

처음 입산할 때 산신령님께서는 '산기도로 도 닦는 기간을 10년 정도가 될 것'이라고 말씀하셨지만, 나는 그냥 이 산속에서 계속 한평생을 '은둔자로 살아버릴까' 하고 생각을 해봅니다.

7평짜리 원룸식 움막집 토굴도 있고, 텃밭도 있고, 공기도 좋고, 물도 좋고 그리고 조용하고 평온하니 차라리 이 산속에서 은둔도사 겸 신선(神仙)으로 계속 이대로 살고 싶습니다.

번뇌 · 망상 · 근심 · 탐진치(貪嗔癡) · 분별심과 살생심이 없으니 지극히 평안하고, 까마귀 · 비둘기 · 다람쥐 · 너구리 · 토끼 등등의 산짐승과 산새들이 벗이 되어 내가 산길을 거닐면 나를 따라다니고, 내가 좌선으로 명상에 들면 내 곁에 함께 앉아 있습니다.

산짐승과 산새들과 함께 식사도 하고 함께 잠도 잡니다.

동물들과 영적으로 의사소통을 할 줄 알고 또한 살생심이 없어지니 산짐승과 산새들이 나를 잘 따릅니다.

"인생은 사랑과 자비가 필요하고 진실한 가슴으로 살아야 한다."

나는 지금 첩첩산중 깊고 높은 산속에서 평온하게 신선(神仙)으로 자연과 함께 대자유로 살아가고 있습니다.

깊고 높은 이곳 산속까지 나를 찾아온 하루 2~3명 정도의 외부 사람과의 만남 장소는 저만치 산 아래편에 또 한 채의 움막집을 만들어 사용하고 있습니다.

산 아래편 만남의 장소 움막집 주위에는 키가 1~2m 높이로 자생하고 있는 신우대 대나무들이 군락을 이루고 있고, 뒤쪽은 큰 바위가 솟아있는 곳인데 이 산속에서 두 번째로 좋은 명당(明堂)자리입니다.

그곳의 명당자리는 사시사철 항상 생기(生氣)와 온기(溫氣)가 서려있어 그곳만큼은 겨울철에도 눈이 쌓이지 않습니다.

"야생동물들의 보금자리는 대체로 명당자리가 분명하다."

살아 있는 사람의 집터와 죽은 사람의 묘터는 반드시 '명당터' 혈 자리를 잘 잡을 줄 알아야 하고, 잠을 잘 자는 곳이 명당자리입니다.

명당 혈 자리 좋은 터에 빌딩·공장·사찰·기도원·별장·주택 등등의 집터나 또는 공동묘원·납골탑이나 조상님의 묘터를 잘 잡으면 반드시 '개운 발복'이 되어 본인과 자손이 잘되고, 사업 및 영업이 잘되고, 선거 당선 또는 승진 및 영전이 잘되어 정말로 출세가 잘됩니다.

그러나 거꾸로 나쁜 터에 집을 짓거나 조상님의 묘를 잘못 쓰면 반드시 여러 가지 나쁜 일이 생기고 결국에는 망하게 됩니다.

요즘은 시대가 변화하면서 생활편의 위주로 인생관도 바뀌면서 조상묘 관리가 힘들어진다는 가벼운 잘못된 생각으로 3~4년마다 돌아오는 윤년과 윤달에 '조상묘개장'을 덩달아 많이들 하고 있는 바, 꼭 전달해 주고 싶은 말은 조상묘개장을 계획하고 있거나 또는 조상묘개장을 하고 나서 집안에 나쁜 우환이 발생을 하면 반드시 '조상영혼해원천도재'를 꼭 한 번 해 드리길 진심으로 전달해 드리는 바입니다.

큰 정치가와 재벌부자들은 모두가 종중선산과 조상묘가 양지바른 명당터 좋은 자리에 보기 좋게 잘되어 있고, 태어나고 자라고 살고 있는 집터도 대체로 좋은 곳에서 살고 있다는 '사실적 진실'을 꼭 알아두어야 합니다.

윤년과 윤달에 '조상묘개장'은 못사는 서민들이 많이 하고 있습니다.

"인생살이는 자기 눈높이로 보고, 자기 그릇 크기만큼 담는다."

훗날 각종 '터감정'과 '조상묘개장' 등은 상담을 요청해 오거나 또는 인연이 닿는 독자분들께 반드시 증명을 해 드리겠습니다……

필자는 이제 천기신통술초월명상으로 최고의 '해탈경지'에 올라섰으니 사람으로 다시 태어나서 영적으로 또는 정신적으로 더 이상 부러울 게 없습니다.

삶과 죽음까지도 초월을 해버리니 마음과 몸이 함께 평안하고 자유와 행복을 마음껏 누리고 있습니다.

항상 수호신장들이 나를 지켜주고 있고, 신장들을 움직여 나쁜 사람에게는 징벌을 줄 수도 있으며, 의식의 집중만으로 또는 점(占)을 치면 무엇이든 다 알아낼 수 있고, 어디를 가고 싶으면 유체이탈로 어디든 시간과 공간을 초월해서 다녀올 수도 있습니다.

내가 어디에 살든 거주하는 장소의 제한을 받지 않습니다.

그러하기 때문에 공기 좋고 물 좋고 그리고 조용하고 간섭이 없는 이 산속에서 은둔도사 겸 신선(神仙)으로 살고 있습니다.

인간으로 환생을 한 후에 처음에는 몰랐지만, 다시금 나를 도사(道士)로 공부시켜준 신령님과 그리고 모든 존재들께 이 책을 통하여 진심으로 머리 숙여 지극한 마음으로 고마움과 감사함을 표하는 바입니다!!!

잠시 생각을 돌이켜 해 봅니다.

필자는 시골농부의 아들로 태어나서 잘 살기 위해 서울로 올라오고, 맨주먹으로 사업을 배우면서 넘어지면 일어서고 또 넘어지면 또 일어서고 오뚜기처럼 살면서 서울 한복판 종로 3가에 100년 전통으로 유명한 2천억 원짜리 '국일관'의 대주주 겸 회장까지 입지전적으로 성공출세를 하였으나 외부조건 때문에 큰 손해를 당하고, 그리고는 인생 가치관을 바꾸어 스스로 산(山)속으로 들어와 오직 홀로 두문불출 토굴기도 '신통술초월명상'으로 살아있는 신선(神仙)경지에 올랐습니다.

작은 성공에 멈추지 않고 더욱 정진하여 드디어 최고가 되었습니다.

지금, 이 글을 읽고 있는 독자분들께 진심으로 충고를 합니다.

어느 분야에서든 최고가 되려면 도전정신과 열정 그리고 결코 포기하지 않는 끈기가 있어야 하고 그리고 운(運)을 알아야 합니다.

무슨 일을 하든지 간에 목표·계획·준비가 없거나 또는 열정과 집중 그리고 끈기가 없거나 또는 운(運)을 모르면 결코 성공할 수 없고, 운(運)이 나쁜 사람은 반드시 실패와 손해가 따르게 됩니다.

눈에 보이지 않는 기운(氣運)들이 눈에 보이는 것들을 모두 움직이고 있다는 진실적 '비밀진리'를 꼭 알고 살아가야 합니다.

사람의 운명은 자기 자신의 전생과 조상핏줄의 '업(業)작용'에 따라 태어날 때의 생년·생월·생일·생시의 사주에 이미 90% 정도 '운명프로그램'으로 설정이 되고 그리고 그대로 진행을 하게 됩니다.

그러하기 때문에 두 눈을 뻔히 뜨고 교통사고를 당하고, 이혼을 당하고, 투자사기를 당하고, 명퇴를 당하고, 망신을 당하고, 사업 실패를 당하고, 관재수로 감옥에 들어가고, 자폐증·우울증·정신분열증에 걸리고, 각종 난치병과 불치병에 걸리고, 또한 아무리 노력을 하여도 평생 동안 가난과 고생을 못 벗어나기도 합니다.

또한 많은 공직자들이 한때는 잘 나가다가 한방에 옷을 벗거나 감옥을 가고, 주도권과 정권까지 바뀌고, 또한 회사와 기업이 망하고, 사장과 회장이 구속이 되는 것을 TV뉴스로 많이 보았을 것입니다.

사람의 운명은 전생과 조상의 '업(業)작용'에 따라 사주를 타고나고, 그리고 타고난 사주의 '프로그램'에 따라 인생이 진행되어 갑니다.

반드시 그렇게 진행되기 때문에 자기 영혼의 전생과 자기 조상의 '업(業)작용'으로 태어날 때 타고난 자기 자신의 '사주운명'은 평상시에 꼭 알고 있어야 하고, 또한 나쁜 운(運)들은 사전에 예방을 해서 반드시 '운명프로그램'을 바꿔주지 않는 한 다른 해결책은 결코 없습니다…….

우리 인간들은 영혼을 가진 최고의 영적 존재물입니다.

영혼과 혼령 및 조상과 전생의 업(業)작용 그리고 음양·오행의 운(運)작용은 오묘한 비밀의 형이상학적 초과학입니다.

과학이 아무리 발전을 하여도 물질과학으로 결코 영혼과 혼령을 제조

하지는 못하고 또한 개선하지도 못하기 때문에 영혼을 가지고 있는 인간의 나쁜 운(運)을 과학 및 의술로는 결코 해결할 수 없습니다.

대한민국에 현재 귀신병환자가 약 100만 명쯤으로 추산되고 있는데 왜 대학병원에서 현대과학의술로 귀신을 못 떼어 낼까요?

대학병원에서 의술로 귀신을 떼어 낼 수 있거나 또는 해원천도 및 영혼치료를 해낼 수 있으면 필자가 '1억 원 현상금'을 내걸겠습니다.

"귀신병치료와 해원천도는 '신통도술'로만 해결할 수 있다."

심령과학분야는 '초능력'으로만 해결할 수 있다는 것을 확신합니다.

생명과 영혼을 가지고 태어난 우리 인간은 '천기작용'이라는 법칙에 따라서 반드시 '운명작용'을 하기 때문에 모든 사람은 ① 자기 영혼의 전생을 알아야 하고 ② 자기 핏줄의 DNA를 알아야 하고 ③ 자기 핏줄의 동기감응현상을 알아야 하고 ④ 풍수지리의 기운작용을 알아야 하고 ⑤ 음양오행의 역리작용 등등을 반드시 알아야 합니다.

"세상은 아는 만큼 보이고, 인생은 운(運)과 능력만큼 살아간다."

우리는 이러한 것들을 알고 활용할 줄 아는 것을 '지혜'라 합니다.

이러한 고차원의 지혜적 지식들 심령세계와 천기의 '비밀작용'에 대해서는 여러분의 부모님에게서도, 학교에서도, 종교에서도, 그 누구 또는 그 어디에서도 결코 배울 수 없지만 삶을 살아갈 때는 정말로 귀중한 실용가치적 최고의 '고급지식'임을 꼭 알아둬야 합니다.

모든 학교교육의 교과서와 모든 종교의 경전 책에는 보편적 지식과 진리만을 가르치지만, 필자는 공자와 맹자 그리고 부처님과 예수님도 가르쳐 주지 않은 하늘의 비밀 '천기(天氣)'를 누설하여 특별한 비밀진리와 지혜를 사람들에게 가르쳐 주어 삶의 경쟁 진검승부만 존재하는 강호에서 반드시 승리와 성공을 하면서 함께 깨달음까지 이룰 수 있는 '최고의 가르침'을 전해 주고자 합니다…….

이곳 천등산에는 진달래꽃이 활짝 피었습니다.

처음 입산할 때도 진달래꽃이 피는 봄이었으니, 이제 산속에 들어온 지도 10년이 되었고, 열 번째의 진달래꽃이 피었습니다.

한반도 남쪽 땅 끝 전라남도 고흥군 남해바다 해안가에 우뚝 솟은 천등산에서 아름다운 다도해 바다를 내려다봅니다.

훗날, 남해안을 여행할 기회가 있거든 또는 기회를 만들어서라도 세계적인 힐링랜드 '순천만'의 갈대숲을 구경하고, 벌교에서 꼬막정식을 먹어보고 그리고 조금 더 남쪽으로 고흥반도로 직행하여 남쪽 땅 끝 전라남도 고흥군의 천등산과 팔영산·유주산·나로우주발사대와 우주체험관을 구경하고, 녹동항구에서 참장어탕을 맛보고, 소록도·거금도·적대봉 등등을 꼭 한 번 여행해 보시길 바랍니다.

동양의 나폴리항이라 불릴 만큼 아름다운 시골 어촌 '녹동항구'에서 연륙교를 건너 소록도를 구경하고, 또다시 세계 최초로 위층은 자동차가 다니고, 아래층에는 자전거길과 인도가 있는 특수 2층 다리구조의 바다 수면 위 약 2km '거금대교'(네이버 검색) 푸른 바다 다리를 걸으면서 다도해 풍광을 만끽해 보고, 거금대교 남쪽 끝 섬 입구 전망대에서 또다시 바다경치와 함께 소록도 앞모습 섬을 바라보면 왜 소록도(小鹿島, 작은 사슴섬)인지 알 수 있을 것입니다.

특히 녹동항구의 신항(제주 카페리호 여객선이 닿는 동쪽 부두)과 구항(수산어시장 회센터와 어선들이 닿는 서쪽 부두) 중간쯤의 구름다리 옆 해안 도로가에 있는 아주 작은 절 '녹동 용궁사'(옛날부터 어부들이 소원을 빌던 바닷가에 '용바위'가 있었고 바다 매립을 하면서 매립된 용바위 위에다 이 책의 필자가 바다용궁기도를 하면서 신(神)들의 계시로 소박하게 직접 건립한 전설이 있고 영험한 기도처)'를 꼭 한 번 직접 방문하여 '해수보살'님을 친견해 보시길 바랍니다.

신(神)해수보살과 화신 女최고역술가 해수보살이 함께 계십니다.

녹동 용궁사의 2층 법당에는 해수보살상과 필자가 꿈속에서도 보고 용궁기도 할 때도 늘 보았던 해수보살과 관음보살의 그림이 있고, 1시간만 기도를 하고 돌아가면 반드시 그 사람의 꿈속에 나타나고 그리고 한 가지 소원을 꼭 들어주십니다. 다이아몬드는 작아도 최고의 가치가 있는 것처럼, 절과 기도터는 소박하여도 '영험한 곳'이 최고이고, 바닷가 용바위 위에다 소박하게 세운 고흥군 남해안 녹동항구의 '녹동 용궁사'는 필자의 특별한 '바다기도처'이고, 또한 가끔씩 휴식을 하는 곳입니다.

바다 해안가의 영험한 장소 명당터의 용궁기도는 특히 재물재수발원과 꼭 한 가지 소원성취가 잘 이루어집니다…….

이제 다시금, 필자는 하늘의 계시를 받고 철쭉꽃이 활짝 피어있는 천둥산 산꼭대기 가장 높은 산봉우리로 올라갑니다.

항상 그림자처럼 따라다니는 나의 수호신장 삿갓 쓴 스님과 큰칼 든 장군 그리고 도사의 신변을 지켜주기 위해서 하늘의 특명으로 내려온 신장(神將)들이 함께 하고, 노루가 뒤따르고 까마귀들이 앞서거니 뒤서거니 머리 위를 날면서 까악~까악~ 노래를 부릅니다.

천둥산 산꼭대기 가장 높은 산봉우리에 도착을 합니다.

하늘의 신(天神)들로부터 중대한 계시를 받고 산봉우리로 올라왔고, 중대한 계시라고 하니 정확한 내용을 알기 위해 '천기신통초월명상'으로 들어가 보기로 합니다.

풀잎을 한 아름 뜯어와 넓은 바위 위에 펼쳐 풀잎방석을 삼고 앉아서 4방의 하늘을 한 번 빙~ 둘러봅니다.

그리고 나서 이제 천기신통술초월명상으로 들어갑니다.

먼저 준비운동 '온몸진동법'으로 몸과 기혈을 가볍게 풀어줍니다.

다음으로 배가 쑥~ 들어갈만큼 후! 소리를 내면서 몸속의 탁기를 내보내며 '날숨'으로 몸을 이완시키고, 입을 다물고 옴! 소리를 강하고 길게 내면서 머리와 뇌에 진동을 주고, 그러고 나서 조심스레 바른 자세로 앉습니다.

두 다리는 오므려 포개어 가부좌로 앉고, 허리는 쭉 펴서 반듯하게 세우고, 두 손은 허벅지 위 배꼽 아래 단전 앞에 살며시 내려놓고 두 눈은 지그시 감아 눈동자를 아래쪽으로 코끝을 향해서 고정을 시키고, 마음을 편안히 합니다. 그리고 호흡은 처음에는 깊고 길게 하다가 차츰 고르게 하면서 들숨과 날숨에 집중을 하고, 의식은 상단전 앞이마의 중앙 '명궁'을 통하여 우주하늘에 둡니다(모든 종교들의 신자 및 기도자와 수도인 그리고 모든 정신수련자 및 명상가들은 이 세상 최고의 기도명상법인 '신통술초월명상'을 꼭 배워두시길 바랍니다).

몸과 마음 그리고 의식이 아주 편안해지면서 고요해집니다.

들숨 날숨의 호흡을 의식하고, 의식의 변화진행을 관찰 및 관조를 하면서 점점 더 깊이 명상에 집중을 하고, 내 의식체와 우주하늘자연과의 주파수 사이클을 맞추며 몰입을 해 들어 갑니다.

우주하늘자연의 존재계신(神)들과 기운이 연결되면서 그 반응으로 몸에 진동과 떨림이 오고, 전율이 온몸에 찌르르~ 통하면서 쫙~ 퍼집니다.

몸뚱이가 공중에 붕~ 뜨는 무중력을 느낍니다.

머릿속에 뇌수와 기운이 꽉 차 오름을 느낍니다.

상단전의 명궁 앞이마가 뜨거워지면서 멍~해집니다.

엄청난 기(氣)흐름의 쾌감과 무아지경의 황홀감이 찾아옵니다.

무아지경의 정점에서 무한대의 고요정적이 오고, 그리고 모든 것이 정지하면서 '초월의식'이 되어 시간과 공간이 없어지고, 우주하늘자연과 합일체가 되면서 '우주의식'이 됩니다.

드디어 '신통술초월명상'이 시작됩니다.

나는 지금 천등산 산꼭대기 가장 높은 산봉우리의 바위에 가부좌로 앉아서 '신통술초월명상'에 들어있습니다.

이제 나의 의식체와 영혼체는 자유로이 인간계와 신령계 사이의 경계의 벽을 뚫고 신(神)들의 세계로 들어갑니다.

내 몸뚱이는 수호신장들이 창검을 들고 지키고 있습니다.

하늘 문을 활짝 열고 신령계로 들어가 보니, 하늘 신령님들께서 나의 진로를 놓고 하늘에서 천상회의(天上會議)를 하고 있습니다.

지금까지 10년 동안의 오랜 세월 동안 나에게 하늘의 천기(天氣)와 명기(明氣)를 주시고 또한 가르침을 주시던 신령님과 모든 신령님들이 다 모습을 나타내십니다.

천황상제 옥황상제 구천상제 황천상제 일월성신 북두대성 칠원성군 탐랑성군 거문성군 녹존성군 문곡성군 염정성군 무곡성군 파군성군 태을성군 태상노군 천존대왕 염라대왕 산신대왕 용궁대왕 삼불제석 제석천왕 태을천왕 도리천왕 도솔천왕 칠성여래 대일여래 보승여래 다보여래 약사여래 일광보살 월광보살 관음보살 문수보살 보현보살 약왕보살 약사보살 지장보살 미륵보살 해수보살 천상신장 지하신장 일월신장 자미신장 태을신장 태음신장 태양신장 여래신장 화엄신장 의술신장 천문신장 지리신장 백마신장 뇌성신장 벼락신장 풍운신장 풍랑신장 지진신장 팔미신장 육정신장 육임신장 육갑신장 둔갑신장 도술신장 군웅신장 검무신장 철망신장 철퇴신장 옥갑신장 옥추신장 금위신장 오방신장 구천신장 천상장군 지하장군 칠성장군 백마장군 백호장군 청룡장군 황룡장군 흑룡장군 백룡장군 용마장군 천마장군 뇌성장군 벼락장군 번개장군 태풍장군 천신장군 산신장군 용신장군 사신장군 별상장군 군웅장군 작두장군 질대장군 관운성제 문창대군 천신도사 선관도사 일월도사 천문도사 글문도사 지리도사 칠성도사 약왕도사 약명도사 의술도사 마의도사 화타의성 허준의성 부적도사 육갑도사 둔갑도사 도술도사 나반존자 유마거사 독성거사 옥천대사 달마대사 혜능대사 원효대사 의상대사 무학대사 서산대사 사명대사 진묵대사 대각국사 원각국사 묘각국사 보우국사 도선국사 범일국사 도의선사 초의선사 일월선사 천신대감 지신대감 천복대감 일월대감 칠성대감 불사대감 산신대감 용궁대감 천룡대감 군웅대감 벼슬대감 부귀대감 명예대감 명성대감 판관대감 별상대감 본향대감 당산대감 도당대감 터주대감 성주대감 상업대감 무역대감 술역대감 도깝대감 천상대신 지하대신 자미대신 일월대신 칠성대신 천왕대신 산왕대신 용왕대신 불사대신 본향대신 상산대신 당산대신 말문대신 글문대신 천문대신 지리대신 풍수대신 부적대신 약왕대신 약사대신 의술대신 경문대신 법사대신 염라대신 육갑대신 둔갑대신 육정대신 육임대신 육효대신 팔괘대신 구궁대신 관상대신 도술대신 옥황선녀 일월선녀 천신선녀 산신선녀 용궁선녀 별상선녀 천신도령 산신도령 용궁도령 광림도령 천신동자 산신동자 용궁동자 일월동자 옥동자 칠성동자 뇌성동자 번개동자 육갑동자 둔갑동자 도술동자 요술동자 말문동자 글문동자 의술동자 법승동자 선재동자 문수동자 일광제석 월광제석 세존제석 제석불사 천궁불사 일월불사 옥황불사 천존불사 칠성불사 산신불사 용궁불사 진둥불사 업불사 복불사 명불사 미륵불사 본향불사 당산불사 도당불사 안당불사 대신불사 천왕승 아미타불 석가모니불 비로자나불 로사나불 보명불 아촉불 무량광불 자재통왕불 약사불 미륵불 천황님 옥황님 상제님 천제님 천주님 천존님 칠성님 사천왕 시바 비슈누 크리슈나 가브리엘 미카엘 라파엘 우리엘 라지엘과 수많은 요정과 동자 등등 엄청난 숫자의 팔만사천 신령님들이 하늘땅이 꽉~ 차도록 모두 다 모습을 나타내십니다.

[앞에 열거한 것처럼, 하늘 땅 자연 속에 존재하는 신(神)들이 무수하게 많다는 진실에 대해서는 맨 눈으로 신(神)과 영(靈) 및 귀신을 볼 줄 아

는 인구비중 약 1%의 소수자들은 100% 공감하실 겁니다.]

하늘과 땅의 많고 많은 신령님들께서 하늘땅이 울리는 한 목소리로 하문(下問)의 공수말씀을 내리십니다.

"제자야! 우리 신(神)들이 하늘에서 천상회의를 했으니 이제 제자의 진로를 선택하도록 하라. 이 산속에서 계속 은둔도인 신선(神仙)으로 살아갈 수도 있고 또는 하산하여 국사당을 짓고 보람있는 제2의 삶을 살아갈 수도 있으니, 그 둘 중 하나를 선택하도록 하라."

"신령님들이시여! 어떤 선택을 해야 더 좋겠는지요?"

"하산(下山)을 하여 인간세상으로 다시 돌아가서 국사당과 신전들을 짓고, 보람있는 제2의 삶을 다시 시작하는 것이 더 좋을 듯싶구나."

"정녕 그러하신다면 하산(下山)을 준비하도록 하겠습니다. 하오나, 신령님들께서는 사람들의 삶 중에서 가장 귀중한 의문들에 대한 가르침을 주실 수 있을는지요?"

"그러하겠노라. 어떤 방법으로 가르침을 주면 되겠는가?"

"문답식 방법의 가르침이 좋을 듯합니다."

"그러하겠노라. 먼저 질문을 하도록 하라!"

"그럼, 사람들이 가장 알고 싶어 하고 그리고 꼭 알아둬야 할 몇 가지의 의문들에 대한 질문을 드리도록 하겠습니다."

나는 사람들이 인생을 살아가면서 혹시나 또는 확실치가 않아서 잘못을 범할 수 있는 귀중한 의문들과 우리나라 내 민족 동포를 위한 미래운명의 지혜를 얻고자 신령님들께 질문을 드립니다.

"신령님! 신(神)은 정말로 존재하는지요?"

"제자야! 지금 직접 신(神)을 보면서 대화까지 나누고 있으니 신(神)은 분명히 존재하고 있고, 스스로 존재신과 인격신으로 구분하느니라."

"신령님! 사람들이 어떻게 하면 신(神)을 직접 볼 수 있는지요?"

"제자야! 처음부터 하늘의 전령자로 사명을 받고 태어났거나 또는 영매적 능력으로 무녀(巫女)가 됐을 경우 또는 영매적 신끼를 타고난 사람이 신들림 현상과 빙의현상이 나타날 경우 그리고 제자처럼 도(道)를 닦아 신통능력을 지니게 되면 신의 모습을 직접 볼 수가 있게 되고 또한 신의 음성을 직접 들을 수 있게 되느니라."

"신령님! 귀신(鬼神)들림 현상과 빙의현상의 정신이상증세가 나타날 경우에는 어떻게 해야 되는지요?"

"제자야! 신(神)은 반드시 신(神)으로 다스려야 하니, 귀신들림현상과 빙의현상 그리고 정신질환이 나타날 경우에는 반드시 신통력으로 점(占)을 쳐서 '정확한 원인'을 밝혀내고 또한 반드시 신통술과 도술로 특별 치유를 해 주어야 되느니라."

"신령님! 귀신(鬼神)들림 현상과 빙의현상의 정신이상증세를 물질과학인 최첨단의 서양의술로 치유가 되는지요?"

"제자야! 신(神)은 반드시 신(神)으로 다스려야 하기 때문에, 더욱 쎈 신통력과 도술로만 치유할 수 있고 해결할 수 있느니라."

"신령님!, 저승세계는 정말로 존재하고 있는 것인지요?"

"제자야! 물질적 몸뚱이가 없는 신(神)과 정령(精靈) 및 귀신(鬼神)의 세계는 분명히 존재하고 있으니 그곳이 저승세계이니라. 또한 저승세계에서 볼 경우에는 사람들의 세계가 저승세계이고, 영혼(靈魂)이 이쪽으로 저쪽으로 왔다 갔다 하면서 인연의 법칙과 인과의 법칙에 따라 윤회와 환생으로 변화만 하고 있을 뿐이니라."

"신령님! 천국세계와 지옥세계는 정말로 존재하는 것인지요?"

"제자야! 극락천국과 고통지옥은 분명히 존재하고 있고, 살아가면서의 행업(行業)에 따라 인과응보로 그 결정이 되느니라."

"신령님! 하늘나라 극락천국에 태어나게 할 수 있는 것이 종교 신앙과는 상관이 있는 것인지요?"

"제자야! 종교 신앙과는 상관이 없고, 종교와 신앙을 통하여 착한 일 '선행'을 많이 하거나 또는 종교 신앙이 없어도 착한 일 선행공덕을 많이 쌓거나 또는 진리를 깨우치고 많이 깨달은 영혼들은 스스로 하늘나라 극락천국에 태어나느니라."

"신령님! 서방정토극락과 천국 및 천당에 태어나는 것보다 더 좋은 것이 있는지요?"

"제자야! 일반적인 서방정토극락과 천국 및 천당에 태어나는 것보다 더 좋은 것이 있으니, 그것은 최고로 좋은 하늘궁전 '천궁'에 태어나거나 또는 신통술초월명상으로 '전지전능자'가 되는 것이니라."

"신령님! 진실과 진리를 다 깨우치고 깨달음을 이룬 도통(道通)을 하려면 어떻게 해야 되는지요?"

"제자야! 옛 성현들의 가르침인 종교의 경전을 읽으면 좋으나, 종교의 경전들은 시대적 배경의 차이와 옮겨 적은 사람과 해석의 잘못 그리고 종교 체제유지를 위한 의도성으로 내용 변경 등 '변질'이 되어 엉터리내용이 많고 또한 경전들은 아주 옛날 그 종교의 교주가 살던 그 지역동네와 그 민족의 이야기뿐인바, 그러한 구시대적이고 또한 잘못된 경전 책을 공부하는 것보다는 신통도술을 얻는 '천기신통초월명상'을 통하여 신(神)과 직접 대화를 나눌 수 있는 통신(通神)으로 직접 신통력을 지니면 스스로 진리를 다 깨닫게 되고 진실을 모두 다 알게 되느니라. 일반 사람들은 신통과 도통을 크게 이룬 큰 스승의 가르침을 잘 따르면 되느니라."

"신령님! 기도하는 신령스런 산(山)을 선택할 경우에는 어떤 산이 좋은지요?"

"제자야! 기도하는 산(山)을 선택할 경우에는 높고, 깨끗하고, 조용하고, 명기(明氣)가 서려 무서운 기운이 감돌고, 특히 산 까마귀가 계속 살고 있는 산을 선택하면 좋으니라.”

“한반도의 대표적 신령스런 산(山)을 가르쳐 주실는지요?”

“한반도의 대표적 신령스런 산(山)의 이름은 백두산·묘향산·칠보산·구월산·금강산·설악산·오대산·태백산·소백산·일월산·삼각산·도봉산·관악산·계룡산·지리산·가야산·영축산·팔공산·금정산·조계산·월출산·두륜산 그리고 천등산 등이니라.”

“신령님! 산(山)기도가 종교 신앙과 상관이 있는지요?”

“제자야! 분명히 종교 신앙과 상관이 있으니 신(神)을 대상으로 하는 모든 종교 신앙자는 ‘산(山)기도’를 잘 해야 하고, 태초부터 지금까지도 하늘의 계시와 명기는 산을 통하여 땅에 내려지기 때문이니라.

옛날 옛적에 모세와 예수·마호메트 그리고 석가모니와 달마·고승 그리고 명상가·도사들이 모두가 산속에서 기도하여 신(神)과 도(道)를 통하고 깨달음을 얻어 최고의 ‘인격신(人格神)’들이 되었느니라.”

“신령님! 서양 종교를 믿는 신자는 어떻게 해야 선지자·예언자처럼, 그리고 예수님처럼 신통기적을 일으킬 수 있는지요?”

“제자야! 서양 종교를 믿는 신자가 신통을 간절히 소망할 때는 반드시 ‘천왕대신!’ 또는 ‘여호와여!’ 등등 고유명칭적 하늘신(天神)의 신명호를 밤낮으로 부르면 신유의 능력과 신통을 할 수 있게 되고, 글자 공부에만 매달리는 사람은 결코 신통기적의 능력을 얻지 못하느니라.”

“신령님! 서양 종교를 믿고 예언력이나 병 고침 치유의 능력을 지니거나 또는 구마의식을 행하는 신부·목사와 신내림의 무녀가 점을 치는 예언이나 병 고침 치유의 능력은 어떤 차이인지요?”

“제자야! 예언이나 병 고침 치유의 능력은 신부·목사나 무녀나 똑같으니라. 거슬러 올라가면 인간 석가모니도 예수도 성자도 도사도 모두가 하늘신과 인간 땅을 이어주는 무인(巫人)들이고 역할이니라."

"신령님! 인간 석가모니와 예수님 경지는 어느 만큼의 존재인지요?"

"제자야! 인간으로서 최고로 높은 인격신(人格神)이고, 그 경지가 되려면 그 영혼은 100번 이상의 영혼진화와 환생으로만 가능하며 인간 5,000억 명 중 1명 정도로 태어난 귀한 존재이니라."

"신령님! 기도를 할 때에는 어떤 방법이 좋은지요?"

"제자야! 기도는 반드시 진실한 원(願)이 있어야 하고, 정성스러움과 간절함을 가지고 조용한 장소에서 은밀하게 행해야 하느니라."

"신령님! 기도를 하고자 할 때에는 어느 시간이 좋은지요?"

"제자야! 기도를 하는 시간은 기도의 목적과 사람에 따라서 모두가 다를 수 있으나 대체로 한밤중이 첫째로 좋고, 아침 태양이 솟을 무렵이 둘째로 좋고, 저녁 태양이 질 무렵이 셋째로 좋으니라. 특히 신(神) 제자와 신부·목사·스님 등등 신(神)을 대상으로 큰 신통력을 얻고 싶거나 또는 영성과 불성을 크게 사용하고 싶은 특별한 신앙인과 전문수도인들은 한밤중의 '자시기도'가 가장 중요하니 매일 1시간씩 꼭 실천을 해야 하느니라."

"신령님! 특별한 신(神) 제자들은 어떻게 기도를 해야 되는지요?"

"제자야! 신(神) 제자들의 기도는 ① 직접 입산(入山)수도를 하거나 또는 신내림굿으로 오방신장과 백마신장의 도움을 받아 하늘 문(天門)을 열어야 하고 ② 산에서는 산왕대신을 찾고, 물에서는 용왕대신을 찾고, 기타 장소에서는 천왕대신·칠성대신·불사대신·말문대신·약사대신 등 주로 대신을 찾아야 하며 ③ 자기 자신의 통신 말문이 언제 열릴 것인지를 정확히 알아야 하고, 자기 전생과 조상핏줄로 신(神)줄인지 또는 도(道)줄인지를 정확히 알아야 하고, 선거리 만신줄인지 또는 앉은 거리 보살줄 또는 법사줄인지를 정확히 알아야 하며 ④ 자기 자신의 신통력이 어느 분야로 계발되고 발전할 것인지를 정확하게 알아야 하고 ⑤ 자기 자신의 신통력의 등급이 1등급·2등급·3등급 등등 어느 등급을 타고 났는지 또한 얼마만큼 계발·발전할 수 있을지를 정확히 알아야 하며 ⑥ 나이가 몇 살쯤에 통신(通神)의 말문이 열릴 것인지 정확한 운때를 알아야 하고 ⑦ 조상가리와 몸주 신(主神)을 알아야 하고 ⑧ 본향산을 알아야 하고 ⑨ 소당·육당·중당과 상단·중단·하단 그리고 탱화 그림과 가운데 중당의 중심에 어느 신(主神)을 모셔야 하는지 등등 신당(神堂) 또는 법당(法堂) 꾸미는 법을 알아야 하고 ⑩ 점(占)보는 통변의 방법과 각종 풀이하는 방법 그리고 운처방과 비방하는 비법을 알아야 하고 ⑪ 기(氣)는 충전과 방전의 원리가 있기 때문에 항상 충전의 상태를 유지하기 위해서 모든 신(神) 제자들은 한밤중의 자시기도를 1시간씩 꼭 해야 하느니라.”

“신령님! 신(神) 제자가 말문을 못 여는 것은 무슨 이유 때문인지요?”

“제자야! 신(神) 제자가 말문을 못 여는 것은 여러 가지 이유가 있지만 가장 큰 이유는 ① 자기 자신이 도(道)줄 제자감인데 신(神)줄 무녀(巫女)를 찾아갔을 경우 ② 신통력의 등급이 제자보다 낮은 스승을 찾아 갔을 경우 ③ 자기 자신의 전생과 조상핏줄을 정확히 모르고 덤볐을 경우 ④ 정확한 운(運)때를 모르고 시행착오를 일으킬 경우 ⑤ 조상가리가 잘못되거나 또는 몸 주신(主神)을 모를 경우 ⑥ 산기도 방법 또는 신내림 굿의 방법이 틀릴 경우 ⑦ 자기 전생의 업살(業殺)이 너무도 무거울 경우 ⑧ 60갑자 일진법에 따른 기(氣) 주파수 사이클을 못 맞출 경우 등등이고, 신내림굿은 한 번에 반드시 말문을 열어야 하느니라.”

(모든 신(神) 제자와 종교인들은 이 부분을 반드시 알아둬야 함.)

“신령님! 신(神) 제자와 무당제도는 누가 왜 만들었는지요?”

“제자야! 신(神) 제자와 무당제도는 신(神)들이 인간들을 다스리기 위해 만들었으며, 넓은 의미에서는 신부·목사·스님 등등도 신(神)과 인간의 '중개역할'을 담당하는 무당(巫堂)이고, 인연법과 전생(前生)의 특별한 업(業)이 많은 영혼들과 칠성줄 또는 공줄이 쎈 영혼들을 신(神)들이 심부름꾼으로 사용하기 위한 것이니라."

"신령님! 모든 사람들의 기도응답과 소원성취는 누구나 모두가 다 이루어지는 것인지요?"

"제자야! 그러하지 않느니라. 모든 사람에게는 자기 전생(前生)의 존재가 현재의 자기 영혼으로 들어와 있기 때문에 반드시 자기 전생의 업(業)이 먼저 풀려야 죄가 소멸이 되고, 그리고 죄가 소멸되어야 기도응답과 함께 비로소 운이 열리게 되며 또한 자기 영혼 및 자기 조상이 신앙으로 섬기는 신이 서로 잘 맞아야 하고, 기도하는 날짜의 일진과 기도하는 시간의 운때가 맞아야 하며, 반드시 지극 정성스러워야 기도응답과 소원성취를 이룰 수 있느니라."

"신령님! 전생(前生)은 정말로 존재하는 것인지요?"

"제자야! 모든 사람과 존재물(存在物)은 각각의 전생(前生)이 다 있고, 진짜 주인공 혼(魂)들은 지옥도·아귀도·아수라도·축생도·어생도·인간도·천상도 등을 자기가 지은 대로의 업(業)과 습성에 따라서 순서와 기간이 없이 '영혼 7도윤회법칙'이 계속되며 그 앞전이 곧 전생이고, 지금의 현생은 죽은 후의 전생이 되느니라."

"신령님! 몽매한 보통 사람들이 자기 전생 영혼의 좋고 나쁨을 어떻게 대충이라도 짐작할 수 있는지요?"

"제자야! 보통 사람들이 자기 전생의 좋고 나쁨을 대충이나마 짐작하려면, 현재 자기 자신의 삶이 얼마나 복(福)이 많고 적은가? 또는 운(運)이 얼마나 좋고 나쁜가?로 짐작을 해볼 수 있느니라."

"신령님! 자기 전생과 조상님의 업살(業殺)로 현재의 삶이 복이 없고,

운이 나쁘고, 고생만 하는 사람들은 어떻게 하면 되는지요?"

"제자야! 업은 인과응보의 하늘법칙에 따라서 반드시 지은 대로 나타나기 때문에 현재의 삶이 복이 없고 운이 나빠 고통과 고생만 따르는 사람은 자기 전생과 조상님의 업(業)과 타고난 사주팔자에 들어있는 나쁜 기운작용 살(殺,煞)을 풀어서 반드시 '업살소멸'을 해주어야 하고 또한 반드시 착한 일 '선행'을 많이 행하여야 하느니라."

"신령님! 복과 운이 좋은 사람은 어떻게 살아야 하는지요?"

"제자야! 복과 운이 좋은 사람이 선행공덕을 행하지 않으면 다음 생(來生)에는 처지가 뒤바뀌게 될 것이니라. 태어남과 죽음의 현상은 영혼작용이고, 영혼이 이승과 저승을 왔다 갔다 하면서 반드시 자기 자신이 지은 대로의 '과보'가 따르기 때문이니라."

"신령님! 사람들의 유전인자적 핏줄내림병과 원인을 모르는 큰 질병 및 난치병과 불치병들을 치유할 수 있는지요?"

"제자야! 유전인자적 핏줄내림병과 원인을 모르는 큰 질병 및 난치병과 불치병들을 꼭 치유하려면, 나쁜 질병으로 한 많게 죽은 조상영혼에 대해 '영혼분리'와 '영혼치유 및 천도재'를 꼭 한 번 정확하게 해주고, 자기 자신의 '업살풀이'까지 해주면 깨끗하게 치유할 수 있느니라."

"신령님! 운명(運命)과 운(運)의 작용은 정말로 실제하는지요?"

"제자야! 모든 존재물의 운명과 운의 작용은 각각의 일정한 하늘 법칙에 따라서 반드시 작용을 하기 때문에, 사람의 운명도 운세·운수·운때로 분명히 작용을 하느니라. 하늘과 땅·해·달·별·바다·비·바람이 존재할 때까지 또한 탄생과 죽음이 작용하는 동안 우주자연의 모든 존재물에게는 각각의 운명과 운(運)이 항시 작용하고 있느니라."

"신령님! 핏줄업내림과 핏줄대물림의 유전은 정말로 작용하는지요?"

"제자야! 핏줄적 DNA 유전자 검사는 99.99%까지 정확하니, 조상부모의 나쁜 핏줄내림은 오직 '사전예방'이 최선책이니라."

"신령님! 남의 조상이 내 집안과 우리민족을 도와주는지요?"

"제자야! 천륜적 핏줄관계는 최우선으로 항시 작용을 하기 때문에 남의 조상이 내 집안과 우리민족을 결코 도와주지 않느니라."

"신령님! 사람도 죽어서 신(神)이 될 수 있는지요?"

"제자야! 사람도 죽어서 신(神)이 될 수 있으니, 높은 큰 도(大道)를 이루거나 또는 깨달음을 얻고 위대한 업적을 쌓으면 죽어서 '인격신(人格神)'이 될 수 있고, 영혼과 혼령의 궁극적 목표와 소망은 모든 존재로부터 인정과 대접을 받는 '신(神)'이 되고 싶은 것이니라."

"신령님, 사람이 죽으면 그 영혼은 어떻게 되는지요?"

"제자야! 사람이 죽으면 그 영혼은 몸뚱이에서 빠져나가 삼혼(三魂)으로 갈라져서 각각의 역할 세계로 돌아가고, 칠백(七魄)으로 흩어져서 자연 소멸이 되니, 즉 3혼으로 갈라지고 7백으로 흩어지느니라."

"신령님! 사람이 죽을 때 그 영혼은 어떻게 대처해야 가장 좋은지요?"

"제자야! 사람이 죽을 때는 어떤 사유로 죽든지 간에 죽음에 직면하면, 그 영혼은 절대로 당황하거나 두려워하지 말고, 결코 피할 수 없으니 순리에 따라서 인로왕보살 및 저승사자(使者) 또는 마중 나온 선망조상(先亡祖上)을 따라가든지 또는 빛이 나타나면 가장 투명한 밝은 빛이나 밝고 눈부신 흰 빛을 따라가면 좋으니라. 평상시 자기 영혼에게 자기 암시법으로 주입을 시켜 놓으면 좋으니라."

"신령님! 불교의 성불(成佛)과 기독교의 부활(復活)은 참말인지요?"

"제자야! 석가모니 이후로 2천5백 년 동안 부처가 된 사람은 한 명도 없었고, 예수 이후로 2천년 동안 부활된 사람이 한 명도 없었으니, 그것은 인간들에게 착하게 살게 하려고 한 선의적 거짓말이니라. 모든 종교의 가르침들은 '상징적 해석'을 잘 해야 하느니라."

"신령님! 서양 종교의 성경책에는 예수님의 성장과정이 그 어디에도 기록되어 있지 않다는데 그 비밀의 진실을 밝혀주실는지요?"

"제자야! 서양 종교 예수의 성장과정은 불교의 성자 동방박사 도사들이 동방의 인도땅으로 데려가 도(道)를 닦게 하고 그리고 신통술도사로 만들어 다시금 돌려보내 주었고, 옛날 시대부터 서양에서는 도사를 박사라 호칭하였느니라."

"신령님! 신통능력이 없는 성직자는 신의 대행자 자격이 있는지요?"

"제자야! 신(神)을 대상으로 믿는 종교에서 신통능력이 없는 성직자는 신을 대신하는 대행자의 자격이 결코 없느니라."

"신령님! 하늘천손 배달민족의 대한민국 우리나라에서만 사람의 나이를 계산할 때 한 살을 올려주는 연유는 무엇 때문인지요?"

"제자야! 아이가 어머니의 뱃속에 잉태할 때부터 이미 영혼이 들어와 있기 때문에 영혼이 깃든 태아를 사람으로 인정을 하니 이 셈법은 세계에서 가장 하늘 이치에 맞느니라."

"신령님! 여성들의 낙태수술행위는 죄가 되는지요?"

"제자야! 태중의 아기에게는 이미 영혼이 깃들어 있기 때문에 낙태수술행위는 '살인죄'의 큰 죄가 되고, 그 어미와 산부인과의사는 '살인죄업' 때문에 반드시 그 댓가를 받게 되느니라."

"신령님! 모든 사람에게는 자기가 지은 대로의 행업에 따라서 그 과보가 따른다는 인과응보의 법칙은 정말인지요?"

"제자야! 인과응보의 법칙은 하늘법칙이니 정말이니라. 모든 사람은 삼생(三生)을 지은 대로의 인과법칙에 따라서 살아 가니라."

"신령님! 이 말씀들을 듣기 전에 이미 많은 잘못을 범했거나, 또는 죄를 지었거나, 또는 잘못 살아온 사람들은 어떻게 하면 좋은지요?"

"제자야! 지금부터라도 즉시 잘못을 뉘우쳐 참회·회개를 하고, 그리고 착한 마음씨로 오직 선행(善行)을 많이 행하고, 가지고 있는 것들을 베풀어서 자기 공덕(自己功德)을 쌓으면 죗값이 조금씩 줄어들게 되고, 지은 대로 받는 인과응보는 하늘법칙으로 틀림이 없느니라."

"신령님! 좋고 나쁜 일에는 미리 그 징조(徵兆)가 나타난다고 하는데 정말 그러하는지요?"

"제자야! 모든 일에는 어떻게든 사전에 그 징조가 예고되느니라."

"신령님! 사전예고의 징조들은 어떻게 나타나는지요?"

"제자야! 사전예고의 징조들은 현상적으로 또는 꿈속으로 그리고 얼굴과 손금에 기색(氣色)으로 분명히 나타나니, 큰일과 객관적인 징조는 큰 사고와 자연현상으로 먼저 나타나고, 작은 일과 주관적인 징조는 개인의 신체 이상과 얼굴 손금에 부호와 기색으로 나타나며, 특히 꿈속에서의 예시와 계시로 나타나느니라. 사전예고의 징조들을 잘 살펴서 사전에 준비와 대비를 잘 하는 지혜가 꼭 필요하느니라."

"신령님! 꿈속에서 미리 예시와 계시로 나타나는 좋은 꿈과 나쁜 꿈의 구별을 가르쳐 주실는지요?"

"제자야! 꿈속에서의 예시와 계시는 남·녀의 성별과 나이 그리고 직업과 상황에 따라서 조금씩 다르게 나타나고 또한 조금씩 다르게 꿈풀이를 하느니라. 하지만 먼저 좋은 꿈들을 대체로 열거하면 돼지꿈·용꿈·큰구렁이꿈·두꺼비꿈·큰물고기꿈·호랑이꿈·족제비꿈·독수리꿈·봉황새꿈·불꿈·똥꿈·돈뭉치꿈·대통령꿈·귀인을 만나는 꿈·종이문서 또는 고액 수표를 받는 꿈·귀중품을 받는 꿈·백발도인 꿈·조상님이 일러 주는 꿈·특별한 숫자 또는 이름 또는 장소를 가르쳐 주는 꿈·맑은 물꿈·목욕하는 꿈·정돈하는 꿈·청소하는 꿈·빨래하는 꿈·과일 꿈·불이 잘 타는 꿈·꽃상여를 보는 꿈·싸움을 이기는 꿈·기쁜 소식 꿈·물고기를 많이 잡는 꿈·조개를 많이 잡는 꿈·수확을 하는 꿈·현재보다 좋은 집에서 살고 있는 꿈·잔칫상을 보는 꿈·기도를 하는 꿈·아침에 일어나서 예감과 느낌이 좋은 꿈 등등이니라.

다음으로 나쁜 꿈들을 대체로 열거하면 젊은 여자들 꿈·어린 아기꿈·갓난아기를 안거나 업고 다니는 꿈·귀신꿈·경찰꿈·군인꿈·검은 옷을 입은 사람 꿈·벌레꿈·소가 덤벼드는 꿈·짐승이 덤벼드는 꿈·쫓기는 꿈·흙탕물 꿈·물이 더러운 꿈·물이 줄어드는 꿈·물고기를 못 잡는 꿈·교량이 끊기는 꿈·큰 사고가 발생하는 꿈·자기 신발을 잃어버리는 꿈·자가용차를 잃어버리는 꿈·자기 물건을 찾으러 다니는 꿈·자기 물건을 빼앗기는 꿈·이빨이 빠지는 꿈·못사는 동네 또는 다른 곳에 옮겨 있는 꿈·죽은 사람이 보이는 꿈·억울한 사람이 꿈속에 나타나는 꿈·헐벗고 굶주린 조상꿈·조상님이 자주 보이는 꿈·가위눌리는 꿈·무서움과 공포를 느낀 꿈·기분 나쁜 꿈·느낌과 예감이 안 좋은 꿈 등등 헤아릴 수 없을 만큼 많느니라.

이러한 좋은 꿈 또는 나쁜 꿈들 중에서 두 번 이상 반복되는 꿈과 특별한 꿈 그리고 새벽 잠자리에서 일어나기 직전에 꾸는 꿈들은 귀중한 계시와 암시가 들어 있으니 반드시 '꿈풀이'를 잘 해야 하느니라. 특히 사람의 이름 또는 어느 곳의 지명을 가르쳐 주는 꿈이나 글자와 숫자를 가르쳐 주는 꿈 등등은 복권당첨 또는 횡재와 행운을 잡을 수 있는 '좋은 꿈'이기도 하니 특별한 꿈 또는 이상한 꿈을 꿀 경우에는 반드시 용한 점쟁이를 찾아가 '꿈풀이'를 잘 받아 보아야 하느니라.

특히, 평소에도 또는 가끔씩 꿈이 잘 맞는 사람들은 나이운때와 날짜운 때만 잘 맞추면 인생역전의 '로또복권' 당첨에도 분명히 성공을 할 수 있느니라."

"신령님! 핏줄대물림법칙이 자녀와 후손의 운명에 얼마만큼 영향을 끼치는지요?"

"제자야! 각각의 집안과 개인에 따라서 차이가 있을 수 있지만, 대체로 80~90%까지 자녀와 후손의 운명에 영향을 끼치니 유전인자적 '핏줄대물림법칙'은 아주 중요하니 꼭 함고해야 하느니라."

"신령님! 전생(前生)이 현생의 삶과 운명에 얼마만큼 영향을 끼치는지요?"

"제자야! 전생의 존재가 현생의 자기 몸속에 영혼으로 들어와 있기 때문에 자기 자신의 타고난 운명을 얼마만큼 알고 있는가? 또는 자기 운명에 맞게 살고 있는가? 아니면 자기 운명도 모르고 잘못 살고 있는가? 등등과 태어나면서 ① 복(福)을 타고났는지? ② 운(運)을 타고났는지? ③ 업(業)을 타고났는지? 등등으로 차이가 있을 수 있지만, 각각의 전생은 대체로 80~99%까지 현생의 삶과 운명에 영향을 끼치느니라. 이러한 비밀작용과 하늘법칙들을 이해한다면 사람의 삶은 함부로 막살 수도 없고 또한 함부로 막살아서도 안 되니 반드시 잘 살아야 하느니라. 자기 자신이 잘못 살거나 또는 원한 많게 죽으면 자기 자손과 자기 영혼은 함께 이후로 약 10~1,000년 동안 고통받고 고생하고 불행하게 되기 때문에 반드시 운(運)작용의 '비밀지식'을 알아둬야 하느니라."

"신령님! 인간으로 태어나서 어릴 때 또는 젊은 나이에 각종 사고 또는 질병으로 억울하고 한(恨) 많게 죽은 사람들의 영혼은 천도(薦度)가 잘 되는지요?"

"제자야! 인간으로 태어나서 어릴 때 또는 젊은 나이에 각종 사고 또는 질병으로 억울하고 한 많게 죽은 사람들의 영혼은 본래 수명의 나이가 될 때까지 수십 년 동안을 저승세계로 들어갈 수가 없기 때문에 천도가 잘 되지 않느니라. 이러한 조상과 영가는 반드시 신통력으로 법력과 도력이 높은 도사(道士) 또는 도승(道僧)이 '특별 천도재'를 해줘야 해원과 천도가 동시에 이루어지느니라."

"신령님! 여자들의 자궁 속에서 억울한 죽음을 당한 낙태 아기들의 영혼은 어떻게 되는지요?"

"제자야! 여자들의 자궁 속에서 억울한 죽음을 당한 낙태 아기들의 영혼은 태어나서 어른으로 성장하고 죽어야 하는 예정된 수명의 나이가 될 때까지 수십 년 동안을 저승세계로 들어갈 수가 없기 때문에 태중혼령이 되어서 평생 동안 그 어미의 자궁 속이나 몸뚱이에 달라붙어 원한의 복수를 하게 되느니라. 억울한 죽음을 당한 혼령들은 원한의 대상자와 죽음을 당한 그 장소에 붙박이 지박령 원한귀신으로 붙어있기 때문에 교통사고로 사람이 죽은 장소에서는 또 원한의 교통사고로 사람이 많이 죽는 것처럼, 낙태 살인을 한 자궁에서는 '자궁살'이 생겨 자궁암과 불임 또는 남편외도와 부부싸움·별거·이혼 등등의 벌(罰)이 따르게 되느니라. 낙태 살인을 한 여성으로서 애정운 및 결혼생활이 나빠지거나 또는 아기꿈을 꾸거나 또는 자궁암 등에 걸리면 최대한 빨리 '자궁살'을 꼭 풀어주면서 함께 낙태아기영혼을 특수도술법으로 반드시 꼭 '해원천도'를 해 주어야 하느니라. 또한 낙태살인을 많이 행한 산부인과 의사들은 '낙태살인 죄업'으로 점점 운(運)이 나빠지고 또한 인생말년이 불행하게 되니 '낙태아기천도재'를 꼭 해주어야 하느니라."

(낙태아기살인과 살인의 '죄의식'을 느끼는 사람은 꼭 해결을 바람.)

"신령님! 불쌍하고 억울하게 죽은 원귀·악귀·요귀·좀비·수비·영산 등등의 원한이 강한 혼령과 귀신들은 천도가 되는지요?"

"제자야! 원한이 강한 귀신들은 최고의 신통력과 도술법을 사용하지 않고서는 천도가 잘 되지 않느니라. 원한이 강한 혼령과 귀신들은 반드시 신통력으로 법력과 도력이 높은 도사(道士) 또는 도승(道僧)이 '특별 천도재'로 해원과 천도를 동시에 정확히 해 주어야 하느니라."

"신령님! 원한이나 미련이 없이 행복하게 장수를 누리고 잘 죽은 사람의 영혼도 조상굿이나 49재 · 천도재가 필요한지요?"

"제자야! 잘 죽은 사람의 영혼들은 스스로 순리를 잘 따르게 되니 조상굿이나 49재 · 천도재가 필요 없느니라."

"신령님! 보통 사람으로 살면서 가장 좋은 일은 무엇인지요?"

"제자야! 보통 사람으로 살면서 가장 좋은 일은 착한 일 선행공덕을 쌓는 것과 많은 깨달음으로 자기 영혼의 '영혼진화'를 많이 해서 하늘나라 천국 · 천당 · 천궁의 극락세계로 잘 올라가는 것이니라."

"신령님! 사람이 죽음에 이르면 어떤 상황이 벌어지는지요?"

"제자야! 사람이 죽음에 이르면 그 영혼체는 잠깐 졸도 또는 당황을 하다가 살아 있을 때의 가치관과 믿는 종교적 인연법에 따라 어두운 터널이 나타나기도 하고, 또는 출입문이 나타나기도 하고, 또는 초원이 나타나기도 하고, 또는 강이나 바다가 나타나기도 하느니라."

"신령님! 사람이 죽음에 이르면 누군가 안내자가 나타나는지요?"

"제자야! 사람이 죽음에 이르면 핏줄관계인 조상이나 또는 저승세계의 심부름꾼인 저승사자 등의 영혼 안내자가 나타나기도 하고, 또는 아무도 안 나타나기도 하느니라."

"신령님! 사람이 죽을 때 안내자가 안 나타나면 어떻게 되는지요?"

"제자야! 사람이 죽을 때 영혼 안내자가 없으면 당황스럽고, 두렵고, 방황을 하게 되고, 안내자가 없는 영혼들은 대부분 유령이 되고 수비 · 영산 · 좀비가 되느니라."

(천기비밀을 가르쳐주는 정말로 귀중한 이 보물책으로 저승세계와 죽음 · 영혼 · 신(神) · 종교 등의 '진짜 고급지식'을 꼭 알아두시길 바람.)

"신령님! 사람이 죽을 때 또다시 돌아가는 저 세상은 어떻게 구분되어 있으며, 죽은 영혼(혼령)들은 어떻게 분류가 되는지요?"

"제자야! 사람이 죽을 때 또다시 돌아가는 저 세상은 ① 천국 ② 연옥

③ 지옥으로 구분이 되어 있고, 사람으로 살 때의 행실과 행업에 따라 지은 대로 심판을 받고 분류가 되어 그만큼의 대접과 형벌이 주어지며, 천국은 너무나 밝고 아름답고 평화스러운 곳이고, 지옥은 너무나 어둡고 무섭고 고통스러운 곳이며, 연옥은 불로 정화를 기다리는 수많은 방들과 출입문이 있는 곳이니라."

"신령님! 이승과 저승의 관계를 좀 가르쳐 주실는지요?"

"제자야! 이승과 저승은 사람과 영혼(혼령) 및 신들의 입장차이이니 사람의 입장에서는 혼령과 신들의 세계가 저승이고, 혼령과 신들의 입장에서는 사람들의 세계가 저승이며, 자기들이 현재 머물고 있는 곳이 이승이고, 사람들의 이승세계는 영혼들이 사람의 몸을 빌려 잠시 와 있는 곳이며, 모든 영혼들은 영혼들의 세계 저승으로 반드시 돌아가야 하니 영혼들의 저승세계가 곧 본향이고 고향이니라."

"신령님! 이승과 저승 중에서 어느 쪽의 삶이 더 중요하는지요?"

"제자야! 잠시 왔다 가는 나그네의 이승 삶도 중요하고, 영원히 살아가고 또한 반드시 돌아가야 하는 저승의 삶은 더욱 중요하느니라."

"신령님! 육체적인 삶과 영혼적인 삶 중에서 어느 쪽의 삶이 더 중요하는지요?"

"제자야! 사람들의 삶은 육체적인 삶도 중요하고, 영혼적인 삶은 더욱 중요하니 반드시 영혼진화와 영혼승천의 준비를 잘 해야 하느니라."

"신령님! 서양종교의 예수님은 진짜 하느님의 아들이 맞는지요?"

"제자야! 예수는 하느님의 진짜 아들이 맞도다. 또한 하늘 하느님의 아들들은 인류 이래 사람으로 환생하여 7명이 태어났느니라."

"신령님! 서양종교의 기독교와 가톨릭에서 성모마리아님 예수님 그리고 하느님 중에서 누구를 믿어야 하는지요?"

"제자야! 사람잣대의 교리해석을 떠나서 반드시 인간은 신(神)을 믿어야 하니, 기독교와 가톨릭에서는 반드시 하느님을 믿어야 하느니라."

"신령님! 서양종교의 종말에 대해서 가르쳐 주실는지요?"

"제자야! 종말이란 전쟁·질병·자연재해 등 세상의 '큰 재앙'들을 의미하고, 종말이라고 일컫는 큰 재앙은 인류역사 이래 100번 이상 있었느니라."

"신령님! 서양종교의 부활에 대해서 가르쳐 주실는지요?"

"제자야! 부활이란 죽은 시체가 다시 살아나는 것이 아니고, 달걀껍질을 깨뜨리고 병아리가 나오듯, 번데기가 껍질을 벗고 나방이 되듯, 오직 자기 수행과 정신수련으로 우주하늘자연의 모든 진리의 도(道)를 깨닫고, 그 깨달은 마음으로 '거듭나서' 병아리처럼 또는 나방처럼 자유로워지는 '완전 자유로움의 경지'를 일컫느니라."

"신령님! 서양종교의 휴거에 대해서 가르쳐 주실는지요?"

"제자야! 휴거란 어둠의 먹구름위로 또는 밝은 하늘 천국으로 끌어 올려준다는 것이니, 사람으로 살 때에 영적 공부와 영혼진화를 많이 하여 진리의 도(道)를 깨우친 사람의 '고급 영혼'만 특별히 하늘천국 중의 최고 하늘궁전으로 끌어올려 준다는 '영혼구원'을 의미하느니라."

"신령님! 천국과 천당·천궁에 대해서 가르쳐 주실는지요?"

"제자야! 천국은 하늘나라를 의미하고, 천당은 하늘집을 의미하고, 그리고 천궁은 최고로 좋은 하늘궁전을 의미하며, 하늘궁전으로 올라갈 수 있는 확률은 사람 100만 명 중 1명 정도가 되느니라."

"신령님! 동양종교의 성불에 대해서 가르쳐 주실는지요?"

"제자야! 성불이란 우주하늘자연의 모든 진실과 진리의 깨달음의 경지를 실현하는 '도통인격체'를 의미하는 것이고, 반드시 7신통 8해탈을 이루어 모르는 것이 없고 또한 못하는 것이 없는 석가모니불처럼 '전지전능 경지'를 일컫느니라."

"신령님! 동양종교의 불교에서는 누구를 믿어야 하는지요?"

"제자야! 불교에서의 수행방법은 석가모니를 따르고, 현세에서의 구고 구난은 관세음보살을 부르고, 아플 때는 약사불을 부르고, 영혼의 구원과 극락왕생을 위해서는 아미타불을 부르고 믿어야 하느니라."

"신령님! 하늘의 신과 정령 및 조상령들도 음식물이 필요하는지요?"

"제자야! 하늘의 신과 정령 및 조상령들까지도 모두가 기운이 필요하기 때문에 음식물을 흠향해야 하고, 하늘천제와 산신제 및 용신제 그리고 조상제사 때에는 반드시 제물로 음식물을 받쳐야 하느니라."

"신령님! 서양종교 기독교와 제사의식을 가르쳐주실는지요?"

"제자야! 서양종교 기독교의 성경책과 말씀에는 분명하게 소제 · 번제 · 속죄제 · 속건제 · 화목제 등의 제사의식이 있고, 반드시 제물을 차려야 한다고 했느니라. 모든 종교에는 제사의식이 있고 반드시 제물을 차려야 하며 또한 추도식과 차례상에도 제물로 음식을 꼭 차려야 하느니라."

"신령님! 신과 정령 및 영들의 세계도 높고 낮음이 있는지요?"

"제자야! 신과 정령 및 영들의 세계는 영적 능력에 따라 직분과 직책 그리고 높고 낮음의 구별과 단계가 있느니라."

"신령님! 하늘과 신령계의 단계는 몇 단계 · 몇 층이 있는지요?"

"제자야! 하늘은 3단계로 되어 있고, 신령계의 단계는 아래에서 위로 33층까지 있느니라."

"신령님! 사람 영혼들 영계의 단계는 몇 단계나 있는지요?"

"제자야! 영혼들 영계의 단계는 '7단계'까지 있으니 영혼 및 영인 그리고 조상령들은 최고 높은 7단계의 등급까지 올라가는 것이 목표이고 또한 인격신이 되어 신령대접을 받는 것이 최종목표이니라."

"신령님! 하늘천상 신령계의 영역은 어떻게 구분되어 있는지요?"

"제자야! 하늘천상 신령계의 영역구분은 '12궁'의 나라들로 되어 있고,

각각의 궁과 나라에는 또 다른 작은 영역이 많이 있느니라.”

“신령님! 천계와 영계의 높낮음은 어떻게 구분되어 있는지요?”

“제자야! 천계와 영계의 높낮음은 땅 지표로부터 공중으로 올라갈수록 높고 반대로 땅속으로 내려갈수록 낮으며, 가장 낮은 곳은 유황불이 이글거리는 불지옥이니라.”

“신령님! 신령계의 신분과 직급은 어떻게 구별하는지요?”

“제자야! 신령계의 신분과 직급은 표시와 용모 그리고 옷차림새로 구별할 수 있느니라.”

“신령님! 영계의 조상령들의 영적인 상태와 좋고 나쁨 및 등급은 어떻게 구별하는지요?”

“제자야! 영계의 조상령들은 영적 투시 또는 가족의 꿈속에 나타난 모습과 용모 및 옷차림새로 현재 영적 상태의 편안함과 처참함 및 등급을 구별할 수 있느니라.”

“신령님! 모든 사람은 죽을 때 반드시 심판대에 서고, 살아 있을 때의 행실에 따라서 반드시 심판을 받는다는데 꼭 그러하는지요?”

“제자야! 모든 사람은 죽을 때, 살아 있을 때의 생각과 행실에 따른 심판을 반드시 받게 되고, 또한 반드시 상과 벌이 주어지니 그것은 누구도 피할 수 없는 지은 대로 받는 ‘인과응보’의 하늘법칙이니라.”

“신령님! 사람들은 죽을 때 ‘돌아간다’는 말은 무엇을 의미하는지요?”

“제자야! 모든 사람은 몸뚱이 속에 각자의 주인공 영혼들이 깃들어 있고, 각자의 영혼들은 몸뚱이가 죽거나 또는 필요 없으면 버리고 본래 살던 곳 영혼들의 세계로 다시 돌아가기 때문이고, 사람들의 인생은 영혼들이 잠시 깃들어 왔다 가는 ‘나그네’ 길이니라.”

“신령님! 사람이 죽을 때 복 받을 거야 또는 벌 받을 거야 등의 뜻은 무엇을 의미하는지요?”

"제자야! 모든 사람은 죽을 때 그 영혼은 오직 살아 있을 때의 선행과 악행의 '행업(行業)'에 따라서 정확히 구별이 되고, 냉엄한 심판에 따라 반드시 보상과 형벌이 주어지기 때문이니라."

"신령님! 일반신자들이 기도를 열심히 하면서 소망과 소원을 빌어도 기도응답이 없고 삶이 나아지지 않은 것은 무엇 때문인지요?"

"제자야! 기도응답이 없는 것은 자기 영혼과 믿는 신(神)이 전혀 맞지 않기 때문이니, 3년 이상 어느 종교와 신(神)을 믿었는데도 삶이 개선되지 않거나, 질병이 낫지 않거나 등등 기도응답이 없고, 오히려 손해와 실패·낙방·각종 사고·이혼·사별 등등 나쁜 일이 생기거든 미련 없이 믿는 대상을 바꾸어야 하느니라."

"신령님! 종교신앙과 공부 및 직업 등을 바꾸어도 되는지요?"

"제자야! 자기 자신에게 적합하지 않는 것은 바꾸어도 되느니라. 효과가 없는 약을 계속 복용하는 것은 가장 어리석은 바보이니라. 높은 산을 오르는데 산을 오르는 길은 동서남북 여러 갈래의 길이 있고, 자기 자신에게 가장 알맞은 길을 잘 선택하면 되느니라. 종교와 공부 및 직업은 삶의 목적이 아니고 잘 살기 위한 '방편'일 뿐이니라."

"신령님! 정말로 가난한 사람들은 어떤 신(神)을 찾아야 좋은지요?"

"제자야! 정말로 가난한 사람들은 하늘의 천복대신(天福大神)을 찾아야 하늘에서 '돈복'을 내려주느니라. 인생살이의 가치와 목표를 최우선적으로 가난의 고통에서 벗어나 사람대접을 받고 싶은 사람들은 모든 기도를 할 때 '천복대신(天福大神)'을 기도주문처럼 계속 외우면 꼭 부자가 되느니라."

"신령님! 세상의 모든 사건과 재앙들은 어떻게 일어나는지요?"

"제자야! 모든 사건과 재앙들은 자연현상 변화의 법칙과 인과응보의 법칙에 따라서 처음부터 멸망할 때까지 불가사의하게도 다 '예정'이 되어 있기 때문에 결코 피할 수는 없으니, 지구상의 일어날 사건과 재앙들은 그 사전 준비와 대비로 피해를 줄이는 방법밖에 없고, 그 사전준비와 대비를 잘 하라고 하늘의 전령자와 예언자 그리고 인도자를 내려 보내 주노니 그 가르침을 잘 따라야 하느니라.”

“신령님! 다음은 민족과 국민 그리고 국가의 미래를 위해서 가르침을 주실는지요?”

“제자야! 민족과 국가의 미래를 위해서는 교육정책과 인간계발 그리고 1,000년 계획과 100년 비전의 국가전략이 필요하느니라.”

“신령님! 바람직한 방법을 가르쳐 주실는지요?”

“제자야! 사람은 태어날 때 반드시 한 가지씩 저마다의 개성적 소질과 운명을 가지고 태어나기 때문에 각 사람의 타고난 소질과 지능 · 재능 · 성격 · 신체 · 미추 · 가치관 그리고 타고난 수명과 운때 및 운세에 따른 ‘천성소질운(運)인간계발’이 꼭 필요하느니라. 각 사람의 타고난 소질과 개성을 꼭 발견하여 반드시 ‘적성’에 맞게 계발시켜주고, 각 사람의 타고난 운명과 운세에 가장 적합한 ‘인생진로방향’을 잘 제시하는 교육정책과 스스로 선택을 잘 하도록 해주면, 각 사람 개인의 성공과 민족 국가의 발전을 함께 이룩할 수가 있느니라.”

“신령님! 인간사회의 대형사고와 자연재해 등등의 재앙과 국가의 정책 실패로 인한 막대한 피해와 손실을 막을 수 있거나 또는 줄일 수 있는 방법을 가르쳐 주실는지요?”

“제자야! 앞날의 미래예언은 점술가들이 전문가이니, 예언능력이 뛰어난 실력 있는 신통력의 점술가를 10명 정도 선정을 하고 국가자문위원으로 위촉하여 하늘에서 계시와 예시가 있을 때마다 중앙 집결 전화에 수시로 기록을 하도록 유도를 하고 그리고 컴퓨터와 전담요원으로 하여금 집계분석을 계속하도록 하여 정확한 준비 · 대비 · 대응을 잘 할 수 있도록 하는 '시스템'을 만들어 활용하면 대형사고와 자연재해 등등의 재앙 그리고 정책 실패로 인한 엄청난 피해와 손실을 절반으로 줄일 수 있고 또한 막을 수도 있느니라. 이 시스템은 기업경영과 국가경영 그리고 국가정보와 국가방위 그리고 모든 협상의 전략에도 큰 도움이 될 수 있느니라."

"신령님! 우리민족과 국가의 안정 및 평화 그리고 지속적인 발전을 위해서는 어떻게 해야 되는지요?"

"제자야! 국가의 안정을 위해서는 실익의 '외교'를 잘 해야 하고, 지속적인 발전을 위해서는 '친기업정책'으로 적극 기업활동 지원 및 수출확대 장려를 해야 하며, 국내적으로는 좌·우 및 진보와 보수 및 계층 간 그리고 집단 간의 갈등과 대립을 '소통'을 잘하게 하여 포용설득과 협의 및 합의 그리고 냉철한 합리적이고 일관된 정책과 통일된 비전 제시로 해결을 하고, 분배식 복지도 중요하지만 '성장발전'을 더 많이 꼭 해야 할 것인바, 생산과 성장이 없는 세금 나눠주기식 복지는 결국 함께 망하게 될 것이니라. 망하지 않으려면 민족과 국가를 다스리는 행정 및 통치와 정치를 잘 해야 하고, 평화를 위해서는 반드시 한반도전쟁을 막아야 하고, 글로벌 경쟁에서는 4차산업혁명을 위한 기술과 금융을 더욱 '발전'시켜야 하느니라."

"신령님! 행정 및 통치와 정치를 잘 하려면 어떻게 해야 되는지요?"

"제자야! 자질과 능력을 갖춘 인물들이 필요할지니, 애족애국심이 결여된 이중국적자와 직무능력이 부족한 자 그리고 민족관·역사관·국가관이 결여된 자 등등은 행정 및 통치와 정치에서 철저히 배제를 시키고, 최고지도자는 반드시 독선을 버려야 하고, 코드인사 발령을 줄여야 하며, 탕평책으로 소통과 화합 및 가슴으로 하는 '감동리더십'으로 그리고 통찰력과 미래비전 제시로 '국가방향'을 잘 이끌어야 하느니라."

"신령님! 사람들의 모든 질병으로 인한 고통과 가난 그리고 원한 서린 자살행위 및 각종 재앙으로 인한 사고와 죽음들 그리고 우리민족 남북 간의 적대관계의 근본들을 모두 해결할 수는 있는지요?"

"제자야! 해결할 수 있느니라. 인간은 영적 작용(靈的作用)을 하기 때문에 한반도 남북전쟁 때 이 땅에서 피를 흘리며 원한 많게 죽은 수많은 원혼들과 또한 각종 사고와 난치병 및 불치병 등등으로 원한 많게 죽은 수많은 원혼들을 잘 달래고 깨우치게 하고 영혼치유까지 하는 특수 도술법으로 '해원천도'를 잘 해서 서로 상생(相生)하도록 기도를 해주고, 또한 개운(改運)을 하면 나쁜 운 작용의 근본을 모두 해결할 수 있느니라. 그렇기 때문에 국사당(國祠堂)을 꼭 지어야 하느니라."

"신령님! 미래 우리민족과 국가를 위한 가르침을 더 주실는지요?"

"제자야! 민족과 국가가 비록 약소하더라도 미래사회는 결국 사람의 능력에 달려있으니 개인의 타고난 '천성소질계발'과 결코 무너지지 않는 강인한 '정신력'을 가진 민족성을 기르고, 하늘천손 배달민족은 본래부터 재주가 많고 부지런하고 그리고 신명이 강하니 명상·종교·기술·예술·예능 그리고 문화로 세계만방에 이름을 떨쳐 나아가면서 민족과 국가 그리고 개인까지도 앞날의 정확한 '미래예측'을 잘 해내고 그리고 준비와 대비를 철저히 잘 하는 '국가발전 장기계획'이 가장 중요하느니라. 더 이상의 가르침은 하산(下山) 후에 차차로 또한 필요하면 때때로 주어질 것이니라……."

나는 아쉽지만 신령님들과의 문답식 가르침이 끝나자 하늘과 신령님들께 삼배(三拜)로 큰절을 올리고 천등산(天登山) 산꼭대기 가장 높은 산봉우리를 내려옵니다.

해가 지고 있는 노을 진 석양 무렵에 산봉우리를 내려옵니다.

산(山)기도로 도(道)를 닦으면서 10년 동안 하루에 한 개씩 쌓아올린 돌탑은 내 키의 3배 높이만큼이나 높습니다.

나는 돌탑 앞에 서서 합장을 하고 돌탑을 올려다봅니다.

내 손으로 10년 동안 쌓아올린 나의 돌탑을 감회 어린 심정으로 한참 동안을 올려다보고 있습니다.

석양노을의 하늘에서 눈부신 흰 빛줄기가 돌탑을 향해 비춰옵니다.

하늘 빛줄기 속에서 황금색으로 눈부신 아미타불이 모습을 드러내시어 돌탑 꼭대기 위의 공중에 가부좌를 하고 앉으십니다.

"아미타불이시여! 가르침을 주실는지요?"

"제자야! 대광명의 전지전능자재로서 말하노니, 공들여 쌓아올린 이 돌탑은 영원토록 무너지지 않을 것이니라. 이곳 천등산(天登山)에서 오직 홀로 10년 동안 두문불출 토굴기도 천기신통초월명상으로 신(神)들의 가르침에 따라 인간 최고의 신통력으로 도통의 경지에 오른 도사(道士)가 되고 깨달음을 이룬 지존(至尊)에 올라섰느니라.

이곳 천등산(天登山)을 하산하거든 이 나라의 신령스런 명산인 유주산과 팔영산을 거쳐서 조계산 · 월출산 · 한라산 · 두륜산 · 무등산 · 내장산 · 모악산 · 계룡산 · 마이산 · 지리산 · 덕유산 · 가야산 · 금정산 · 영축산 · 팔공산 · 속리산 · 월악산 · 소백산 · 태백산 · 오대산 · 설악산 · 치악산 · 불암산 · 수락산 · 도봉산 · 삼각산 · 인왕산 · 관악산 · 남산을 직접 거쳐서 서울 중심으로 들어가도록 하여라.

세간의 사람들 속에 함께 살면서 인간계 최고의 신통술과 관상술 그리고 부적술과 도술을 방편으로 많은 중생들을 도와줄지니, 반드시 모든 종교 종파를 초월하여 구속과 걸림이 없는 해탈한 '대자유인'으로 살며, 교통이 편리한 서울에 터를 잡아 스스로 터득한 이 세상 최고의 기도와 명상법인 '신통술명상' 가르침과 타고난 각 개인의 천성소질재능을 발견하고 운(運)을 열어주는 '인간계발'을 잘 시켜주고 또한 '종합운명진단 및 상담' 등을 해주면서 인연이 닿는 대로 가르침을 많이 베풀도록 하고, 진실한 '하늘메시지'를 전하도록 하여라.

세상을 밝히는 참 지혜를 가진 도사(道士)로서의 삶의 길을 묵묵히 걸어가면 깨달음의 가르침을 받으려는 사람과 공덕을 쌓으려는 사람과 복(福)을 지으려는 사람들이 나타나 국사당(國祠堂)을 짓는 데 함께 동참을 많이 해 줄 것이니라.

사람들의 시주헌금과 후원금으로 백두대간의 최고 명당자리 두 곳에 '국사당'을 짓고 또한 남쪽 바닷가에 '용궁사'를 짓고 '산신암'을 짓는 등등 반드시 신전(神殿)을 많이 지어 천손의 배달민족이 살아가는 한반도 땅을 세계 제일 강한 기운(氣運)으로 꼭 만들도록 하여라!

제자는 이제부터 현시대 인간계 최고의 신통도술능력으로 중생구제와 영혼들 구원 그리고 대한국의 정신적 구심점을 위한 국사당 신전(神殿) 건립이 그 사명이니라. 잘 알아들었는가?"

"예! 잘 알아들었습니다."

"제자는 오직 홀로 도(道)를 닦아 스스로 깨우치고 깨달아 성도해탈을 하였으니 내가 너에게 '독성존자(獨成尊者)'로 인가하노라 ~~~

제자의 금생 수명은 120살까지이고, 다음 생은 하늘나라 '지혜천궁'의 천왕이 될 것이니라 ~~~"

아미타불의 모습과 음성이 사라지고 이제 고요함만 남습니다.

어두움이 드리워지고 있는 고요한 깊고 높은 산속에서 하늘을 올려다보고 있습니다.

하늘에서 내가 어릴 때에 자주 들었던 '하늘음성'이 하늘땅이 울리도록 큰 음성으로 또다시 들려옵니다.

"아들아! 하늘 산에서 하늘공부를 잘 하였느니라. 이제부터는 신(神)의 대행자 권능으로 사람들과 영혼들을 잘 구원해 주거라 ~~~"

나는 하늘에다 소리 내어 물어봅니다.

"내 어릴 적과 지금에 하늘음성을 들려주시는 분은 누구신지요? 모습을 보여주실는지요?"

"내 존재는 결코 모습으로 보여질 수 없느니라 ~~~"

"그러시다면 하늘음성으로 가르침을 주실는지요?"

"아들아! 혼(魂)이란 것이 영혼이 되고 혼령이 되는 인간들의 본체이고, 깨달음으로의 거듭남이 부활이며, 깨달음을 이룬 자유로운 영혼체가 곧 영생의 주체임을 잘 가르쳐 올바른 믿음과 함께 사람들과 영혼들을 잘 인도하고 구원하거라 ~~~"

"예! 잘 알아들었습니다."

나는 하늘의 천명(天命)을 받고 책임감을 느끼지만, 천기신통술기도명상으로 깨달음을 이루고, 하늘신(天神)들로부터 직접 인가와 인증까지 받았으니 너무나도 환희롭습니다.

나도 모르게 환희의 눈물이 볼을 타고 흘러내립니다.

동쪽 하늘에서 커다란 둥근달이 떠오릅니다.

밤하늘의 둥근달이 어둠의 대지(大地)를 환하게 비추어 줍니다.

나는 밤하늘의 둥근달을 바라보면서 눈물을 흘립니다.

마음은 즐거운데 눈에서는 눈물이 납니다.

나의 눈에서 눈물이…….

제17장
신통도술의 '초능력자'가 되어 하산(下山)을 한다

천등산에 들어와서 산(山) 밖을 한 번도 안 나가는 두문불출 10년 토굴기도로 대각(大覺)의 깨달음과 신통도술의 초능력을 얻고, 이제 하산(下山)을 하기 위해 준비를 합니다.

계절이 한창 무르익은 봄철이니 또다시 토굴 옆 산골짜기 비탈의 텃밭에 채소 씨를 심기 위해 땀을 흘리며 괭이질을 합니다.

여러 날 동안 땀을 흘리면서 괭이로 땅을 파 엎고 두둑과 이랑을 만들어 정성스럽게 채소 씨를 심습니다.

누가 먹든지 간에 산속의 텃밭에 채소 씨를 심어놓습니다.

내 스스로 넓은 마음 그리고 큰마음으로 마음을 씁니다.

이곳 천등산에 자동차가 통행할 수 있는 임도 산길이 생기고, 또한 옹달샘 토굴에서 큰 도사(大道士)님이 탄생했다는 입소문이 났으니, 누군가 또 인연 있는 사람들이 이곳을 찾아와 산(山)기도공부를 하게 될 것을 대비해서 깨끗이 청소를 해 놓습니다.

돌탑과 돌제단 그리고 옹달샘과 토굴에 한없는 고마움과 감사함으로 머리 숙여 마음 숙여 골백번 큰절을 올리고 동서남북 4방으로도 큰절을 올리고 그리고 이제 하산(下山)을 합니다.

새로운 삶의 목표로 유언과 유서를 남겨놓고 죽음을 각오하는 배수진을 치고 10년 동안 산도(山道)를 닦아 드디어 성도(成道)를 이루고 해탈 자유인 지존의 도사(道士)가 되어 이제 하산(下山)을 합니다.

하늘로부터 특명을 받고 죽을 때까지 도사의 신변을 보호해주고 또한 지시와 명령에 무조건 따르는 여러 명의 수호신장과 신령 그리고 동자들을 거느리고 천등산(天登山)을 내려옵니다.

하늘에서 승리의 축하 음악 소리가 들려오고 산 까마귀들도 머리 위를 날면서 까악~까악~ 축하를 해줍니다.

나는 승리자가 되어 축하를 받으며 산(山)을 내려옵니다…….

집 떠난 지 10년 만에 시골집 생가(生家)로 돌아옵니다.

많은 사람들과 친지 가족들이 나를 반겨줍니다.

한 사람 한 사람 손을 잡아주고 그리고 대청마루에 앉아 계신 육신의 어머님께로 가서 큰절을 올리며 문안 인사를 드립니다.

우리 어머님께서는 이제 허리가 굽은 백발노인으로 늙으셨습니다.

지금도 장독대의 큰항아리 위에 정한수를 떠올리고 계십니다.

손씨 집안으로 시집을 와 첫아이 임신 때부터 아이가 태어나고 자라서 어른이 된 지금까지 매일처럼 장독대 큰항아리 위에 정한수로 물 한 그릇을 떠올리면서 평생 동안 기도를 해 오셨습니다.

당신께서 시집온 손씨 집안과 당신께서 배 아파 낳으신 6남 1녀 7남매 자식들이 오직 잘되기만을 평생 빌어 오고 계십니다.

필자는 이 책을 가장 먼저 나의 어머님 안동 김씨 '김순애'님께 엎드려 받쳐 올리는 바입니다.

그리고 어머님의 7남매 자식을 대표해서 그러하신 어머님의 헌신적인 거룩하신 삶에 한없는 고마움과 존경심을 표하는 바입니다.

그러하신 어머님께서 이제 늙으시니 무릎관절과 허리와 골반 뼈가 아프다고 하십니다.

나는 자식된 도리로 직접 우주자연의 기운을 모아서 어머님의 아픈 곳을 의술통의 신통술로 정성껏 치유를 해 드립니다.

　우주자연의 생기(生氣)를 두손에 모으고 병 고침 주술진언의 신통술 '권능'으로 어머님을 치유해드리니, 20년 동안의 만성질병 고통이 기적처럼 깨끗이 나아버렸습니다.

　또한 시골 옆집에 살고 있고 어느 날인가부터 귀신이 씌워 시집도 못가고 늙은 부모가 항상 방에 가둬두고 있는 불행한 노처녀의 소식을 전해 듣고는 귀신을 떼어내서 정신이 멀쩡하게 만들어 주고, 다시는 그 몸속에 귀신들이 못 들어가게 몸에다 도술부적을 그려주었습니다.

　생가(生家)의 어머님 곁에 잠시 머물면서 가족 모두와 지인 그리고 인연닿아 찾아온 사람들에게 '신통도술'로 아픈 곳을 치유해주면서 그 사람에게 꼭 맞는 좋은 말을 한마디씩 해줍니다.

　나는 그 사람의 운명과 운(運)흐름에 꼭 맞는 '가르침'을 줍니다.

　그 사람의 타고난 운명을 종합적으로 분석하고 진단하여 현 시점에서 가장 합리적인 '가르침'을 직설법으로 말해줍니다.

　하루는 국회의원님의 소개로 찾아왔다면서 내가 머물고 있는 시골동네에 고급승용차 리무진을 타고 귀부인과 아가씨가 나타납니다.

　요즘 이곳 시골동네에 외지사람들의 고급승용차가 자주 찾아옵니다.

　고급 리무진 승용차를 타고 온 귀부인이 먼저 입을 열면서 자기가 찾아온 이유를 먼저 맞춰보라고 합니다.

　나는 나를 시험하는 이러한 무례함이 가장 싫지만, 멀리서 찾아왔고 또한 소개를 한 국회의원님의 체면도 있고 하여 빙그레 웃음으로 대하며, 신안(神眼)으로 손님의 얼굴을 유심히 살피면서 입을 엽니다.

　"여사님! 핸드백 속에 들어있는 두 사람의 사주와 성명이 적힌 종이쪽지가 보이니 꺼내 놓으시지요!"

그러자, 손님은 준비해온 종이쪽지를 꺼내놓습니다.

"어머니가 귀한 외동딸을 억지로 차에 태워서 강압으로 데리고 왔고, 혼인문제와 궁합을 보러오셨지요?"

"예! 도사님, 맞습니다요. 딸 결혼을 앞두고 신점(神占)을 잘 치는 무녀(巫女)를 찾아가서 궁합을 보았더니 나쁘다고 말하고, 철학을 잘 보는 역술원을 찾아가서 궁합을 보았더니 좋다고 말하는 등등 서로 상반된 반대의 점(占)을 쳐서 궁합을 서너 번씩이나 보고도 결정을 못 내리고 있습니다요. 영혼과 운명점을 최고로 잘 본다고 해서 두 사람의 궁합과 혼인의 가부를 결정지으러 왔습니다."

나는 먼저 육갑을 짚어보고, 두 사람의 사주와 성명을 풀어보고, 직접 찾아온 한 쪽의 당사자 얼굴에서 그 사람의 영혼과 타고난 애정궁 및 배우자궁을 아주 세밀하게 관찰을 하고, 두 사람의 각각 전생(前生)과 핏줄운내림까지 정확히 분석하여 각각의 타고난 천성과 결혼운 및 궁합을 동시에 봐주면서 혼인의 가부를 답해줍니다.

"따님은 점이나 철학을 볼 때마다 결혼을 늦게 시키라고 할 겁니다. 그것은 결혼운이 나빠서입니다. 두 사람의 궁합은 70점 정도가 되니 궁합자체는 조금 좋은 편입니다. 그러나 혼인은 절대로 시키지 않아야 합니다. 왜냐하면 남자의 타고난 사주팔자 운명에는 수명이 짧으며 재물이 없고, 여자의 타고난 사주팔자 운명에는 결혼이 두 번 들어 있으니 만약이 두 사람을 결혼시키면 여자의 나이 35세에 일찍 사별을 당하게 됩니다. 특히 여자 쪽의 사주팔자와 얼굴 관상에 95% 확률로 결혼운이 두 번 결혼으로 나타나 있기 때문에 궁합이 좋아도 이 남자와 결혼을 하면 운(運)이 크게 변동을 하는 대운(大運)이 5 숫자이니 35세에 사별을 당하게 됩니다."

"도사님! 그렇다면 우리 딸의 타고난 '평생운명'은 어떠한지 '종합운명진단'을 좀 해 주십시요."

나는 다시 한 번 신통관상법으로 당사자 아가씨의 얼굴관상과 영혼 모습 그리고 사주를 동시에 보면서 그 사람의 ① 전생 ② 핏줄내림 ③ 핏줄동기감응 ④ 풍수지리환경 ⑤ 운기작용 등등과 ⑥ 복(福) ⑦ 운(運) ⑧ 업(業) 그리고 ⑨ 살작용(殺作用) 등등을 종합분석해서 정확하게 타고난 '평생운명'의 핵심을 알기 쉽게 풀어서 가르쳐 줍니다.

"전생에 복(福)을 많이 지어서 금생에 부모 잘 만난 복(福)을 타고났으니 부유한 집안의 외동딸로 태어나 호의호식하고 또한 100억쯤의 재산상속도 받을 것이며, 운세도 강하여 후계자로 성공하게 됩니다. 하지만 타고난 사주팔자 운명 속에 욱! 하는 격정살과 고독살 · 재혼살이 들어 있으니 첫 번째 결혼은 반드시 실패를 당하고, 55세에 신경성 화병(火病)으로 쓰러지고 다시 회복이 된 후에는 자선사업가가 되고 75세에 죽게 될 것이며, 자식은 두 명을 두게 됩니다. 결혼운이 나쁜 것은 일찍 홀어머니가 되어 버린 모(母)계 어머니 쪽 나쁜 핏줄운내림 때문이니 결혼은 큰 변화의 대운에 맞춰서 35살에 하면 가장 좋고, 나이가 4살 차이 김씨 성을 만나면 결혼을 잘 하게 되고 더욱 결혼을 잘 하려면 타고난 나쁜 업살(業殺)을 꼭 소멸시켜 주길 바랍니다. 재물복을 타고 났으니 빈부귀천 중에서 부(富)에 속하고, 인생진로는 경영학을 더욱 공부해서 어머니 사업의 후계자가 되면 가장 좋습니다."

손님으로 찾아온 귀부인과 아가씨는 나의 점(占)치는 과정을 지켜보면서 점차로 자세와 말씨를 고치면서 태도가 아주 겸손해집니다.

지금까지 다른 곳과는 비교할 수 없을 만큼 명쾌하고 정확하게 종합분석을 해서 알기 쉽게 '운명점(運命占)'을 봐주니 진심으로 하나뿐인 외동딸의 타고난 운명 속에 들어있는 나쁜 업살(業殺)을 풀어서 개운(改運)을 해달라고 부탁을 해 옵니다.

"타고난 나쁜 운명을 바꿔주는 개운법(改運法)은 정말로 중요하다."

자기 전생과 부모로부터 태어날 때 타고난 운명 속에 들어있는 나쁜 운을 개운하는 방법은 원인과 현상 정도에 따라 ① 각종 살풀이 ② 업장소멸 ③ 원한조상 및 낙태아기해원천도 ④ 신(神)끼 제거 ⑤ 나쁜 핏줄운내림소멸 ⑥ 9수와 삼재풀이 ⑦ 대수대명 ⑧ 새로운 운 맞이 ⑨ 프로그램 재설정 등을 종합적으로 한꺼번에 동시에 행하는 하늘 천제(天祭) 또는 불공(佛供) 그리고 도술부적의 특수처방으로 '종합운명치료'를 통하여 개운(改運)을 할 수 있고, 운명치료의 처방은 각각의 사람과 각각의 운(運)에 따라 방법과 해법이 모두 다를 수 있습니다.

종합대학병원에서 의사가 질병에 걸린 환자의 원인과 상태에 따라서 치료를 잘 해 주는 것처럼 '운명치료'로 개운을 할 수 있는 것입니다.

이 손님의 경우에는 '특수도술부적' 처방이 가능하다고 판단되기 때문에 나는 손님이 지켜보는 앞에서 '주술진언'을 외우고 정신집중을 하여 신통력(神通力)으로 직접 '도술부적'을 그려줍니다.

수백억대의 큰 개인회사를 소유하고 있는 부잣집이지만 타고난 사주운명의 불운을 개운(改運)해 주는 '특수운명치료' 비용의 도술부적 값이 50만 원이라고 하니, 귀부인 손님은 기쁜 마음으로 비용을 지불하면서 부적효과가 있으면 '성공사례금'으로 국사당을 건립하는 데 꼭 시주 헌금하겠다고 약속을 하면서 내 명함을 받아들고 그리고 공손히 인사를 하고 딸과 함께 리무진을 타고 밝은 얼굴로 돌아갑니다.

손님이 보는 앞에서 신통력으로 직접 그려주는 '도술부적'은 그 효험이 분명하다는 진실을 가르쳐 드립니다.

밝은 모습으로 되돌아가는 손님들을 보면서 이것은 '환자를 치료해주는 의사처럼' 진짜 활인(活人)이구나 하고 생각을 해봅니다…….

요즈음 생가(生家)가 있는 이곳 시골동네에 외지에서 찾아온 사람들이 점차 많아지고 있습니다.

그러나 나는 하산(下山)을 할 때 하늘 신령님들로부터 천명(天命)을 받았기 때문에 이곳 시골 생가에 계속 머물러 있을 수가 없습니다.

또다시 길을 떠나기 위해 준비를 합니다.

어머님께 인사를 드리고, 하늘의 천명(天命)을 받들고자 우리나라의 신령스런 명산(明山)들을 찾아 남쪽에서부터 시작하여 북쪽으로 올라가면서 산행(山行)을 합니다.

고향의 가까운 유주산·팔영산·조계산·월출산·두륜산·무등산·내장산·모악산을 거쳐서 충청도 계룡산의 삼불봉으로 갑니다.

계룡산 삼불봉 바위 앞에서 삼칠일기도를 하고, 한반도 남쪽의 제일명산인 지리산의 천왕봉으로 갑니다.

지리산 아랫마을 중산리에서 산을 오르기 시작하여 법계사를 지나 가장 높은 천왕봉에 올라섭니다.

지리산 천왕봉에 실제로 오르고 산기도를 해보니, 지리산에 큰 도사님이 오셨다고 하면서 전쟁 때 죽은 혼령들과 사고로 죽은 혼령들이 구름떼처럼 몰려옵니다. 수많은 원혼의 혼령들이 피를 흘리고 헐벗고 굶주린 너무나도 불쌍한 모습으로 울부짖으며 하소연들을 해옵니다. 저 수많은 불쌍한 혼령들 속에는 먼 친척이나마 내 조상님도 끼어 있을 수 있고, 독자분의 조상님도 끼어 있을 수 있습니다.

억울하고 한 많게 죽고, 죽어서는 원한귀신이 되어 구천세계를 떠돌고 다니는 저 많고 많은 우리민족 동포 조상님들을 모두 다 해원천도시켜 드리고자 반드시 국사당(國祠堂)을 짓고 그리고 이 생명 다할 때까지 지장경·해원천도경 등을 독송하리라고 다시 한 번 더 굳은 각오와 함께 삶의 목표를 또 세웁니다.

하늘 신령님들께서 또 하명(下命)의 공수말씀을 내리십니다.

"백두대간 최고명당 지리산 아래 범왕리(凡王里)에 국사당을 짓거라! 억울한 원혼들의 해원천도와 불쌍한 선조혼령들을 모두 구제하거라! 국사당을 지어 민족과 나라의 '구심점'을 꼭 만들도록 하여라!"

"예! 그렇게 하겠습니다."

나는 지리산의 가장 높은 천왕봉에서 삼칠일기도를 하고, 지리산을 종주 횡단하여 반야봉과 노고단을 지나서 덕유산·가야산·부산 금정산을 거쳐서 대구 팔공산의 갓바위로 갑니다.

팔공산의 정상 갓바위 앞에서 삼칠일기도를 하고, 속리산·월악산을 거쳐서 소백산으로 갑니다. 구인사를 지나 연화봉에서 특별히 '상월선사'를 만나고, 태백산의 천제단(天祭壇)으로 갑니다.

자연석 돌로 쌓아올린 태백산 천제단에서 삼칠일기도를 하고, 오대산을 거쳐 설악산으로 갑니다.

설악산의 대청봉에 올라 인사를 하고 봉정암에서 기도를 합니다.

하늘 신령님들께서 또 하명(下命)의 공수말씀을 내리십니다.

"백두대간의 이곳 설악산 입구 도문동(道門洞)에 국사당을 짓거라! 국사당을 지어 민족과 나라의 '구심점'을 꼭 만들도록 하여라!"

"예! 그렇게 하겠습니다."

(필자는 훗날, 대한민국 신전(神殿) 국사당을 지을 터로 백두대간 설악산에 '강원도 속초시 도문동 산306번지' 면적 4만 평과 지리산에 '경상남도 하동군 화개면 범왕리 산100번지' 면적 2만 평을 매입해 두었는바, 누구든지 위 주소의 부동산 등기부를 확인해 볼 수 있음.)

나는 설악산에서 또 하늘의 계시를 받고 그리고 치악산을 거쳐서 드디어 서울의 불암산·수락산·도봉산을 거쳐 주산(主山) 삼각산 백운대로 갑니다.

서울의 자연 국립공원으로 지정된 삼각산 아랫마을 우이동에서 산을 오르기 시작하여 도선사를 지나 가장 높은 백운대로 갑니다. 삼각산의 백운대·인수봉·만경봉의 큰 바위 위에서 사방을 둘러보니 서울 시내가 한눈에 내려다보입니다. 삼각산 가장 높은 산봉우리 백운대의 큰 바위 뒤편 너머로 바위에 박아놓은 쇠줄을 타고 내려가 사람들이 다니지 않는 곳의 바위 아래에서 산기도를 합니다.

서울 삼각산의 남쪽 산줄기를 따라 평창동 뒤편의 보현봉 쪽을 둘러보니 기독교를 신앙하는 신자님들 수백 명이 산골짜기마다에서 날밤으로 통성기도(通聲祈禱)를 하고 있습니다. 요즘은 기독교의 기도원들이 산속에 많이 생기고 또한 많은 신앙인들이 산속에서 날밤으로 기도를 많이 하고 있습니다. '하늘의 명기(明氣)가 산(山)을 통해서 땅에 내린다'는 그 비밀진리를 아는가 봅니다. 노자와 석가모니 그리고 모세와 예수님을 포함한 목자와 수도자들이 모두 산도(山道)를 닦고, 산(山)에서 하늘의 계시를 받아 자연 속에서 우주자연의 진리를 깨달았던 사실과 진실들을 이제 아는가 봅니다.

이처럼 산도(山道)의 위력과 진실을 제대로 알게 되니 다행이라고 생각하면서 산(山)속에서 기도할 때는 미친 사람처럼 큰 소리로 하는 통성기도보다는 '정신집중'의 뇌파기도 또는 명상기도를 꼭 권유하고, 모든 수도자와 신앙인들 그리고 신(神) 제자들에게 신(神)과의 직접 교통은 '산기도(山祈禱)'에 있음을 가르쳐 드리는 바입니다.

그렇습니다.

필자도 과거의 위대한 스승 성자(聖者)들처럼 신(神)의 계시와 산기도를 통해서 도인(道人)이 되고 도사(道士)가 되었습니다.

오직 나 홀로 도(道)를 닦아서 대각(大覺)을 이루고, 신족통·타심통·숙명통·천이통·천안통·약신통 그리고 누진통까지 '7신통'을 이루어 삼계의 도사가 된 석가모니불처럼 필자도 '독성불(獨成佛)'이 되었습니다.

또한 하느님의 직접 하늘음성으로 이제부터 신(神)의 '대행자'로서 사람과 영혼들을 구제하고 구원하라는 천명(天命)도 받았습니다.

필자는 이제 모든 사람과 모든 종교를 '큰마음'으로 모두 다 포용을 하면서 방편도술로 참 진리의 가르침을 조용히 베풀 것입니다.

하늘신(天神)들께서는 인간들에게 "종교의 파당을 짓지 말라!"고 말씀하셨는데 어리석고 욕심많은 인간들이 파당을 지어서 기독교는 약 1만개의 교파가 생겼고, 불교는 약 1천개의 교파가 생겼습니다.

필자는 결코 종교의 파당을 짓지 않고 '모두 포용'을 할 것입니다.

방황하는 사람들에게는 길을 안내해주고, 가난한 사람들에게는 재테크를 가르쳐주고, 도(道)를 찾는 사람들에게는 깨달음을 주고, 그리고 현대의술로 못 고치는 정신병·귀신병·핏줄내림병·살(殺)맞은병 등 각종 '불치병 및 난치병'으로 고통 받는 사람들에게 병을 치유해 줄 것입니다.

약사불과 예수님이 권능으로 병고침의 신통기적을 행한 것처럼……

기독교 신앙인들이 가장 많이 산(山)기도를 하고 있는 서울의 삼각산 보현봉 산골짜기를 지나서 대통령궁이 있는 청와대의 뒷산 북악산을 살펴봅니다.

주산(主山) 삼각산의 기운(氣運)이 가장 강하게 흐르는 산줄기의 북악산 산신령님으로부터 북악산의 악(惡)기운과 청와대의 터기운 때문에 "한국 대통령들은 인생 종말의 운(運)이 모두 나쁘게 된다"는 무섭고도 정말로 중요한 비밀진실을 알아내었습니다.

그리고 이후 앞으로 5대까지의 대통령 성씨를 알아냈습니다.

하늘 신령님들께서 또 하명(下命)의 공수말씀을 내리십니다.

"훗날에 손도사가 삼각산과 북악산의 산신제 및 청와대 터의 터신제를 꼭 주관을 하거라! 또한 청와대 뒷편에 작은 '원당'을 하나 꼭 짓거라!"

"예! 대통령이 도움을 청하면 그렇게 하겠습니다."

삼각산 백운대에서 삼칠일기도를 하고, 청와대 옆산에 위치한 인왕산 선바위로 갑니다. 인왕산 선바위 옆 '인왕산국사당'에 계시는 무학대사가 나타나고 '이제부터 손도사를 따라다니겠다'고 말씀을 해주십니다. 인왕산국사당 무학대사와 함께 관악산 연주대를 거쳐서 서울 한복판의 남산(南山)으로 갑니다.

서울 남산 꼭대기에서 사방을 둘러보면서 대통령 집무실 청와대와 그 뒷쪽의 북악산을 유심히 바라봅니다. 그리고 서울성곽을 쭉~ 살펴 바라보면서 4대문의 수문장신(守門將神)께 알리고 나서 남산을 내려와 서울 중심가 종로통으로 들어갑니다.

한반도 남쪽 땅 끝 전라남도 고흥의 천등산을 하산(下山)하여 남쪽에서부터 시작하여 금수강산 이 땅의 대표적 영산(靈山)산신령님들께 두루 인사를 올리고 또한 명기(明氣)를 받으면서 드디어 하늘 신령님의 가르침에 따라 서울로 들어옵니다.

지난 젊은 날의 나에게 삶의 좌절과 절망의 고통을 안겨준 그곳으로 약 10년 만에 다시 나타납니다.

하늘과 신(神)들의 계시로 새로운 삶의 가치관을 가지고, 새로운 삶의 목표와 새로운 삶의 방법으로 다시금 삶의 도전을 위해 나를 넘어뜨린 그곳에 또다시 나타납니다.

커다란 희망과 위대한 꿈을 가지고서……

제18장
모습을 바꾸고 '중생구제'의 길로 나아간다

중생구제와 구원의 길로 나아간다…….

오랜 세월 동안의 기도 및 수도생활로 머리칼과 수염을 한 번도 자르지 않으니, 머리칼은 기다랗게 자라서 등허리까지 내려오고 수염도 기다랗게 자라서 앞가슴까지 내려옵니다.

남루하고 이상한 옷차림에 커다란 배낭을 짊어지고 서울 중심가 종로통 뒷골목의 오래된 여관으로 들어섭니다.

서울 종로통 뒷골목의 오래된 여관에 임시 숙소를 정합니다.

다음날 동대문시장에서 어울리는 생활한복을 두 벌 구입합니다.

그리고 다음날은 탑골공원 돌담장 담벼락옆 길바닥에 돗자리를 폅니다.

이상한 모습으로 길바닥에 돗자리를 펴고 앉아있으니, 지나가는 사람들이 이상한 눈길로 쳐다보기만 할 뿐 앉지를 않습니다.

하루 종일 동물원의 원숭이처럼 사람들의 구경거리가 되고 있는데 나의 수호신(守護神)이 거둬치우고 동대문시장으로 가자고 합니다.

동대문시장에서 양쪽 팔 길이만큼 길이의 흰색 천을 구입하고, 또 문방구점에서 검정색 매직펜을 사들고 여관방으로 돌아옵니다.

여관방에서 나의 수호신이 가르쳐 주는 대로 흰색 천 위에다 검정색 매직펜으로 직접 사람의 얼굴과 손금을 그려 넣고, 얼굴그림 속에 여러 가지 명칭과 숫자 및 운(運)을 표시하고, 손님을 끌어 모으고 재수운을 불러들이는 '도술 부적(道術符籍)'을 함께 그려 넣습니다.

얼굴과 손금 관상도를 완성해 놓고 자세히 들여다보니 상당한 실력의 작품이기도 합니다.

다음날 또다시 탑골공원으로 나가 길바닥에 돗자리를 펴고 등 뒤의 벽에는 내가 그린 얼굴과 손금 관상도(觀相圖) 그림을 걸어 놓으니 지나가는 사람들이 한 사람 두 사람 모여들기 시작하더니 많은 사람들이 모여 듭니다.

탑골공원에 길거리 도사(道士)가 출현하여 신통술과 관상술로 '운명점(運命占)'을 잘 맞춘다는 입소문이 퍼지면서 사람들이 모여듭니다.

때로는 내가 나오기 전에 손님들이 먼저 나와 선착순으로 길거리에 줄을 서 있기까지도 합니다.

나는 길거리 도사(道士)로부터 또다시 출발을 하지만, 인생살이는 장거리 달리기와 같기 때문에 계획을 세우고 지혜를 발휘하면서 현재의 상황에서 최선의 방법과 노력을 해 갑니다.

낮에는 길거리 도사(道士)로 탑골공원에서 점(占)을 봐주고, 밤에는 변장을 하고 동대문시장과 종로통에서 새로운 사업을 시작하며 정말로 열심히 투잡·쓰리잡으로 하루 17시간씩 일을 합니다.

또한 내 자신의 태어난 사주를 가지고 직접 '주술진언'을 말하면서 신통력으로 '도술부적'을 그려 지갑 속에 넣고 다닌 효험으로 귀인과 후원자를 만나고, 길거리 점쟁이 생활 1년 만에 태릉지역에 위·아래 2개 층 아파트를 마련해서 임시숙소 여관생활로부터 탈출을 합니다.

다시금 내 집이 생겼으니 아파트 윗층은 살림집으로 꾸미고, 아랫층은 소음방지를 해서 상담실 겸 법당(法堂)을 꾸밉니다.

종로 3가 고려만물사에서 금불상과 금두꺼비상을 구입해 옵니다.

큰돈을 들여서 하늘신(天神)들의 천상도 그림 종합 탱화를 특별주문을 해오고, 그리고 황금불상과 황금두꺼비상에 직접 점안식(點眼式)을 하면서 기운(氣運)을 불어 넣습니다.

아미타불께서 하명(下命)의 말씀을 내려주십니다.

"제자야! 이제 기다랗게 자란 머리칼과 수염을 깎아버려라! 새로운 삶의 큰 목표를 위해서는 장기계획을 세우고, 정확한 미래운을 예측하면서 때로는 신념으로 살고, 때로는 초월자유로 살면서 입산수도할 때의 초심(初心)과 신(神)들과의 약속을 잊지 않도록 하여라!"

"예! 하오나, 이 몸은 종교를 초월해서 종파도 없고 인간스승도 없는데 머리를 깎으려면 누구를 찾아가면 좋겠는지요?"

"제자야! 도사의 머리를 깎아줄 만한 큰 사람이 없으니 신(神)들이 지켜보는 앞에서 본인이 직접 깎도록 하여라!"

"예! 잘 알겠습니다."

밖으로 나가 종로 3가 세운상가에서 가위 · 전기자동이발기 · 면도기 등을 사들고 옵니다.

나는 법당에 새로이 청수를 올리고, 향을 사르고, 절 3번을 올리고 나서 아미타불과 신령님들께 말씀을 올립니다.

"오늘 또다시 600년 만에 하늘로부터 천계(天戒)를 받으니 아미타불이 은사(恩師)가 되어 주시고, 여러 신령님들은 증명법사(證明法師)가 되어 주시길 바랍니다."

도(道)를 닦느라고 오랜 세월 10년 동안 한 번도 자르지 않은 기다랗게 자란 머리칼과 수염을 마지막으로 가지런히 빗어봅니다.

그리고 거울 앞에 무릎을 꿇고 앉아 거울 속의 내 모습을 바라보면서 기다란 머리칼을 가위로 싹둑~싹둑~ 잘라버리고 전기자동이발기로 빡~빡~ 깎아버립니다.

기다란 수염도 가위로 싹둑 ~ 싹둑 ~ 잘라버리고 면도기로 쓱싹 ~쓱싹 ~ 깎아버립니다.

나는 많은 신령님들이 지켜보는 앞에서 내 손으로 직접 내 머리를 깎아버렸습니다.

아미타불과 신령님들께서 또 직접 말씀을 내려주십니다.

"이제부터는 과거 전 전생(前前生) 때 나라의 국사(國師)급 큰절의 방장 큰 스님일 때 사용했던 법명 태산(太山)을 그대로 사용하거라!"

"또한 금생의 핏줄인연은 '손씨'성으로 태어났으니 '손도사'를 사용하고, 차차로 국사당(國師堂)이란 칭호를 사용하거라!"

하늘에서 직접 법명과 닉네임을 내려주십니다…….

(과거에도 현재도 한국땅에서 은사스님 및 계사스님이 없이 석가모니처럼 홀로 도(道)를 닦아 하늘의 아미타불께 직접 '독성존자'의 인가를 받은 사람은 유일하게 '태산선사'뿐이라는 사실적 진실을 가르쳐줍니다.)

나는 몸과 마음의 자유 그리고 영혼의 자유를 위해서 외모와 유행·복잡스러움·신경쓰임들로부터 모두 초월을 합니다.

머리칼과 수염을 깨끗이 깎아버리고, 의복도 생활한복을 입으니 생활이 아주 편리합니다. 법당(法堂)을 모시고 살고 있는 곳이 서울시내 중심에서 동북쪽으로 '태릉지역'이고, 서울 지하철 1호선과 6호선의 '석계역' ③ 번 출구 앞의 큰 도로가에 위치하고 있는데 어떻게든 알아보고 또는 입소문을 듣고 매일같이 손님들이 찾아옵니다.

요즈음 필자는 머리를 깎은 모습이고, 생활한복에 먹물색 조끼를 걸치고 염주를 걸고 있으니 처음 찾아온 손님들은 선생님이라 부르기도 하고, 도사님이라 부르기도 하고, 선사님이라 부르기도 합니다.

그러나 나는 호칭을 어떻게 부르든 별 신경을 쓰지 않습니다.

오늘도 어제처럼 법당(法堂)에 청수를 올리고 아침 예불을 올리고 나서 잠시 명상을 하고 있는데, 아미타불께서 오늘은 손님 5명이 올 것이니 상담을 잘 해주고 특히 두 번째 중년남자 손님은 멀리 대구에서 KTX를 타고 서울까지 올라오고, 네 번째 젊은 여자 손님도 멀리 부산에서 KTX를 타고 서울까지 올라오는데, 이 네 번째 젊은 여자 손님을 잘 봐 주도록 하라고 하십니다.

오늘의 네 번째 손님은 40세의 젊은 여자 손님이고, 멀리 부산에서 서울까지 필자가 앞전에 저술한 책을 읽고는 만사를 제쳐 놓고 찾아왔다고 말하면서 현관출입문으로 들어옵니다.

얼굴도 미인이고 지성인처럼 보이나, 눈매가 매섭고 웃음이 없는 차가운 인상이 풍기는 모습입니다.

"조용히 들어오시고 편안하게 앉으세요! 커피와 녹차가 준비되어 있는데 어느 걸로 드시겠습니까?"

손님이 커피를 선택하기에 골드커피 한 잔을 건네줍니다. 손님이 먼저 5만 원짜리 한 장을 복채함에 넣으면서 한 사람 보는 데 시간을 얼마나 주느냐고 물어봅니다. 한 사람 또는 한 번 보는데 1시간씩 시간을 드리고 있으니 편안히 커피부터 한잔 드시고 시작하자고 말해 줍니다.

찾아온 손님이 먼저 말을 합니다.

"손도사님은 운명점(運命占)의 최고대가로 영혼과 전생까지 함께 보면서 운명진단을 잘 하신다고 하시니 '운명점'을 좀 봐주세요!"

나는 손님의 얼굴 관상을 먼저 자세히 살펴봅니다.

먼저 얼굴모습과 눈을 보면서 신통관상과 관심법(觀心法)으로 마음씨와 영혼 모습 그리고 전생(前生)을 함께 살펴봅니다.

손님이 무심코 들어올 때의 행동기운과 한마디 말을 건네면서 목소리 기운은 이미 분석되었으니, 영혼모습으로 전생을 분석하고 또 다른 영혼이 붙어 있나 없나 관찰을 합니다.

그리고 항상 하는 방식대로 손님의 나이와 이름을 물어보고, 신통관상술로 동시에 종합분석 진단하여 10여 항목의 '운명진단표'를 적어놓고, 그 사람의 타고난 운명을 알기 쉽게 풀어서 운명점(運命占)을 봐 주는 방법으로 핵심적 종합운명진단을 말해 줍니다.

"얼굴도 미인이고, 공부도 많이 하고, 욕심도 많고, 두뇌로 일하는 전문직을 가진 골드미스이구먼. 그러나 타고난 운명 속에 격정살이 들어 있어 성질이 사납고, 상심살이 들어 있어 마음고생 상심을 계속 당하고, 손재수가 들어있어 어쩔 수 없는 운 막힘으로 두 번씩이나 큰 금전손해를 당하고, 재혼살이 들어 있어 일찍 결혼하여 첫 결혼은 이미 이혼을 당했고 또 이별을 당할 팔자구먼. 지금 올해의 운수는 3년 동안 마음 주고 몸까지 주면서 공들이며 사귀어온 남자한테 차일 운수이며, 이미 90% 정도 버림을 받고 있구먼. 여자에게 가장 중요한 결혼운을 나쁘게 타고 났어. 자네의 영혼이 지금 불안해하고 아주 슬픈 모습으로 보이는구먼. 내가 봐주는 운명진단과 올해의 지금 운수가 맞아? 틀려?"

나는 가끔씩 대상의 기운에 따라서 말투가 바뀌기도 합니다.

의사가 환자를 정확히 진단하는 것처럼, 운명진단은 직접 대면을 하고 있는 손님의 면전에서 무조건 정확히 잘 맞춰야 합니다.

손님이 맞다고 면전에서 공감을 해야 잘 맞추는 것입니다.

"도사님 말씀이 너무나 정확히 다 맞습니다. 36세에 성격 차이로 이혼을 당했고, 현재 투자한 주식이 반 토막이 되어 10억쯤 날리고, 지금까지 3년 동안 마음 주고, 몸까지 주고, 공들이면서 재벌 3세와 서로 재혼을 조건으로 사귀어 왔는데 이제 와서 자꾸 결혼을 미루면서 버리려고 하니 어떻게 하면 좋을까요? 혹시 좋은 해법과 비방이 있으면 좀 가르쳐 주세요!"

사람의 운명은 태어날 때 이미 90% 이상 '프로그램화'되어 진행되고 있기 때문에 이 손님도 눈뜨고 나쁜 운명에 당하고 있는 것입니다.

"자네는 다른 여자와 비교할 때 아내감으로 전혀 부족함이 없어. 다만 타고난 사주 운명에 나쁜 살(殺·煞)이 많아서 운이 나쁠 뿐이야."

"도사님, 개선점과 처방 그리고 지혜를 좀 가르쳐 주시면 가르쳐 주신 대로 다 하겠습니다."

"자네 스스로 할 수 있는 개선점은 자네의 매서운 눈매와 차가운 인상을 언제나 미소 짓는 모습으로 얼굴 표정부터 고치고, 좋은 마누라가 되려면 여우꼬리 3개쯤을 가진 애교짓 좀 하도록 노력을 하고, 그리고 자네의 타고난 운명 속에 들어있는 격정살·상심살·손재수·재혼살 등등을 살풀이와 업장소멸로 운치료를 해주면 성격도 좋아지고, 손해를 당한 주식투자도 회복이 되고, 재벌 3세와 결혼도 할 수 있고, 운(運)이 좋게 개운이 되면 행복하게 잘 살게 될 거야."

"도사님, 사람들의 운명과 운을 나쁘게 작용시키는 나쁜 살(殺·煞)은 모두 몇 가지 정도나 되는지요?"

"사람들의 운명과 운을 나쁘게 작용시켜 해치는 나쁜 살(殺·煞)을 모두 가르쳐 주면 기절초풍할 만큼 놀랄 거야."

"도사님, 사람을 해치는 나쁜 운명작용의 나쁜 살(殺·煞)의 이름들을 좀 가르쳐 주실는지요?"

필자는 이 책을 읽은 독자분들에게만 사람이 태어날 때 그리고 살아가면서 나쁜 기운작용을 하는 나쁜 살(殺·煞)의 이름들 약 170가지를 여기에 '세계 최초로 공개'를 합니다.

겁살 재살 천살 지살 년살 월살 일살 시살 육합살 육해살 해패살 상극살 중천살 중음살 구천살 황천살 안환살 관물살 독패살 장애살 방해살 장해살 오귀살 객신살 빈천살 멸문살 극부살 상처살 옥녀살 단독살 천궁살 지궁살 비명살 횡사살 산신살 용신살 곡성살 주당살 상문살 원진살 상충살 상파살 상해살 삼형살 자형살 유혼살 절체살 절명살 공망살 복단살 자살살 요절살 단명살 고독살 고립살 공방살 격정살 과격살 관재살 구설살 망신살 칠패살 삼패살 낙휴살 낙방살 삼신살 호해살 팔란살 손재살 실물살 실패살 파산살 군웅살 음양살 황혼살 휴증살 천옥살 지옥살 감옥살 옥갑살 옥추살 모육살 백마살 사시살 방위살 삼재살 9수살 죄악살 왕목살 동목살 동토살 동법살 천관살 지관살 지패살 구마살 허용살 처첩살 창부살 창녀살 도화살 화개살 병부살 부정살 곡각살 관절살 뇌골살 안질살 비염살 후두살 천식살 신경살 림프살 중풍살 치매살 탕화살 홍염살 부벽살 고초살 마비살 타살살 비명살 급살 충살 병살 객신살 간질살 서낭살 삼승살 적두살 우환살 패사살 원억살 흉신살 모욕살 훼손살 파괴살 행업살 송법살 성육살 호구살 익수살 추락살 범과살 범하살 애환살 암석살 애명살 사범살 삼패살 횡액살 소색살 망고살 귀혼살 식신살 고신살 과숙살 상남살 상녀살 백호살 자궁살 상심살 근심살 비관살 염세살 우울살 조울살 자폐살 중얼살 환청살 영매살 조현살 빙의살 방종살 방탕살 이별살 별거살 이혼살 재혼살 저능살 맹신살 추종살 오구방살 삼살방살 대장군방살 조객방살 원귀살 악귀살 요귀살 수비살 영산살 허주살 좀비살 등등……

사람들의 운명과 운을 나쁘게 작용시키는 나쁜 살(殺·煞)이 이렇게도 많은바, 세상살이는 아는 만큼 보이는 법이니 모르면 두 눈을 뜨고 나쁜 운에 당할 수밖에 없는 것입니다. 두 눈을 뜨고 사기를 당하고, 피해를 당하고, 파산을 당하고, 이혼을 당하고, 또한 눈뜨고 망신살 및 관재수로 세무조사·검찰수사·감옥살이를 하고, 또한 눈뜨고 정신병에 걸리고, 눈 뜨고 암에 걸리고, 눈뜨고 각종 사고로 비명횡사를 당하고, 또한 설마 괜찮겠지 하다가 두 눈을 뜨고 핏줄내림병에 걸리고 등등 운이 나쁜 사람들은 모두 눈을 뜨고 '날벼락'을 당합니다.

사람의 운명은 자기 영혼의 전생과 자기 조상부모님의 인과응보와 업

(業)내림이 하늘 법칙에 따라 태어날 때 사주팔자 운명으로 이미 90% 이상 '프로그램화' 되어 있기 때문에 모든 사람들은 자기 자신의 타고난 '사주운명'을 평소에 꼭 알아두어 준비와 대비 그리고 예방과 치료만이 '최선의 해결책'임을 자신있게 공개하는 바입니다.

손님이 정색을 하면서 계속 묻습니다.

"도사님, 그럼 어떻게 하면 되는지요?"

"사람의 타고난 나쁜 운명은 의사가 환자를 먼저 진단을 하고 그리고 치료를 하듯, 반드시 살풀이와 업장소멸 등으로만 '치료개운'을 할 수 있기 때문에 하늘신(天神)들께 천제(天祭) 의식을 통하여 나쁜 '살풀이'와 업장소멸의 '업풀이' 그리고 핏줄적 관계 원한조상과 낙태아기 해원천도의 '원한풀이'와 10년에 한 번씩 걸리는 '삼재풀이' 및 '9수풀이' 등을 한꺼번에 '종합운명치료'로 모두 해결해 버리면 자기 전생과 조상의 업(業) 그리고 나쁜 신수까지 함께 해결되면서 운(運)이 열리게 되는 거야."

"도사님, 1년 전에 조상점을 보는 무녀보살님한테서 조상굿만 하면 잘된다고 하여 구렁이 알 같은 돈을 들여서 나름대로 조상굿을 했는데 좋아지기는커녕 오히려 나빠졌습니다.

또한 불교를 믿는 불자(佛子)이기 때문에 다니는 큰절에서 스님 권유로 천도재도 올렸는데 역시 아무런 효험이 없었습니다. 그러한 것들과 도사님의 '종합운명치료 천제불공'과는 어떤 차이인지요?"

"질문을 하나 하지, 조상점을 보는 무녀보살이 자네의 운명진단을 나만큼 정확하게 봐주지 못하고 그냥 두루 뭉실 조상 탓만 말을 했을 것이고, 또한 다니는 큰절의 스님은 자네의 사주운명도 볼 줄 모르고 또한 운명진단도 해주지 않고 그냥 조상천도재를 한 번 해주라고 권유했을 것이니, 돌팔이 의사가 큰 병에 걸린 환자를 정확한 진단도 없이 엉터리로 수술을 하는 것과 같은 거야.

분명히 그렇게 했을 거야. 내 말이 맞아? 틀려?"

"도사님 말씀이 다 맞습니다. 조상점을 보는 무녀보살님은 점도 잘못 보면서 조상탈이라고 말하면서 조상굿만 시켰고, 다니는 큰절의 스님은 아예 점도 못 보면서 조상천도재만 시켰습니다."

대다수의 무녀보살님과 일반스님들은 그렇게들 하고 있습니다. 병원이 동네의원급·동네병원급·대학병원 및 최상급병원이 있는 것처럼, 운명상담가도 3류급·2류급·1류급 등의 등급이 있으니 1류급을 꼭 찾아가야 하고, 필자처럼 1류급 전문운명상담가는 가장 먼저 찾아오는 손님들의 '종합운명진단'을 정확하게 해 줍니다.

"훌륭한 의사 선생님이 먼저 정확한 진단을 하고 질병의 원인을 알아내어 환자를 치료해 주는 것처럼, 나는 각 사람의 타고난 운명을 정확히 분석하여 '종합운명진단'을 하고, 나쁜 운의 원인을 모두 알아내어 '살풀이'와 '업풀이' 및 낙태아기해원천도와 조상해원천도의 '원한풀이' 및 신끼있는 사람의 신끼 제거인 '신풀이' 및 칠성줄 수명이음의 '명다리' 그리고 '9수풀이와 삼재풀이'및 아기가 안 생긴 사람의 '삼신맞이' 및 궁합이 안 맞은 사람의 '합궁비방' 그리고 핏줄대물림 우환소멸과 각종 정신병·귀신병·불치병 등의 '특별치유' 그리고 '재수 운맞이'를 해주면서 그 사람의 소망 및 소원에 따라 새로운 '운명프로그램재설정'까지 등등을 한꺼번에 정확히 '종합운명치료'로 개운(改運)을 해주고, 그렇게 해야 가장 합리적이고 또한 100%까지 정확히 할 수 있는 거야."

(현재 우리나라에서 필자처럼 운명종합진단과 운명치료를 할 줄 아는 능력자가 있으면 필자가 1억 원 현상금을 내걸겠습니다. 아직은 유일하게 필자만 할 줄 알고, 또한 필자의 지적재산권입니다.)

"도사님의 정확한 운명진단이 너무나 공감이 가고 또한 국사당 건립과 용궁사 불사란 좋은 일을 추진하는 것도 공감을 하니 앞으로는 대도사

(大道師)이신 손도사님을 믿고 따르고 가르쳐 주시는 대로 하겠습니다.
반 토막으로 큰 손실을 보고 있는 주식 투자가 화장품과 신약개발 그리
고 반도체 및 4차 산업을 준비하는 IT신기술 등 분야에서 손도사님이 직
접 '신통점괘'로 찍어준 기업의 주식이 대박이 나거나 또는 3년 동안 공
들인 재벌 3세와 재혼 성사만 잘되면 도사님이 추진하신 신전(神殿) 국
사당 건립에 물심양면으로 후원을 하겠습니다. 우선 운치료 개운 목적의
하늘제사 기도날짜부터 잡아주세요."

하늘신(天神)들께 올리는 '특별하늘제사'는 인간으로서 하늘신(天神)들
께 올리는 최선의 공양의식이고, 조상님들께 올리는 최고의 효도의식이
며, 자신에게는 평생 한 번뿐인 최고 최선의 개운방법의식입니다.

타고난 운명과 운이 나쁜 사람들에게만 적용되는 '운명치료'는 평생에
딱 한 번만 하면 됩니다…….

멀리 부산에서 서울까지 필자를 찾아온 젊은 여자 손님은 하늘제사를
올리는 기도 준비금을 특별히 하늘의 극락왕궁 주재신 아미타불 앞에 올
려놓고 소원 3가지를 빌고 여러 번 절을 하고 그리고 활짝 웃는 밝은 표
정으로 되돌아갑니다.

혹시나 불교 신도가 아닌 사람들은 절을 하지 않아도 됩니다.

또한 타고난 운명과 운이 좋은 사람은 운치료가 필요 없습니다. 운치료
와 개운이 필요한 사람은 손님 10명 중 1~2명 정도입니다.

나는 아미타불을 바라보며 이심전심법으로 말씀을 나눕니다.

저 처자가 주식투자 대박 또는 재벌 3세와 결혼 성사만 잘되면 배우자
남편감 잘 붙잡아서 상류인생으로 신분상승을 할 수 있을 텐데?!…….

아미타불께서 고개를 끄덕여 주십니다.

사업가들이 큰돈 비용을 먼저 쓰면서 로비를 하듯, 아주 지혜로운 사람
들은 신령님들께 하늘제사를 올리면서 로비를 잘 할 줄 압니다.

소심하고 어리석은 사람은 로비를 할 줄 모르고 또한 비용을 안 쓸려고 합니다.

비용을 잘 쓰면 큰 이익이 생기고, 비용을 쓰지 않으면 전혀 이익도 생기지 않으니, 이것도 투자효용의 법칙이고 인과의 법칙입니다.

참고로, 독자분들이 가끔 필자에게 '하늘제사'의 방법으로 천제(天祭)의식과 불공(佛供)의식의 차이를 묻는 것에 답을 드립니다.

천제(天祭)의식은 비불교인과 기독교인들에게 해당되고, 불공(佛供)의식은 불교인들에게 해당되지만, 필자는 '대제사장'으로서 당사자에게 가장 적합한 제(祭)의식을 정확하게 대행을 해줍니다.

기독교에도 구약시대부터 5가지의 제사를 지냈었는바, 소제·번제·속죄제·화목제·속건제 등이 있고, 그중에서 속죄제는 살풀이와 업장소멸에 해당되는 것입니다.

세상의 모든 종교는 그 나름대로의 '제사의식'을 다 행하고 있습니다.

필자는 치유자 겸 대행자로서의 사명에 충실하기 위해서 국가·민족·인류 차원의 큰일과 그리고 개인의 작은 일을 엄격히 구분을 하면서 사랑과 자비로 사람들의 죄사함과 운명을 바꿔주고 있습니다.

필자는 이제 모든 영혼들의 스승 영사(靈師)겸 좋은 길로 인생 안내를 잘 해주는 스승 도사(導師)이기 때문에 평생 동안 신용과 명예를 걸고서 직접 '운명진단'을 먼저하고, 그리고 진실되게 인생상담·자문·컨설팅을 해주고, 병원에서 못 고치는 귀신병과 불치병 그리고 핏줄대물림우환과 수명이 짧은 집안의 수명장수개운 등등 '특별치유'를 해주면서, 모든 비용은 부자층·상류층·중산층·서민층으로 '차등적용'을 하고 또한 예방과 치유 그리고 긴급함과 중요함 정도에 따라서 구분적용을 잘 해주고 있습니다.

특히 타고난 사주에 결혼운이 나쁜 사람의 '결혼운 개운'과 수명이 짧은 사람의 '수명운 개운'은 정말 중요합니다.

 오늘 하루도 사전에 '상담예약'을 해 놓고 찾아온 손님 5명은 멀리 떨어진 지방도시에서 서울까지 찾아온 손님들이고, 아주 중요한 문제들을 잘 해결하기 위해서 또는 잘 살기 위해서 또는 자기 자신의 타고난 사주 운명을 미리 알아두기 위해서 등등 각각의 '사연들'을 가지고 찾아온 손님들이기 때문에 필자는 최선의 노력으로 정성껏 운명진단과 인생상담 및 컨설팅 등을 해주고, 또한 전생과 조상의 업(業)내림으로 발생된 각종 불치병 및 난치병 등을 '치유'해 주고, 때로는 개인들에게 특별한 하늘의 '메시지'를 전달해 주기도 합니다.

 필자는 오늘도 필자를 찾아온 사람들이 저마다의 타고난 운명과 인생 방향성 및 직업운·취업운·승진운·사업운·재물운·질병과 수명운·궁합과 결혼운·노년운·선거출마운·출세운·이름작명 및 개명·꿈해몽 그리고 기(氣)치유 등을 잘 해결하고 그리고 밝은 표정으로 되돌아가는 모습들을 보면서 새로운 '삶의 보람'을 느껴봅니다.

 이제 오늘 하루일과도 끝났으니, 커피 한 잔을 마시고 잠시 산책과 운동을 하러 법당(法堂)을 모시고 있는 아파트를 나섭니다. 필자가 운명상담을 하고 있는 곳은 서울 태릉선수촌과 육군사관학교 화랑대 근처 서울 노원구 월계 3동 930번지 우남아파트 101동 201호(도로명 새주소 : 서울 노원구 화랑로 355, 101동 201호)이고, 서울지하철 1호선과 6호선의 '석계역' ③번 출구 3m 앞 큰 도로가에 22층 높이로 우뚝 서 있고, 바로 옆에는 '월릉교'다리가 있고, 100m쯤 길이의 '월릉교' 다리를 건너면 지하철 7호선 '태릉입구역'도 가까워 전철교통이 아주 편리한 곳이고, 자동차 접근과 아파트 내에 주차도 아주 편리합니다.

 필자가 주로 상담을 하고 있는 곳은 서울시내 동북쪽 '태릉지역'으로 강남고속버스터미널에서는 30분쯤 걸리고, KTX 등 고속철을 이용할 경우에는 수서역과 용산역·서울역에서도 30분쯤 걸리며, 지하철 연결이 아주 잘되어서 교통이 참 편리합니다.

혹시, 정보를 몰라 고생만 하는 사람들을 위해서 공개를 해 줍니다.

종교를 초월한 대한국의 신전(神殿) 국사당이 완성되는 '2040년까지만' 운명상담과 특별치유 등 일반사람을 만나줍니다…….

필자는 집 옆에 있는 월릉교 아래로 흐르는 한강의 중랑천변 둑길과 산책로에서 가끔 기공체조와 천천히 홀로 '걷기명상'을 합니다. 중랑천변 둑길과 산책로 옆에는 나란히 자동차 전용 '동부간선도로'가 서울 강남까지 시원하게 뻥 뚫려 있고, 월릉교 위의 높은 고가도로는 자동차 전용 '북부간선도로'가 서울 강서쪽 경인고속도로와 서해안고속도로까지 연결되고 있으며, 집에서 자동차로 7분만 나가면 '구리IC'로 연결되어 중부고속도로와 경부고속도로·서울외곽순환도로로 바로 연결되니 교통의 접근이 너무나 좋고, 아파트 내에 주차도 편리합니다.

필자가 가끔 걷기명상을 하는 서울 시내 동북쪽 '태릉지역' 중랑천변은 풍광이 좋고 물도 깨끗하여 잉어가 많이 살고 있습니다. 서울 도심 중랑천변 양쪽에서 한가로이 물고기를 낚는 낚시꾼들의 모습도 보이고, 물위에서 헤엄치고 어디론가 가고 있는 어미오리와 어미오리 뒤를 줄지어 따라 다니는 새끼오리들의 모습이 보입니다. 어미오리는 새끼오리들이 성장을 할 때까지 '생존법'을 가르치면서 끝까지 보호를 해 줍니다.

"영혼의 스승 영사(靈師)는 모든 영혼들을 잘 인도를 해 준다."

필자는 어두워질 때까지 황혼녘에 나 홀로 걷기명상을 하면서 자기성찰과 함께 더불어 잘사는 평화와 행복을 진심으로 소망합니다.

황혼녘의 산책길에 자신의 그림자를 보면서 길을 걸어갑니다…….

제19장
용궁사 및 산신암 그리고 신전(神殿)을 짓는다

계절이 바뀌고 해가 바뀌고 또 계절이 바뀌고 해가 바뀌어 가면서 점점 연륜이 쌓이면서 자기 직업과 직분 그리고 하늘의 사명에 충실하게 실천을 해 나아갑니다.

매년 1년마다 가끔씩 기도 충전과 휴식을 겸해 백두대간의 신령스런 명산(名山) 기도터와 바다기도터를 찾아갑니다. 금번에도 또 다시 기도를 떠나면서 내 고향 쪽 고흥 천등산과 지리산을 찾아갑니다. 지난 날 10년 동안이나 토굴기도를 했던 나의 어머니산 고흥 천등산을 찾아가니 옹달샘 옆 기도터에는 신(神)제자들이 산(山)기도를 하고 있어 그들의 기도를 방해하지 않으려고 아예 천등산 꼭대기로 올라갑니다.

천등산 산신령님이 옹달샘 기도터에 계시지 않고 산 정상 꼭대기 바위 위에 하얀 머리칼을 바람에 휘날리며 앉아 계십니다. 지난날 토굴 기도할 때 나에게 사명을 내리신 그 아미타불께서 함께 와 계십니다. 짊어지고 올라온 배낭에서 공양물을 꺼내어 신령님들께 정성스럽게 대접을 해 드리면서 산(山)신령님과 대화를 나누고 있는데, 아미타불께서 또 사명의 말씀을 내리십니다.

"제자야! 저 멀리 남해안 바닷가 녹동항구를 찾아가 해수관음보살을 만나고, 해수관음보살이 작은 어린 사슴 한 마리를 데리고 서 있는 곳에

'용궁사'를 짓도록 하여라."

"아미타불이시여! 용궁사를 짓도록 하겠습니다."

　그 이튿날 산을 내려와 녹동항구를 찾아갑니다. 전라남도 고흥군 도양읍 봉암리 녹동항구를 찾아들어가니 녹동항구의 첫 입구 쪽 신항구에는 제주도를 매일 왕래하는 커다란 카페리호가 바다 위에 떠 있고, 먼 남쪽 바다 거문도와 백도를 왕래하는 여객유람선이 정박해 있고, 해안도로를 따라 구름다리를 건너 시내 쪽 구항구로 들어가니 수많은 어선과 바다낚시 관광어선들이 정박해있고, 어시장과 회센터에는 "남해안 고흥해역은 청정해역이라"는 입소문 때문에 전국에서 찾아온 수많은 사람들로 북새통이지만, 해수관음보살님은 보이질 않습니다.

　나의 수호신 신장에게 물어보니, 바다 위로 보름달이 한 뼘쯤 떠오를 때쯤에 해수관음보살님이 모습을 드러내실 거라고 가르쳐줍니다.

　어두워지고 바다 위로 보름달이 한 뼘쯤 떠오릅니다. 항구 앞 바다 건너 소록도 섬에서 작은 어린 사슴 한 마리를 데리고 해수관음보살님이 바닷물 위를 걸어오시는 모습이 보입니다. 나는 단숨에 그쪽으로 달려가 합장을 합니다. 너무 너무나 아름답고 예쁜 여신(女神)의 모습으로 작은 어린 사슴 한 마리를 데리고 나타나신 해수관음보살님은 녹동신항구 해안도로 구름다리 옆 '동두산공원' 앞 바닷가의 작은 주택건물의 옥상 위에 서서 나에게 사명을 내리십니다.

"제자야! 이곳은 본래 바다였는데 사람들이 매립을 해버렸고, 매립한 땅 속에는 용바위가 있었는데, 그 용바위 위에다 작은 건물을 지었으니 이 작은 건물을 사들여 이곳에다 용궁사를 짓도록 하여라."

"해수관음보살님이시여! 용궁사를 꼭 짓도록 하겠습니다. 내 어릴적 자주 찾아와 소원을 빌고 대화를 나눈 이곳 용바위 위에 용궁사를 지으면 이곳 용궁사에 계셔 주실런지요?"

"제자야! 이곳 용바위 위에 용궁사를 지으면 항상 이곳에 머무를 것이니라. 옛날부터 이곳 용바위는 아주 영험한 곳이어서 바다 용궁기도를 하는 사람들이 줄을 섰느니라."

"해수관음보살님이시여! 오늘 하신 약속과 말씀이 틀림없는지요?"

"제자야! 이곳에 용궁사를 짓고 '용왕대신'을 백번 천번 부르면 반드시 그때마다 한 가지씩 소원을 이뤄 줄 것이니라. 꼭 그러할 것이니라."

"해수관음보살님이시여! 잘 알겠습니다."

말씀이 끝나자, 은성빌라 쪽 항구 앞바다에서 청룡황룡이 나타나고 이쪽으로 물위를 스쳐 날아오더니 해수관음보살님을 등에 태우고 먼 바다로 사라져 갑니다.

나는 밤새도록 그곳 바닷가에서 '용왕대신' 염송을 하면서 기도를 합니다. 그리고 그 이튿날 고흥읍에서 고흥종합공사와 고흥공구수리판매 사업을 오직 신용과 기술로 착실하게 하고 있는 동생들을 불러와 지난밤 해수관음보살님이 작은 어린 사슴 한 마리를 데리고 함께 서있던 그 작은 주택과 주변의 땅을 사들여서 '녹동 용궁사'라는 작은 절로 개조하라고 지시를 내립니다.

이렇게 해서 그곳 주소, 전라남도 고흥군 도양읍 봉암리 2958-7번지 (새도로명 주소 : 전라남도 고흥군 도양읍 비봉로 204)에 아주 소박한 '녹동 용궁사'가 생겼고, 필자는 한 달에 서너 번씩 자주 녹동 용궁사에 내려가 바다의 큰 기운을 받는 '용궁기도'를 하면서 고향사람들과 소록도·거금도 그리고 우리나라 최초의 바다 위 2층 다리 거금대교 그리고 남해안 먼 바다 거문도·백도 등등 남해안을 여행하는 여행객 및 모든 불자들 중 인연 닿는 사람들을 만나주고 있습니다.

모든 사람은 자기가 태어나고 자라난 '고향땅'이 문서상 근본지 겸 본적지가 되기 때문에 우리 모두는 고향땅을 사랑할 줄 알아야 합니다. 녹동 용궁사에서 멀지 않은 곳에 필자가 태어난 생가(生家)가 있고, 조상님 산소 선영이 있으며 어머님과 동생들이 살고 있습니다. 조상 산소 선영과 어머님을 찾아뵙고 다시금 지리산으로 갑니다.

　지난날 이미 매입하여 준비해둔 지리산 삼도봉 아래 산줄기인 경상남도 하동군 화개면 범왕리 산 100번지 2만평에 대한민국신전(神殿) 지을 터를 다시 한 번 둘러보고, 그리고 금번 지리산 기도는 삼도봉 옆 반야봉을 택하고 반야봉 쪽으로 갑니다.

　반야봉에 도착을 하니 노고단의 할머니 산(山)신령님이 반야봉에 와 계시고 또 아미타불이 와 계시고 백마장군님과 화엄신장님도 계시고 특별히 미카엘천사장까지 함께 와 계십니다. 짊어지고 올라온 배낭에서 공양물을 꺼내어 신령님들께 정성스럽게 제물을 올려 드립니다. 아미타불께서 먼저 말씀을 꺼내십니다.

"제자야! 대한민국 신전(神殿) 건축 준비는 잘 해가는가?"

"예. 한반도 백두대간 용이 흐르는 전라도 지리산과 강원도 설악산에 이미 신전(神殿) 지을 터는 모두 마련해두었습니다."

"국보급의 아주 중요한 천년 건축물을 지어야 하니 장기계획으로 잘 지어야 하느니라."

"예. 그렇게 하도록 하겠습니다."

"제자야! 이곳 지리산 꼭대기에서 저 멀리 남쪽으로 남해안을 바라 보거라. 순천을 지나 광양과 여수 그리고 고흥을 보거라. 광양과 여수는 먼저 앞서고 미개발 땅 고흥은 훗날에 크게 쓸모가 있을 것이니라."

"이 사람 제자도 그렇게 판단 예측을 하고 있고요, 대한민국 이 땅의 국가산업단지확장으로 광양과 여수는 계속 많이 발전할 것이라고 생각합니다."

"제자야! 나라와 민족의 발전을 위해 국가산업단지 개발도 중요하지만,

제자는 하늘의 사명으로 특별히 할 일이 따로 있느니라."

"아미타불이시여! 특별히 할 일과 또 다른 사명이 무엇인지요?"

"제자야! 백두대간의 가장 중요한 남쪽땅 지리산 이곳에서 한반도 중심선을 따라 저 멀리 보이는 넓은 바다 대양을 바라 보거라. 순천 땅을 지나 여수 땅을 보거라. 한반도 백두대간의 기운이 저 넓은 대양으로 뻗어 나아가야 하느니라. 대한민국은 반도국가이니 해양쪽으로 뻗어나가야 하고, 반드시 해양물류를 확대해야 하느니라."

그렇습니다.

광양만을 국가 1급 산업단지로 더욱 확장을 하고, 광양항을 수출기지로 삼아 생산품을 세계 나라로 수출을 잘 해야 하는 등 반드시 '수출강국'이 되어야 국민소득이 나아지게 됩니다.

또한 남해군과 여수반도 그리고 고흥반도를 다리로 이어서 관광활성화와 산업공장시설이 없는 대한민국에서 가장 청정지역인 고흥반도는 '리조트휴양지역'으로 개발이 되어야 합니다.

아미타불께서 또 말씀을 해 주십니다.

"제자야! 천등산 기도터에는 훗날 '천등산 산신암'을 짓고, 녹동 용궁사는 10년쯤 후에 5층우주탑형으로 꼭 중창불사를 하도록 하여라!"

"아미타불이시여! 그렇게 하겠습니다. 대한민국 신전(神殿) 국사당과 산신암과 용궁사 등을 가르침대로 꼭 건립을 약속드립니다."

필자는 현재, 서울 한복판 종로3가 국일관 약 2천억 원 건물의 최대지분권을 되찾아 직접 소유를 하고 있는 대주주이고, 또한 젊은 날 사업할 때 모아둔 전국 여러 곳에 건물소유권과 땅 소유 약 10만 평 등 부동산을 가지고 있기 때문에 하늘과 신(神)들의 가르침대로 내 조국 대한민국을 위하고 또한 나의 공덕 쌓음을 위해서 하나하나씩 좋은 일을 펼쳐나가고, 또한 전재산을 공익사업에 '기부'를 할 것입니다.

사람이 죽어 저승으로 갈때는 오직 깨달음 공부와 선행공덕만 가지고 가기 때문에 가장 가치있는 일을 실천합니다…….

　젊을 때는 권력·돈·명성을 향해 위만보고 앞만보고 살았고, 그것들을 모두 성취해 보았으니, 이제 나이들면서는 정신완성과 중생구제 및 선행에 더 비중을 많이 두면서 그렇게 살아가고 있습니다.

　깨달음의 정신완성과 중생구제 및 선행을 많이 하겠다는 '정신력'이 다이아몬드처럼 기운(氣運)으로 뭉치면 나는 소크라테스·부처님·예수님·달마대사처럼 '영생불사'로 계속 살아있게 될 것입니다…….

　여러분도 그렇게 해 보시길 진심으로 권유합니다~~.

특별부록
60평생 체험 터득한 글귀 모음을 전한다

한 번 읽고 평생 잘 사는 방법을 알 수만 있다면…….

"세상과 인생은 아는 만큼 보이고, 능력과 운(運)으로 살아간다."

사람의 주인공은 영혼이고, 영혼들은 윤회의 법칙에 따라 삼생(三生)을 살아가고, 사람의 몸을 받아 이 세상에 다시 태어날 때는 전생의 업(業)에 따른 인연법으로 '유유상종'의 부모를 만나고, 또다시 조상부모님의 핏줄업(業)내림이 함께 작용하면서 각각의 사람에게는 운(運)으로 작용를 하여 운수 · 운세 · 운때 그리고 그 사람의 '운명'이 됩니다.

일단 이 세상에 사람으로 태어났으면, 타고난 천성소질 및 재능과 두뇌 및 신체조건 등 자기 자신의 유리한 것을 잘 계발하여 죽을 때까지 살아남기 위한 '무한경쟁' 속에서 어떻게든 성공출세를 해야 하고, 부자가 되어야 하고, 무병장수하면서 반드시 '행복'을 해야 합니다.

성공출세와 부자가 되려면 가장 먼저 아는 것이 많아야 합니다.

부자가 되려면 직업을 잘 가져야 하고, 그리고 투자와 영업 및 사업을 알아야 하고, 마케팅을 잘 해야 하며 자본주의 경쟁사회에서는 반드시 경제개념을 가지고 '부동산과 금융'을 많이 알아야 합니다.

또한 흐름과 운(運)을 알고, 잘 아는 것에만 투자를 잘 해야 하며 죽을 때까지 자기 소유의 '자산관리와 돈관리'를 잘 해야 합니다.

모든 운(運)은 오르막 내리막이 있고, 크게 움직이는 대운(大運)은 약 10년 주기이고, 작게 움직이는 소운(小運)은 약 5년 주기이니 운때에 잘 맞춰서 '변동계획'을 잘 세워야 합니다.

 21세기 첨단과 혼돈의 불확실시대에는 인공지능 및 로봇과 '직업경쟁'을 해야 하고, 각종 사고발생의 위험들? 그리고 이상기후·바이러스·전쟁 등 수 많은 '재앙들'로부터 살아 남아야 합니다.

 끝까지 살아남는 사람이 최후의 승리자입니다.

 현재 몸이 아픈 사람도, 손해와 실패를 당한 사람도, 직업이 없는 사람도, 이혼을 당한 사람도 그리고 계속 혼자 살고 있거나 평생 동안 가난한 사람도 모두가 마음만 먹으면 또다시 시작을 할 수 있습니다.

 마지막 인생 포기를 할 때까지는 결코 실패가 아닙니다. 결코 쓰러지지 않는 '오뚝이처럼' 다시 일어서야 하고, 인생역전을 해내야 하며 또한 끝까지 견디면서 '현실적응'을 잘 해 나가야 합니다.

 21세기 자본주의사회에서는 '인생 3단계' 성공발전의 방법으로 누구든 1단계로 자기 앞가림 민생고해결 1억 원은 모아야 하고, 2단계로 10억 원은 모아야 하며, 3단계로 평생 동안 100억 원쯤의 '자산가'가 꼭 되어야 삶의 즐거움과 행복을 누릴 수 있습니다.

 또한 동시에 깨달음을 많이 얻어 우리의 주인공 영혼의 진화를 해가면서 삶의 진짜 목표인 '해탈과 대자유'도 꼭 이루어야 합니다.

 21세기를 살아가는 현대인들은 모두가 ① 부유함 ② 무병장수 ③ 깨달음 등 '인생 3박자'로 꼭 성공시켜야 합니다…….

 필자는 젊을 때부터 사업을 하면서 의지할 데가 없으니 산전수전을 다 겪어 보았고, 다양한 경험들을 통해 계속 배우고 터득을 하면서 부동산과 금융으로 성공을 하고, 나름대로 분야별 한국최고로 큰 사업을 하다가 외부조건 때문에 비록 실패를 했지만 결코 삶을 포기하지 않고, 다시금 인생 가치관을 바꾸고 목표를 바꾸어 또다시 오뚝이처럼 일어서고 이제는 최고의 정신세계 '공익사업'을 펼치고 있습니다.

이제 초늙은이가 되어 후인들과 이 책을 읽고 있는 독자들에게 단 몇 글귀라도 삶을 살아가는 데 '도움'이 되어드리고자, 필자가 젊은 날부터 평생동안 투자와 사업을 해오면서 배우고 체험하고 터득한 평생의 경험지식과 동양의 정신철학 그리고 10년 동안 천기신통초월명상 기도를 할 때에 얻은 많은 깨달음과 하늘의 비밀 천기누설을 해서 일반사람들이 삶을 살아가는 데 꼭 필요한 '종합실용지식'의 가르침을 전달해 주고자 합니다.

다음의 쭉~ 열거하는 글귀들은 책 제목과 상관없이 한 번씩은 꼭 읽어둬야 하는 세상에서 가장 중요한 '삶의 지혜'들이니 꼭 이해를 하면서 아주 천천히 정독으로 읽어보시길 바랍니다.

- 여기에 열거하는 글귀 모음은 '태산선사 어록'의 글들입니다.
- 필자는 다음 글귀들 중에서 한 글귀라도 '도움'이 되길 바랍니다.
- 다음의 글귀들을 평생 꼭 한 번씩 읽어두시길 전달합니다.
- 소크라테스는 2,300년 전에 '너 자신을 알라'고 말했고, 태산선사는 '너 자신의 타고난 사주운명을 알라'고 말한다.
- 사람은 태어날 때의 사주로 이미 90%의 운명이 설정되어 버린다.
- 자본주의 현대사회에서 돈을 벌려면 타고난 '재물운'을 꼭 알라.
- 사회생활에서 무슨 일을 성공하려면 타고난 '성공운'을 꼭 알라.
- 모든 선거에 출마하려면 먼저 나이운때의 '당선운'을 꼭 알라.
- 직장에서 승진을 잘하고 싶은 사람은 나이운때의 '승진운'을 꼭 알라.
- 결혼을 잘 하고 싶은 사람은 먼저 타고난 '결혼운'을 꼭 알라.
- 인생역전을 하고 싶은 사람은 '지금 이후의 운세'를 꼭 알라.

- 부모가 단명자 또는 위험한 일 하는 사람들은 '수명운'을 꼭 알라.
- 21세기 혼돈불확실시대 겸 자본주의 시대에서는 운명정보와 재테크 정보로 '잘 살게 해주는 것'이 최우선적으로 가장 중요하다.
- 위기라고 느낄 때가 '변화와 혁신'을 할 수 있는 진짜 기회이다.
- 성공을 하려면 하늘자연의 섭리와 운명의 법칙을 알아야 한다.
- 나이가 '9수와 삼재수'에 걸릴 때는 운때가 나쁘니 최고로 조심하라.
- 사고발생 · 손해 · 실패 · 이혼 · 관재수 · 죽음은 '나쁜 운때'에 당한다.
- 이사를 갈 경우에는 방위를 가려서 꼭 '손 없는 방향'으로 잘 가라.
- 날짜를 택일할 경우에는 반드시 생기복덕천의 '길일'을 꼭 선택하라.
- 건물 · 공장 · 집을 짓거나 묘소를 쓰고는 '3년 동안'을 조심하라.
- 이사를 하거나 묘소개장 및 화장을 하고는 '1년 동안'을 조심하라.
- 조상묘소와 납골탑은 좋은 명당터와 좋은 방향을 잘 선택하라.
- 명당터에 묘를 쓰거나 집을 지으면 '즉시 발복'이 이루어진다.
- 박사 배출과 고위공직 및 자수성가로 부자가 된 사람들은 모두 태어난 곳과 조상님 묘자리가 '명당자리'에 위치하고 있다.
- 성공출세 및 부자가 꼭 되고 싶은 사람은 태어난 고향산 또는 국립공원 등 명산의 명당자리에 비밀로 '가묘비방'을 꼭 해두어라……
- 모든 자녀들은 20살까지 잘 성장하는 것이 1차 생존법이다.
- 제왕절개로 태어난 자녀의 사주는 섭리를 거슬러 운명이 빗나간다.
- 제왕절개로 태어난 자녀는 반드시 '관상법'으로 운명을 보아라.
- 모든 아이들은 타고난 운명에 알맞은 '방향성'이 가장 중요하다.
- 자녀들을 잘 키워둬야 훗날 '명문가'가 되고 가문유지를 잘한다.
- 명문가들과 종가집들은 대대로 '조상'을 잘 받들고 살아간다.
- 명문가가 되고 싶거든 조상 묘소에 돌제단과 석등을 꼭 세우라.
- 명문가가 되고 싶거든 집 앞뜰 또는 출입구에 석등을 꼭 세우라.

- 모든 종교의 성소에는 금촛대를, 출입구에는 석등을 꼭 세우라.
- 금촛대와 석등은 영원한 불밝힘의 '축복 빛'을 상징한다.
- 대한민국은 전관예우와 연고주의가 강한 사회이다.
- 대한민국에서 성공출세와 부자가 되려면 '인맥' 형성을 잘하라.
- 사람들은 '관심'이 있거나 또는 찾고 있는 것만 눈에 보인다.
- 사람의 뇌는 한 번 관심을 가지면 스스로 계속 '의식'을 하게 된다.
- 세상은 관심이 많고 집중을 할수록 더욱 잘 보이고 잘 살게 된다.
- 사람은 하늘의 천기(天氣)와 땅의 지기(地氣)로 살아간다.
- 좋은 땅을 선점하는 사람은 반드시 성공출세와 부자가 된다.
- 성공출세와 부자가 되려면 '자산의 포트폴리오'를 잘 짜라.
- 자산의 포트폴리오는 부동산 · 주식 · 예금 · 보험 · 연금 등이다.
- 모든 사람은 이 책을 읽고 '부동산과 경제공부'를 꼭 해두어라.
- 부동산은 용도별 사용가치와 수요 · 공급에 따라 값이 매겨진다.
- 대한민국의 국토는 '세계물류'의 부동산공학에서 위치가 참 좋다.
- 대한민국의 국토면적은 약 10만km2이고, 해상의 섬은 약 3,600개이며, 사람이 살고 있는 섬은 약 500개이고, 공유수면 매립이 계속 진행 중이다.
- 국토의 개발은 용도에 따른 수요 · 공급과 물류의 효율성을 위해서는 도시 주변과 항구 주변을 '계획복합개발'로 진행해 나아가라.
- 국토의 개발은 정부가 10년 계획과 5년 단위로 조정을 하고 있다.
- 부동산 땅의 개념에서 건축물이 있는 토지는 '건부지'라 하고, 건축물이 없는 토지는 '나지'라 하고, 건축물이 없는 대지는 '나대지'라 하고, 건축물의 바닥면적을 제외한 토지부분은 '공지'라 하고, 타인의 토지에 둘러 싸여 도로가 없는 토지는 '맹지'라 하고, 소유권은 인정되고 활용실익이 없는 토지는 '법지'라 하고, 해변처럼 활용실익은 인정되

나 소유권이 인정되지 않는 토지는 '빈지'라 하고, 놀리고 있는 토지는 '유휴지'라 하고, 농지 등에서 쉬게 하는 토지는 '휴한지'라 하고, 하천 및 강으로 침식된 토지는 '포락지'라 하고, 고압선 아래의 토지는 '선 하지'라 하고, 택지 이용의 최원방으로 멀리 떨어진 토지는 '한계지'라 하고, 자연상태 그대로의 토지는 '소지' 또는 '원지'라 한다.

- 부동산투자는 먼저 땅을 살피고, 다음으로 건물을 살펴라.
- 부동산투자는 먼저 지역을 살피고, 다음으로 개별물건을 살펴라.
- 부동산의 가치는 도로접도와 편리성 등 '위치'가 중요하다.
- 부동산투자는 활용성 · 접근성 · 편의성 · 쾌적성 · 조망성 · 환금성 · 가치성 등 일반적 '대중선호도'가 좋은 것을 잘 선택하라.
- 화재와 소방차 접근이 불리한 골목길집 또는 초고층집은 피하라.
- 앞쪽에 나대지공터 또는 노후 건축물이 있는 곳은 반드시 피하라.
- 기존에 있는 집의 앞쪽에 새 건축물이 들어서면 큰 손해를 당한다.
- 부동산투자는 매매차익 또는 임대수요가 많은 것을 잘 선택하라.
- 땅투자는 반드시 도로변이나 새로운 도로가 뚫리는 곳 또는 개발이 예상되는 곳을 남보다 먼저 '선점'을 잘 하라.
- 부동산투자는 신문광고 등 기획부동산권유에는 절대로 속지 말라.
- 부동산의 분양광고 등은 대다수가 뻥튀기와 '사기성'이 너무 많다.
- 은행금리 3배 이상 수익률 또는 연 7% 이상 수익배당금지급 또는 수익확정증서발급 등의 부동산분양광고들은 모두가 '거짓말'이고, 잘못 속으면 10년 이상 손실과 피해를 당한다.
- 정상적인 부동산임대의 평균수익률은 약 5%선이다.
- 특히 분양형 호텔의 시행사 및 위탁운영사 등은 결코 믿지 말라.
- 모든 자본투자 및 모든 계약은 '당사자 책임'이니 신중을 기하라.
- 잘 모르는 곳에 투자를 할 경우는 먼저 '전문가상담'을 꼭 받으라.

- 모든 자본투자를 할 때는 자기 자신의 재물운과 금전운 그리고 성공운 등 반드시 먼저 '운세점(占)'을 보고 그리고 결정을 잘 하라.
- 투자를 해놓고 손실과 피해를 당하면 즉시 '운(運)상담'을 받으라.
- 부동산투자를 할 경우에 지역·지구·구역 등이 지정되어 있는 곳은 각종 '행위제한'이 많으니 잘 살펴보고 조심을 하라.
- 부동산투자는 정책결정정보와 개발계획정보를 항상 주시하라.
- 투자는 '수요와 공급'의 예상과 장기적 개발계획 등을 잘 분석하라.
- 부동산투자는 미래 역세권이 될 지역, 큰 집객시설이 들어설 지역, 큰 녹지공원이 생길 지역, 도로가 생길 지역 등을 잘 살펴라.
- 부동산투자는 '토지이용계획확인서'를 발급받아 그 내용을 살피고 '지적도'를 발급받아 경계와 도로 및 도로계획선을 꼭 확인하라.
- 부동산투자는 '자기 집' 마련부터 최우선으로 먼저 하라.
- 자기 집 마련은 일하는 곳과 가장 '가까운 곳'을 잘 선택하라.
- 출·퇴근시간을 최소로 해서 그 시간을 다른 용도로 활용을 하라.
- 하루 1시간 이상씩 출·퇴근시간만 아껴도 10년을 이익 본다.
- 집 값이 가장 비쌀 때는 결코 아파트 매입과 분양을 받지 말라.
- 산이 높으면 골이 깊은 것처럼 반드시 3~4년 후 '값 폭락'이 된다.
- 집을 구입하고자 할 때는 10년에 한두 번 '폭락'할 때를 기다리라.
- 불경기와 집값 및 주식의 폭락은 10년에 한두 번 꼭 발생을 한다.
- 폭락장과 불경기 '바닥 운때'를 기다리고 또 기다려라.
- 집을 살 경우에는 주위환경·조망·햇볕·바람·교통을 잘 살펴라.
- 미래투자 겸 주거용 아파트 분양은 인구감소 진행과 핵가족 등의 수요예측에 따라서 '소형'을 선택하고, 반드시 '일조권 및 조망권'과 슈퍼 및 병원과 대중교통 및 주차 등 '편리성'을 잘 살펴라.
- 가정집은 층호 숫자·안방·거실·주방·화장실·대문을 잘 살펴라.

- 가정집 주택은 푹 쉴 수 있게 해주는 집이 가장 좋은 환경조건이다.
- 가정집 주택은 잠을 잘 들게 해주는 집이 명당자리이다.
- 깊은 숙면은 인체가 우주자연의 기(氣)를 받는 중요한 기능이다.
- 잠을 잘 자는 '숙면'을 할 수 있으면 건강과 운이 저절로 좋아진다.
- 편안히 잠을 못들게 하거나 숙면을 못하는 집은 가장 나쁜 집이다.
- 특히 살(殺)기운과 수맥 및 냉혈의 땅위에는 집과 묘를 쓰지 말라.
- 특히 서울의 북악산 아래 청와대는 악기운 살기(殺氣)터이다.
- 서울의 동작동 국립묘지는 큰 산맥이 없어 결코 큰 명당자리가 못되고, 그 중에서도 박정희 대통령 묘자리는 냉혈(冷穴)자리이다.
- 살(殺)기운과 수맥 및 냉혈자리는 영혼과 사람이 숙면을 못한다…….
- 터 기운이 쎈 곳 도깨비터에는 가정집을 절대로 짓지 말라.
- 상업을 하는 가게는 비탈진 경사지대와 높은 지대는 꼭 피하라.
- 상업을 하는 부동산은 물류의 중심 쪽 '목 좋은 곳'을 잘 선택하라.
- 아파트단지의 입주와 입점은 1천 가구 이상이어야 효율적이다.
- 한국은 2025년쯤이 되면 '인구감소'가 예상되니, 주거용 아파트보다는 상업용 및 수익성 부동산에 관심과 투자를 잘 해두라.
- 상가는 역세권 · 큰길가 · 평지 · 유동인구 · 주차편의 및 접근성과 발전하는 지역 및 상가운영관리가 잘 되는 곳을 잘 선택하라.
- 집합건물상가 또는 다중시설상가는 '출입구 근처'가 가장 좋다.
- 일반 모든 상가는 1~2층이 가장 비싸고 장사가 잘된다.
- 상가는 지역과 층별 여건을 감안한 '업종선택'이 가장 중요하다.
- 일시적으로 유행을 타는 부동산투자는 '과잉'으로 손해를 조심하라.
- 상가투자는 발전지역과 활성화 '가능성'이 높은 곳을 잘 선택하라.
- 모든 상가는 처음 활성화에 실패하면 '10년 동안'을 손해 당한다.
- 부동산주인들은 관리운영의 '부실징후'가 보이면 즉시 매도를 하라.

- 부동산 매매와 전세는 '등기부'를 꼭 확인하고 주인과 계약을 하라.
- 잔금 지급 날은 모든 서류를 돌려받고 돈 지불을 '동시'에 행하라.
- 부동산의 매매 또는 임대차계약서에는 '특약사항'을 잘 써 넣어라.
- 부동산에 딸린 부합물과 종물은 '주물'의 권리처분에 따라간다.
- 집합건물은 건물이 주물이고, 땅은 '대사사용권'으로 종물이다.
- 부동산을 살 경우 압류·가등기·가처분 등이 있으면 꼭 피하라.
- 방어적·지능적 방법으로 '가등기' 활용을 잘 해두어라.
- 부동산의 임차인은 전세등기 또는 확정일자를 꼭 해두어라.
- 큰 건물 및 복잡한 건물 등의 임대인은 '제소전 화해조서'를 꼭 해두어라.
- 제소전 화해조서는 확정판결 같은 효력으로 쉽게 '명도'를 받는다.
- 지분소유자 및 구분소유자 등이 복잡한 곳에는 투자를 '조심'하라.
- 프로급 부동산 사냥은 지분권인수·법정지상권·유치권물건·NPL 부실채권 유동화자산물건 등에 관심을 두어라.
- 프로급 부동산투자는 급매물건과 공매 및 경매에 관심을 가져라.
- 공동소유물은 다량지분자 또는 과반수 이상자가 '관리권'을 가진다.
- 집을 부부공동소유로 등기를 하면 절세와 상호신뢰가 좋아진다.
- 한 집안의 가장은 반드시 최고로 좋은 '큰 방'을 꼭 사용하라.
- 집주인은 최고로 중요한 층 또는 가장 큰 공간을 꼭 사용하라.
- 집안의 가장이나 주인이 '작은 공간'을 쓰면 운(運)이 나빠진다.
- 부동산은 가장 안전하고 귀중한 평생 동안의 '자기 자산'이다.
- 미래의 건축물은 모두가 심각한 기후변화에 대한 '에너지 효율성'을 잘 준비와 대비를 하라.
- 미래도시와 주택 등은 모두 '스마트형' 개념으로 바꾸어 나가라.
- 돈은 스스로 선과 악 그리고 행복과 불행의 근원이 된다.

- 돈은 삶을 유지하고 자아실현과 행복을 위한 절대 '필요조건'이다.
- 돈은 인간의 품격과 자존심을 세워주고 '인간답게' 살게 해준다.
- 꿈이 잘 맞는 사람은 운때를 잘 맞춰 '로또복권'을 꼭 사라.
- 로또복권 당첨은 최고의 횡재로 '인생역전'을 할 수 있다.
- 나이운때 및 날짜운때를 맞추는 것은 도사님께 물어보라.
- 꿈이 안 맞는 사람들은 땀 흘려서 반드시 '부자'가 되어라.
- 부자는 돈의 주인님이 되지만, 가난뱅이는 돈의 노예가 된다.
- 필요한 만큼의 돈과 재산이 꼭 있어야 '자유와 행복'을 누린다.
- 악착같이 돈 벌어서 폼 나게 살아보고 '인간대접'을 꼭 받으라.
- 돈을 벌려면 반드시 목표와 계획 그리고 준비를 철저히 세우라.
- 돈을 벌려면 우선적으로 '재테크공부'부터 반드시 시작을 하라.
- 모든 여성과 주부는 살림살이 경제와 재테크를 꼭 공부하라.
- 재테크 공부와 자산관리는 일찍부터 '평생 동안'을 계속하라.
- 재테크를 하려면 금융 · 주식 · 부동산 그리고 '운'을 알아야 한다.
- 부자가 되고 싶거든 먼저 사주운명에서 '재물운'을 꼭 알아두어라.
- 타고난 재물운으로 월급쟁이 또는 개인사업 등 '방향'을 잘 정하라.
- 부자가 되고 싶거든 개인사업 등 영업 및 장사에 뛰어들어라.
- 개인사업을 시작할 때는 가게 등의 계약과 인수를 잘 받으라.
- 가게의 상호와 영업권 등은 포괄승계와 한정승계가 있다.
- 가게인수 및 사업인수 때는 '양 · 수도계약'을 잘 해야 한다.
- 양도인이 복잡하고 빚이 많을 경우에는 말썽꺼리를 방지하기 위해 가게이름과 회사이름 등을 바꾸어 버려라.
- 가게 또는 회사를 인수 및 양수받을 때는 꼭 '전문가상담'을 받으라.
- 직장보다는 직업을 중시하고, 꼭 하고 싶은 분야에 '창업'을 하라.
- 처음 창업을 할 때는 고정지출비용을 최소화하고 경험을 쌓으라.

- 처음 창업을 할 때는 가장 잘하는 곳을 '모방벤치마킹'하여 그곳보다 더 잘 할수 있도록 항상 연구를 하라.
- 모든 사업과 영업 및 장사는 시대 흐름의 '트렌드'를 잘 읽어라.
- 모든 사업과 투자가는 글로벌 정치와 경제 등 '뉴스'를 잘 살펴라.
- 영업과 장사 등 자기 사업을 잘 하려면 '원가계산'을 잘하라.
- 영업과 장사를 잘 하려면 가게 안에 '종교 상징물'을 두지 말라.
- 영업집에 종교 상징물이 있을 경우 타 종교인은 거부감을 느낀다.
- 영업과 장사를 잘 하려면 손님고객과는 절대로 싸우지 말라.
- 영업과 장사 등 판매를 잘 하려면 항상 '가망고객'을 연구하라.
- 판매를 잘하려면 동종업계 1등점을 '벤치마킹'도 잘 생각해보라.
- 잘하는 곳의 벤치마킹 모방전략은 '저비용고효율'의 판매기술이다.
- 자기 자신이 하는 곳의 '유리한 장점'을 최대로 활용을 잘하라.
- 영업과 장사 판매를 잘 하려면 깔끔한 옷차림과 예의바름으로 '첫 인상'을 좋게 하고, 미소와 친절서비스로 '호감'을 계속 심어가라.
- 판매를 할 때는 첫인상 3초와 첫마디 말 10초가 가장 중요하다.
- 판매를 할 때는 처음 30초 동안에 '관심'을 잘 끌면 성공을 한다.
- 판매나 광고를 할 때는 그 상품이 안겨줄 '유익함'을 잘 강조하라.
- 판매광고를 할 때는 감성적 구매욕구와 동기를 잘 유발시켜라.
- 판매광고를 할 때는 그림과 소리로 '감정효과'를 최대화시켜라.
- 눈으로 귀로 마음으로 함께 느낄 수 있게 '이미지표현'을 잘 하라.
- 눈으로 보는 것은 더욱 빠르고 강력하며 기억 속에 오래 남는다.
- 사업과 영업 및 장사를 잘하려면 '판매 마케팅전략'을 잘 세우라.
- 모든 영업과 상품들은 가격경쟁력과 품질경쟁력으로 싸운다.
- 판매를 할 때는 잘 파는 '목표'에 집중을 하고 또한 집중시켜라.
- 최초 판매 및 기획 판매를 할 때는 '미끼상품' 전략을 잘 쓰라.

- 사업 및 영업마케팅을 잘 하려면 '현지맞춤형' 서비스로 나아가라.
- 영업과 장사를 잘 하려면 여러 번 '재사용'하는 방법을 연구하라.
- 영업과 장사를 잘 하려면 원가절감과 폭리 등의 방법을 연구하라.
- 영업과 장사를 잘 하려면 손님과 고객을 끌어들이는 미끼용 '집객상품'과 이익을 많이 남길 수 있는 '수익상품'을 함께 팔아라.
- 영업과 장사를 잘 하려면 계속 구매와 이용을 하도록 만들어가라.
- 영업과 장사를 계속 하려면 돈 벌고 있음을 아무도 모르게 하라.
- 영업과 장사를 할 때는 장사 냄새를 풍기지 않게 잘 하라.
- 영업 및 장사와 사업을 계속 잘 하려면 특별히 '단골관리'를 잘 하라.
- 단골손님과 함께 온 손님을 각별하게 잘 대접을 하라.
- 단골손님을 만들어가려면 반드시 '주인'이 직접 매장을 지켜라.
- 영업과 사업을 할 때는 '오랫동안 한다'는 마음자세로 잘 하라.
- 영업과 장사 판매를 잘 하려면 '관련 상품'을 함께 취급하라.
- 영업과 장사 판매를 잘 하려면 '고객의 취향'을 항상 연구하라.
- 영업과 장사 판매를 잘 하려면 '말솜씨'를 맞나게 잘 사용하라.
- 모든 판매를 할 때 가장 흥미로운 것은 가격의 '불확정원리'이다.
- 어떻게 판매할까에 따라서 저가물건을 높은 고가에 팔수도 있다.
- 모든 가격은 상황 및 가치에 따라서 임의적으로 변경 가능성이 있다.
- 상품의 가격을 정할 때는 합리적 '저가 마케팅' 또는 사치 허영심의 정서적 '고가마케팅' 방법 등 전략을 잘 짜라.
- 상품의 가격을 정할 때는 가격 중심의 '저가상품' 또는 가치 중심의 '고가상품' 그리고 '중간상품'등으로 구분을 세분화시켜라.
- 영업과 장사 판매를 잘 하려면 '충동구매욕구'유도를 잘 시켜라.
- 모든 판매는 '순간감정심리욕구'를 최대한 유발시켜라.
- 상품의 희소성 가치는 사람들에게 구매 결정을 스스로 재촉한다.

- 판매를 할 때는 ① 제한된 수량 ② 곧 가격인상 ③ 오늘만 가격인하 ④ 곧 마감시한 등을 '마케팅방법'으로 활용을 잘 하라.
- 음식점은 맛있게 보이는 음식그림과 맛있는 냄새를 잘 풍겨라.
- 식당 및 외식업을 개업하려면 ① 가망고객분석 ② 상권분석과 장소선택 ③ 투자여력의 규모산정 ④ 메뉴선정 및 가격결정 ⑤ 고객 감동의 서비스 차별화 등 '계획과 준비'를 잘하라.
- 음식업은 고객친절과 청결 및 '음식맛'으로 승부를 각오하라…….
- 모든 가계와 기업 그리고 상품 및 사람은 평판이 참 중요하니 고객과 사람들로부터 '평판관리'를 잘 해나가라.
- 관계된 주변사람들로부터 틀림없는 사람이라는 '신뢰'를 심어가라.
- 비즈니스를 할 때는 누구하고도 '약속'을 잘 지켜라.
- 사업과 영업을 잘하려면 업계와 협회의 '모임'에 꼭 참여를 하라.
- 업계의 모임과 행사는 황금같은 정보와 인맥을 만들어준다.
- 모임과 행사를 할 때는 어떻게든 연설·강연·의견발표 등의 발언기회를 얻고 자신의 얼굴을 알리고 '입지'를 굳혀 나아가라.
- 발언을 할 때는 주제와 본질을 잘 알고 '근거'로 말을 잘하라.
- 말을 시작할 때는 누구나 '공감'할 수 있는 것으로 시작을 하라.
- 말을 끝맺을 때는 핵심요약과 동의를 얻고 행동을 유도시켜라.
- 연설과 강연 등을 할 때는 깔끔하게 옷을 잘 차려입어라.
- 옷차림새는 그 사람의 첫 번째 명함이고 이미지를 심어준다.
- 성공출세와 비즈니스를 잘 하려면 명함사용 및 관리를 잘하라.
- 비즈니스로 명함을 건넬 때는 함께 자신을 말로 '소개'를 하라.
- 비즈니스로 명함을 받을 때는 약 10초 이상 꼭 읽어보라.
- 명함을 건네고 받을 때 '관심'을 가져주면 먼저 호감을 얻는다.
- 명함을 받으면 날짜·장소·용건 등을 뒷면에 꼭 메모해두어라.

- 명함관리는 ① 꼭 필요성 ② 불필요성으로 분류처리를 잘하라.
- 꼭 필요성 명함은 잘 보관을 하고, 불필요성 명함은 버려라.
- 비즈니스로 친분을 잘 쌓으려면 함께 꼭 '식사'를 잘하라.
- 비즈니스로 식사 또는 음료와 술을 주문할 경우에는 대접받는 사람에게 먼저 권하고 같은 것으로 주문을 하라.
- 비즈니스 만남은 오직 '비즈니스 성공'만 생각을 집중하라.
- 모든 투자 및 영업과 장사는 경제의 호황 및 불황에 '준비'를 잘하라.
- 모든 사업가와 투자는 국가의 금융정책 '기준금리'를 잘 살펴라.
- 기준금리는 경기가 좋을 때는 인상을 하고, 나쁠 때는 인하를 한다.
- 기준금리가 인상되면 이자 증가로 기업과 가게는 부담이 많아진다.
- 기준금리를 인하하면 이자 부담이 줄어들고 투자가 많아진다.
- 예금과 적금의 금리투자는 복리상품과 장기투자를 계속하라.
- 모든 금융의 '복리이자'는 기간과 수익률에 따라 더블로 늘어난다.
- 은행의 복리이자와 정부의 세금우대·비과세 등을 항상 주시하라.
- 재테크의 기본은 우선 최대한의 저축으로 '종자돈'을 꼭 만들어라.
- 종자돈을 만들려면 최대한 수입을 늘리고 '통장관리'를 잘 하라.
- 통장 및 계좌관리는 ① 공과금납부 자동이체통장 ② 목돈마련용 통장 ③ 투자돈 관리용 통장 ④ 사업등록자의 국세청 신고용통장 ⑤ 예비자금용 통장 등 3~5개로 '통장 및 계좌분류'를 잘 하라.
- 연금상품은 복리구조이고 장기구조이니 누구나 일찍부터 평생 재테크와 노후준비로 반드시 '연금 가입'을 꼭 해 두어라.
- 21세기 100세 시대에서는 '평생재테크'계획을 종합적으로 잘 세우라.
- 은행이자가 낮은 저금리시대에는 예금보다는 '투자'를 잘 하라.
- 고등재테크로 큰돈을 벌려면 금융공부와 금융투자를 잘 하라.
- 금융은 자본주의사회 시장경제의 두뇌이고 엔진이다.

- 21세기 금융·세계화는 혜택과 위험을 항상 함께 내포하고 있다.
- 금융시스템은 제대로 작동되면 모든 경제 분야에 혜택을 주고, 잘못 작동되면 엄청난 재앙을 불러온다.
- 금융과 경제의 위기는 '순환반복법칙'에 따라 계속 발생을 한다.
- 금융위기는 금융회사의 신뢰가 무너질 때 발생하는 것이다.
- 금융위기는 ① 은행위기 ② 외환위기 ③ 외채위기 ④ 체계적 금융위기 등으로 나눈다.
- 은행위기는 뱅크런(예금인출사태)현상이 발생하는 것이다.
- 외환위기는 자국의 통화가치폭락 등이 발생하는 것이다.
- 외채위기는 외국에서 빌린 채무를 갚지 못해서 발생하는 것이다.
- 체계적 금융위기는 금융중개기능에 일시적 심각한 문제가 생기면서 실물경제에까지 위기가 파급되는 것이다.
- 경제위기는 ① 금융위기 ② 재정위기 ③ 실물경제위기 등이다.
- 어느 국가에 금융위기 또는 경제위기 등이 발생하면 핫머니와 헤지펀드 등이 일시에 공격을 감행하고 수익만 챙기고 빠져나간다.
- 핫머니는 투기적 이익만을 위해 글로벌 금융시장을 이동하는 '단기자금' 등이다.
- 모든 사람은 금융위기와 경제위기에 철저히 '대비'를 잘 하라.
- 외국자본이 개입된 금융위기는 '환율위기'로 많이 나타난다.
- 외국자본이 빠져 나갈 때는 달러 등 '외환'으로 바꾸기 때문이다.
- 모든 사람은 이익과 손해 그리고 공포 때문에 스스로 움직인다.
- 모든 사람은 '자기 입장'에서 사물을 바라보고 판단을 한다.
- 모든 국가와 기업은 '이해득실'로 의사결정 및 행동들을 취한다.
- 특히 한 국가의 경영은 국방과 외교 및 통상이 가장 중요하다.
- 모든 문제는 '이해득실'로 진실규명을 하면 해결이 잘 된다.

- 외국의 자본들은 대체로 타국가의 정부를 신뢰하지 않는다.
- 경제상황이 악화되면 도덕적 해이와 역선택 현상이 더욱 심해진다.
- 수출이 나빠지면 각국은 자국화폐를 절하하는 '환율경쟁'을 벌인다.
- 양적완화정책은 임시적이고 단기적인 '응급수단'일 뿐이다.
- 시중의 유동성증가는 부동산과 주식시장에 '자산거품'을 키운다.
- 초저금리정책은 자본남용과 투자왜곡을 더욱 초래할 수 있다.
- 마이너스 금리정책은 마지막 사용의 '비상수단'일 뿐이다.
- 불안정한 통화를 가진 나라의 국민들은 '외화'를 더욱 선호한다.
- 개발도상국의 부자들은 선진국의 금융기관을 더욱 신뢰한다.
- 국가 · 기업 · 개인에게 금융지식과 금융투자는 정말로 중요하다.
- 모든 국가와 교육기관은 자국민들에게 '금융공부'를 많이 시켜라.
- 금융공학이 앞선 미국 경제는 파생금융 때문에 망하지 않는다.
- 세계 제1기축통화인 '미국 달러'의 운용정책을 연구 및 주시를 하라.
- 미국 달러는 5~6단계로 운용하고, 강달러와 약달러로 반복을 한다.
- 달러가 세계 제1기축통화인 미국경제는 결코 망하지 않는다.
- 세계최대의 인구와 채권국가인 중국은 결코 망하지 않는다.
- 그러나 재정적자가 계속되면 국가도 기업도 결국 어려워진다.
- 고등재테크로 큰돈을 벌려면 주식공부와 주식투자를 잘 하라.
- 주식을 살 때는 기업의 '내재가치'발견을 가장 중요시하라.
- 저평가된 주식과 가치주 · 성장주 · 우량주 · 배당주를 중요시하라.
- 주식과 선물 투자는 예측도 중요하지만 '대응'은 더욱 중요하다.
- 수익포지션에서는 장타로, 손실포지션에서는 단타로 매매를 하라.
- 선물시장은 90%의 수익이 10%의 투자자에게 돌아간다.
- 선물거래는 주식 · 채권 · 통화 · 원자재 등 다양한 기초상품을 '미래일 정시점의 정해진 가격에 사고팔기로 약속한 것'으로 선물거래소를 거

쳐 이루어진다.

- 선물시장은 제로섬게임의 도박이니 일반인은 결코 뛰어들지 말라.
- 주식과 모든 투자는 기본적 분석과 기술적 분석을 함께 잘 하라.
- 인공지능컴퓨터의 분석투자보다 '신통점괘'가 더 정확할 수 있다.
- 무엇이든 비밀진실의 예측 및 예언은 '신통점괘'가 최고이다.
- 주식시장의 폭락과 폭등 널뛰기장에서는 '공매도'를 적극 활용하라.
- 공매도란 특정기업의 주가가 하락할 것으로 예측을 하고 주식을 빌려서 판 뒤 주가가 내려간 뒤에 되사서 갚는 '투자기법'을 가리킨다.
- 공매도는 주가가 비쌀 때 공매도 주문을 내고, 주가가 떨어졌을 때 갚아야 이익을 낼 수 있다.
- 주식투자는 다우이론 · 주기이론 · 갠이론 · 파동이론 · 카오스이론 · 역발상이론 · 차트이론 · 이동평균선이론 등을 잘 알아야 한다.
- 주식과 투자를 할 때는 대상의 '재무와 상황'을 잘 파악하라.
- 기업 또는 회사를 알려면 ① 재무상태 ② 손익계산서 ③ 현금흐름표 ④ 경영자의 운 ⑤ 평판 등등 '종합분석'을 잘 해야 한다.
- 개인대주주가 없거나 또는 책임있는 전문경영인이 없는 곳에는 절대로 투자를 하지 말라.
- 주인이 없고 머슴만 있는 기업과 물건 등에는 투자를 하지 말라.
- 책임성과 관리감독이 없는 기업과 물건 등에는 도둑들이 너무 많다.
- 유능하고 성실한 '개인대주주'가 있는 사업과 기업에 투자를 하라.
- 모든 투자는 투자대상의 장점과 단점을 정확히 '파악'을 잘 하라.
- 투자대상을 파악하지 못할 경우에는 절대로 투자를 하지 말라.
- 자기 자신이 모르는 분야나 이해를 못하거든 투자를 하지 말라.
- 투자의 정석은 '자신이 잘 아는 것'에만 투자하는 것이다.
- 투자의 진리는 '좋은 물건'에 대한 장기투자를 하는 것이다.

- 투자의 기술은 최저가 매입과 최고가 매도이고 세금절세이다.
- 모든 투자에서 가장 중요한 것은 '치명적 실수'를 하지 않는 것이고, 치명적 실수는 평생 후회와 재기 불능에 빠질 수 있다.
- 모든 투자에서 치명적인 실수를 범했다고 판단이 되면, 1급운명상담사를 찾아가 '앞으로의 운(運)'을 꼭 점검 및 확인을 받으라.
- 모든 실패는 불합리성 및 무지함과 원칙을 어긴데서 비롯된다.
- 투자에 성공하려면 맡기지만 말고 스스로 공부하여 '관리'를 하라.
- 투자에 성공하려면 자신만의 노하우 전략과 기술을 꼭 갖추어라.
- 모든 투자는 투자대상의 '내재가치'에 있으니 기업의 신기술개발과 재무상태 및 경영상황 등을 반드시 직접 살펴라.
- 신기술개발 특허로 '핵심지적재산권'을 확보한 강소기업과 벤처기업을 발굴하고 잘 주시하여 남보다 '앞선 투자'를 잘 하라.
- 사업과 투자를 할 때는 경제동향파악 '경기선행지수'를 잘 살펴라.
- 경기선행지수는 약 6개월 후의 경기흐름을 '예측'하는 지표이고, 100 이상이면 경기상승을, 100 이하이면 경기하락이 예상된다는 뜻이다.
- 항상 세계 경제와 환율·금리·증시 등 '추세흐름'을 잘 관찰하라.
- 모든 시장은 추세에 따라 움직이고 '평균지수'는 모든 것을 나타낸다.
- 시장은 추세가 형성되면 지속이 되고, 외부요인이 발생하면 또다시 추세전환이 일어난다.
- 외부요인으로 추세전환이 생길 때마다 '역발상'의 투자와 투기로 차익과 큰 수익을 얻고 또다시 얻으라.
- 통찰력의 반대이론 '역발상기술'은 큰 수익을 얻는 방법이다.
- 증시의 조정은 주식을 적정가격으로 매입할 수 있는 좋은 기회이고, 증시의 폭락은 주식을 헐값에 매집할 수 있는 절호의 기회이다.
- 국제사회의 큰 이슈와 예고 및 위기에 따라서 항상 '저가매수와 고점

매도'를 꾸준히 잘 해 나가라.

- 글로벌사회 세계 곳곳의 경제가 어려운 '폭락장'만 찾아다녀라.
- 폭락장세는 반드시 폭등장세로 바뀌고 '큰수익'을 얻는다.
- 고위험 속에 고수익이 있고, 투자는 '타이밍'이 가장 중요하다.
- 위기란 준비된 자에게는 '기회'이고, 준비 안 된 자에게만 '위험'이다.
- 모든 위기는 위대한 혁신과 새로운 창조의 '발상지' 역할을 한다.
- 모든 것은 위기가 없으면 현실에 안주하려는 습성이 된다.
- 위기의식을 느끼거든 철저히 분석해서 과감히 '혁신 및 행동'을 하라.
- 모든 투자와 싸움을 할 때 자기 자신의 감정과 심리를 잘 다스릴 줄 아는 사람은 반드시 이득을 보고 이길 수 있다.
- 투자나 일을 할 때 실수했음을 깨달으면 즉시 '수정'을 하라.
- 스스로 깨닫고 수정과 보완을 하는 사람은 반드시 '발전'을 한다.
- 이 세상 모든 것은 반드시 변화의 '순환법칙'이 계속된다.
- 모든 경제시장은 거품의 대호황 직후에는 반드시 '불황'이 따른다.
- 경제적 거품이 터질 때는 과도하게 평가된 자산들부터 우선적으로 붕괴와 폭락이 진행되고 다시 불황으로 바뀌게 된다.
- 호황기로 물건의 값이 최고점일 때는 미련없이 주식과 부동산 등을 모두 팔아서 '현금'으로 바꾸어 놓아라.
- 모든 투자는 물건들이 가장 비쌀 때는 팔아버리고, 반드시 기다렸다가 값이 가장 쌀 때 헐값으로 다시 사는 것이다.
- 모든 투자는 ① 값이 폭락할 때 ② 최악의 불경기일 때 ③ 최저가로 값이 떨어졌을 때 ④ 모두가 망했다고 할 때 등이다.
- 준비와 다음 기회를 기다리는 '시간투자'는 고도의 투자기술이다.
- 삶을 잘 살려면 근면성실로 규칙적 '아침형 인간'이 되어라.
- 오랜 세월 자금과 자산을 늘리려면 '더 넓고 더 길게' 바라보라.

- 어떤 상황이 오더라도 자금과 자산은 직접 '관리'를 잘 해 나아가라.
- 젊은이여! 취직과 취업보다는 도전과 모험으로 '창업'을 시도하라.
- 젊은이여! 직장보다는 평생 할 수 있는 '직업'을 더 중요시하라.
- 직업을 선택했으면 10년 이상 인내하면서 '본업'에 꼭 충실을 하라.
- 경제적 성공으로 행복하려면 목표와 계획을 반드시 잘 세우라.
- 지금부터 1단계로 자기 앞가림의 민생고 해결 1억 원을 모으고, 2단계로 10억 원을 모으고, 3단계로 평생 100억 원 쯤 개인재산을 소유하는 부자 '자산가'를 꼭 목표로 하라.
- 현대사회는 평생공부 그리고 평생재테크와 평생직업시대이다.
- 현대사회는 100세 시대이니, 100살까지의 단기·중기·장기 그리고 평생 등 삶의 계획과 목표를 꼭 세우라.
- 삶의 꿈과 계획 및 목표가 있는 사람은 분명히 '성공'을 한다…….
- 세상살이는 아는 만큼 보이고, 많이 알아야 '권리'를 찾는다.
- 모든 조직과 단체 및 회사·기업의 운영과 경영을 잘 배워두어라.
- 모든 조직·단체·회사·기업 등은 임원회의와 정기총회를 한다.
- 모든 조직·단체의 임원과 회원 및 주주는 기본 재무와 회계 등 '재무상태표'를 꼭 볼 줄 알아야 한다.
- 재무상태표(대차대조표)에서 ① 현금흐름표 ② 손익계산서 ③ 재무비율 등을 알아야 하고 또한 경영을 알아야 한다.
- 기업과 사업 및 장사를 하려면 항상 '재무상태'가 좋아야 한다.
- 기업과 사업의 재무상태를 알려면 먼저 '현금흐름표'를 상세히 보라.
- 현금흐름표는 월간 또는 연간의 '성과'를 추적하는 데 유용하다.
- 현금흐름표는 특정기간 동안의 '은행계좌'를 잘 확인하라.
- 은행계좌에 현금을 예치하는 것과 현금을 인출하는 것이다.
- 현금흐름표는 현금흐름발생의 '출처'를 구분해서 '추적'을 잘 하라.

- 현금은 은행계좌에 있든지 또는 금고에 있든지 둘 중 하나이다.
- 현금의 유입은 ① 영업활동 ② 투자 ③ 자금조달 등이다.
- 현금흐름은 인출보다 예치가 많아야 하고 0이 되면 안 된다.
- 모든 기업들은 '자유현금흐름'이 필수적이고, 기업의 경영 및 운영을 유지하기 위한 자유현금흐름은 클수록 더욱 좋다.
- 기업과 사업을 할 때 현금은 중요하지만 '이윤'은 더욱 중요하다.
- 기업과 사업은 장기간의 이윤이 없으면 반드시 망하게 된다.
- 판매와 수익을 판단하기 위해서는 '비용'을 연결해서 추적을 하라.
- 기업회계는 '발생주의'로 수익과 비용을 대응시키는 '대응원칙'을 기본 원리로 하고 있다.
- 기업의 손익계산은 매출 − 상품원가 − 비용 − 세금 = 순이익이다.
- 특히 회계의 대응원칙에서 전문가들은 '잠재적 편향'을 잘 써서 공식 또는 가정 등을 변경해 이윤선을 '조정'할 수도 있다.
- 기업들은 특정기간에 기업의 순가치를 '대차대조표'로 작성을 한다.
- 기업들은 지난 1~2년간의 회계를 회계년도 마지막 날을 기준으로 계산한 '대차대조표'를 작성·보고·고시를 해야 한다.
- 기업들은 많은 자산과 부채 그리고 자본으로 구성되어 있다.
- 자산이란 시설과 설비·제품·재고·외상매출계정·현금 등이다.
- 부채는 대출금·조달자금·외상매입계정·채무 등이다.
- 자본은 소유주지분의 자본 및 투자자자본과 유보이익금 등이다.
- 기업의 대차대조표는 양쪽의 합산수치가 '균형'을 이뤄야 한다.
- 대차대조표는 해당 기업의 재무적 건전성과 지불능력여부 등 '기업가치'를 판단하는 귀중한 자료이다.
- 특히 대차대조표는 수치의 편향을 줄 수 있는 가정 또는 추정이 있으니 대차대조표를 볼 때는 '주석'을 꼭 함께 잘 살펴라.

- 기업과 사업을 할 때는 항상 '재무비율'을 꼭 알아야 한다.
- 재무비율을 보면 특정부분의 비즈니스를 잘 판가름할 수 있다.
- 재무비율을 산업평균과 비교해 보면서 해당기업의 '성과'를 알라.
- 수익성비율은 이윤을 창출하는 그 기업의 능력을 표시한다.
- 자산수익률은 그 사업에 투자된 자산 대비 이윤을 나타낸다.
- 타인자본비율은 그 기업이 빚을 얼마나 쓰고 있는지를 나타낸다.
- 유동성 비율은 청구서에 지급할 수 있는 그 기업의 능력을 나타낸다.
- 효율성 비율은 그 기업이 얼마나 효과적으로 자산과 부채 등을 잘 관리하고 있는가를 나타낸다.
- 이자보상배율은 영업이익으로 은행이자 등을 감당할 수 있는 정도를 나타내고, 영업이익으로 은행이자도 못 갚을 경우는 그 사업을 과감히 접어야 한다.
- 투자수익률은 시간·노동·자본 등의 투자에서 생기는 가치이다.
- 매몰비용은 일단 투자가 된 후에 회복될 수 없는 시간·노동·에너지·자본 등의 총체를 말한다.
- 모든 사업과 기업은 '매몰비용'이 발생되어서는 절대로 안 된다.
- 재무제표를 검토할 때 투자수익률·총자산수익률·재고회전률·매출채권회수율·재무비율 등은 '사업건전성'확인에 아주 중요하다.
- 모든 사업은 비용과 편익분석으로 '비용 대비 편익'도 잘 검토하라.
- 경영은 누구나 할 수 있지만, 아무나 잘 할 수는 없다.
- 단체 및 조직과 기업 등의 경영은 반드시 '방향성'을 잘 잡아라.
- 모든 기업과 조직은 기본적으로 사람과 시스템으로 움직인다.
- 기업과 조직은 전략이 필요하고, 경영자는 인재와 시스템을 잘 관리하여 모든 구성원을 반드시 '공동목표'로 잘 이끌어야 한다.
- 기업과 조직이 공동목표를 향해 나아가면 반드시 '성공'을 이룬다.

- 모든 업무와 일은 실력과 능력이 있는 적임자에게 꼭 맡겨라.
- 모든 전문적인 일은 반드시 그 분야의 '전문가'에게 꼭 맡겨라.
- 어떤 경우에도 실력과 능력이 없는 사람에게는 일을 맡기지 말라.
- 어떤 경우에도 적임자가 아니면 '인사발령'을 하지 말라.
- 비전문가에게 일을 맡기는 것은 모두가 함께 망하는 지름길이다.
- 자기 자신이 잘 모르는 분야에는 절대로 손을 대지 말라.
- 잘 모르거나 운까지 안 따르면 반드시 손해와 실패가 따른다.
- 모든 나라의 국민들은 국가 경영에 필요한 조세부담 의무가 있다.
- 대한민국의 조세체계는 ① 국세 ② 지방세가 있고, 국세는 다른 공과금 및 기타 채권에 우선하여 징수를 한다.
- 부동산을 취득할 때는 취득세와 등록세를 신고 · 납부해야 한다.
- 부동산을 매도 · 교환을 할 때는 양도소득세를 신고 · 납부해야 한다.
- 소득이 있을 경우에 개인은 ① 소득세, 법인은 ② 법인세를 내야 한다.
- 소득세는 개인의 모든 소득에 합산과세이고 누진세율 적용이다.
- 법인세는 각 사업연도 종료일로부터 3개월 이내에 ① 대차대조표 ② 손익계산서 ③ 이익잉여금처분(결손금처리)계산서 ④ 현금흐름표 ⑤ 세무조정계산서 등을 '함께제출'과 관할세무서에 신고 · 납부를 해야 한다.
- 세무조정에서는 익금 및 손금의 산입 및 불산입을 잘하라.
- 모든 사업자는 각 사업장마다 신고 · 등록을 해야 하고, 소득세 또는 법인세와 부가가치세 등을 신고 · 납부해야 한다.
- 사업자는 ① 일반과세 ② 간이과세 ③ 면세 등으로 구분하고, 일반과세자는 개인이든 법인이든 '부가가치세'를 내야 한다.
- 부가가치세는 매년 1월과 7월달에, 소득세는 매년 5월달에, 법인세는 통상 매년 3월달에 신고 · 납부를 해야 한다.

- 재산세는 매년 과세기준일(6월 1일자) 현재 부동산 소유자에게 건축물은 7월달에, 토지는 9월달에, 주택은 7월과 9월에 반반씩, 선박 및 항공기는 7월달에, 과세표준으로 신고·납부를 해야 한다.
- 대한민국에는 현재 약 30가지의 세금이 존재한다.
- 대한민국에서 현재 사업을 하는 사람들은 대단한 존재들이고 세금을 많이 내는 사람은 정말로 애국자들이다.
- 모든 사람은 태어나면 죽을 때까지 계속 '경쟁' 속에서 살아간다.
- 모든 생명체는 생존을 위해서 죽을 때까지 '경쟁'을 해야 한다.
- 싸우지 않고 이기는 방법이 최선의 방법이고 기술이다.
- 싸우지 않고 이기는 방법과 기술이 '권모와 술수'이다.
- 권모와 술수는 자연계에서 식충세계와 동물세계의 먹이 경쟁을 할 때 항상 일어나는 자연계의 생존방법이고 성공기술이다.
- 약자가 강자를 이기려면 반드시 '권모술수 전략'을 잘 사용하라.
- 약자가 강자를 이기려면 '대담한 전략'을 철저하게 잘 세우라.
- 꼭 이기기 위해서는 모든 것을 반드시 '최적화'를 잘 시켜라.
- 독수리가 높은 곳에서 땅을 내려 보듯, 호랑이가 은밀하게 먹잇감에 접근을 하듯, 사자가 용맹스럽게 먹잇감을 넘어뜨리듯 행하라.
- 영업·승진·선거출마 등 경쟁을 할 때는 '권모술수'에 능란하라.
- 선전포고와 정면승부 싸움은 손실이 크니 절대로 잘 피하라.
- 상황에 따라 행동을 잘 하고 돌발 상황의 '대비책'도 세워두어라.
- 가끔은 반대표를 던져서 존재감과 영향력을 과시하라.
- 내버려두다가 결정적 기회에 나서서 '존재감'을 과시하라.
- 자기편의 강점·장점·이점을 최대한 내세우고 활용을 잘 하라.
- 자기편의 권위와 인맥 등 유리한 것을 최대한 활용을 잘 하라.
- 상대편의 약점·단점·허점을 계속해서 집요하게 공격을 하라.

- 상대편이 무방비일 때 기습과 역습으로 '급소'를 공격하라.
- 싸움을 하려면 공격목표 내부에 정보원과 간첩을 심어두어라.
- 상대편 적들끼리 싸우게 하는 어부지리술책을 사용하라.
- 상대편에게 책임과 허물을 씌우는 모함술책을 사용하라.
- 상대편에게 음해와 죄를 날조하는 조작술책을 사용하라.
- 상대편에게 사람과 자금돈줄을 막는 고립술책을 사용하라.
- TV · 신문 · 인터넷 등 언론매체로 여론몰이술책을 사용하라.
- 비밀로 철저하게 중상 · 모략 · 음해로 상대를 곤경에 빠뜨려라(위의 나쁜 술책들은 꼭 필요할 때만 사용해야 합니다).
- 빈틈을 주지 말고 연쇄적으로 파도처럼 '파상공격'을 계속하라.
- 알고 있어도 모르는 척하고 함부로 속마음을 드러내지 말라.
- 싸움이나 경쟁을 할 때는 고도의 '심리전술'을 잘 사용하라.
- 싸움이나 모든 문제들은 '사전예방'이 가장 중요하다.
- 피할 수 없는 한판 싸움이라면 '선제타격'을 감행하라.
- 선제타격과 예방타격은 최소피해의 '선제방어'이다.
- 싸움이나 경쟁을 할 때는 '정보와 보안'에 신경을 많이 쓰라.
- 정치인 및 기업인과 특수 중요한 일을 하는 사람들은 항상 CCTV와 언론기자 등을 조심하고, 대화와 통신의 '감청과 도청'을 조심하라(현대사회는 비밀녹음과 촬영 그리고 감청과 도청기술이 놀라울 정도이고, 모든 국가와 기업체 등의 경쟁자끼리는 언제나 감청과 도청이 빈발하고 특히 미국은 100개 이상의 위성으로 전 세계의 모든 통신과 대화 등을 24시간 감시를 하고 있다).
- 첩보 및 정보의 수집과 보완유지는 곧 경쟁력이고 힘이다.
- 모든 정보들은 시간별 · 지역별 · 분야별 등으로 '분류'를 잘 하라.
- 신문구독은 보수 · 진보 · 중도 등을 함께 골고루 읽어라.

- 야망이 있는 사람들은 반드시 정당가입과 정치에 뜻을 세우라.
- 야망이 있는 사람은 우선적으로 군의원·구의원·시의원·도의원·국회의원 등을 '순차적'으로 출마도전을 하고, 지방자치단체장 및 공공기관장 또는 국무위원 등으로 성공과 출세를 꼭 진행시켜 나아가라.
- 선출직과 임명직으로 성공과 출세를 하려면 반드시 '출마당선운'과 '낙하산발령운' 및 '내정임명운' 등을 사전에 꼭 점(占) 봐 두어라.
- 야망이 큰 사람들은 자기 자신의 '성공출세운'을 꼭 점(占) 봐 두어라.
- 정치와 정당의 당원들은 정당의 이념과 노선 그리고 정강과 정책을 알아야 하고, 정당의 지도자가 되려면 당헌과 당규를 꼭 알아두라.
- 특히 정당은 국가발전과 사회개혁에 대한 강력한 의지와 그 의지를 반영한 분명한 '노선과 색깔'을 가져야 한다.
- 특히 정치인은 정치철학과 국정철학을 가져야 하고, 정부 및 지방의 단체장들은 행정철학을 가져야 한다.
- 특히 정치인은 은퇴를 할 때까지 계속 선거를 치르고 싸워야 한다.
- 정치인과 민선 단체장들은 시대정신과 세력조직을 꼭 갖추어라.
- 민선 단체장에 도전하려면 국가관과 '비전제시'를 크게 잘 하라.
- 민선 단체장에 도전하려면 TV 노출과 언론플레이를 잘 하라.
- 모든 선출직에 도전하려면 치밀한 전략과 다수의 지지를 얻으라.
- 모든 선출직에 도전하려면 선출 당락의 '운(運)'을 가장 먼저 살펴라.
- 선거는 항상 현실이고, 선출직은 '결과'로만 이야기할 수 있다.
- 정치 및 행정은 현실이니 항상 '국면전환'용 카드를 잘 사용하라.
- 모든 선거를 치를 때는 반드시 '선거전략'을 잘 세우라.
- 선거운동에서 효과가 가장 큰 것은 선거관리위원회 등에서 개인과 집집마다 보내주는 '선거홍보자료'이니 홍보물을 잘 만들어라.
- 선거전략에서는 정책과 공약 등의 강력한 '의지'를 분명히 밝혀라.

- 모든 선거를 치를 때는 전략의 '책사'와 전투의 '투사'를 잘 두어라.
- 모든 선거를 치를 때는 겁쟁이 지식인들 대학교수들을 배제시켜라.
- 또한 대학교수들은 결코 '폴리페서(polifessor)'가 되지 말라.
- 본업에 충직하지 않은 철새 같은 사람은 결코 신뢰를 하지 말라.
- 모든 선거는 지혜와 행동을 수반한 '야전사령관'을 잘 두어라.
- 모든 선거를 치를 때는 ① 전략기획팀 ② 이미지개발홍보팀 ③ 조직운영팀 ④ 자금조달재정팀 등 선거에 따른 '팀구성'을 잘 하라.
- 선거출마의 후보자는 조직관리와 정책개발 및 비전제시를 잘 하라.
- 모든 선거 때는 돌출발언과 행동으로 대중의 '관심'을 잘 유도하라.
- 모든 선거와 정치선거는 '여론'을 잘 살피고 '바람몰이'를 잘 하라.
- 모든 선거를 치를 때 비장의 카드로 '네거티브전략'도 준비해두라.
- 선거를 성공하려면 단합과 연대·연합 및 합당 등을 잘 하라.
- 선거와 공천은 반드시 '이길 수 있는 후보자'를 잘 선택하라.
- 모든 선거의 최고전략은 반드시 당락의 '운(運)예측'이 먼저이다.
- 모든 선출직은 '운7·기3 법칙'이니 먼저 운(運)부터 확인을 하라.
- 나를 알고, 적을 알고, 세상의 이치를 알고 그리고 '운(運)'을 알라.
- 내 인생의 진정한 적은 바로 '자기 자신'임을 알아야 한다.
- 남을 이기는 것보다 자기 자신을 이기는 사람은 정말로 강하다.
- 사람에게는 평생 동안 자기 자신의 '그림자'가 따라다닌다.
- 그림자가 항상 따라다니기 때문에 말과 행동을 항상 '조심'하라.
- 자기 자신의 과거 그림자에 떳떳하지 않거든 공직에 나서지 말라.
- 국정조사 및 청문회 등은 사전조사와 준비 그리고 계획 및 의도적으로 물어보니 답변자는 철저하게 '준비와 대응'을 잘 하라.
- 정권이 바뀌면 앞 정권 때 '특혜'를 받은 기업인들은 조심을 하라.
- 정권이 바뀌면 기업길들이기 또는 보복성의 세무조사 및 적폐청산·

부정비리 청산 등 정치적 온갖 조사 및 수사 등이 꼭 뒤따른다.
- 모든 싸움은 준비·대비·대응을 잘 하는 쪽이 항상 유리하다.
- 명분이 있으면 약자가 강자를 이길 수 있고 싸움을 이길 수 있다.
- 명분 쌓기를 계속 하면서 '대의명분'으로 기회와 대세를 잘 잡아라.
- 적절한 운때를 기다려서 '협상과 타협'으로 싸우지 않고 이겨라.
- 모든 것은 상황에 따른 시기적절의 '타이밍'을 잘 맞추어라.
- 모든 것은 타이밍을 잘못 맞추면 결국 실패로 끝나 버린다.
- 타이밍을 맞추기 위해 '운때'를 기다리는 것은 최적의 전략이다.
- 기업·사업·정치·선거출마·싸움을 할 때는 '책사'를 꼭 두어라.
- 책사들은 두뇌가 좋으니 한 번 기용을 하면 '평생'을 함께하라.
- 권력과 힘은 아무에게도 나누어 주거나 물려주지 말라.
- 정치와 권력에서 잠재적 경쟁자는 사전에 '제거'를 해 버려라.
- 모든 조직의 권력에서 반대파는 철저하게 '제거'를 해 나가라.
- 한 번 실수로 권력에서 밀려나면 영원한 뒷방 신세가 되어 버린다.
- 정권과 권력을 잡게 되면 순차적으로 '이권개입'을 잘하라.
- 산하기관 및 계열회사의 책임자를 바꾸는 '인사발령'을 잘하라.
- 전체 조직을 장악하고 자기 사람들로 요소요소에 잘 심어두어라.
- 아랫사람을 쓸 때는 오직 '충성심'과 '직무능력'을 함께 잘 살펴라.
- 우두머리는 아랫사람들의 능력을 꿰뚫어 보는 '안목'을 꼭 키우라.
- 큰일은 시기를 잘 포착하여 정확하고 과감하게 실행을 하라.
- 모든 일은 절차를 따르고 '명분과 실적 쌓기'를 잘 해나가라.
- 무척해야 무탈하고 잘 살게 되니 인생에 적을 만들지 말라.
- 입살도 살(殺)이 되니 사람들이 저주와 악담을 하게 하지 말라.
- 사람들이 원망과 저주와 악담을 많이 하면 결국 망하게 된다.
- 비방과 악플 그리고 욕을 많이 먹으면 결국은 망하게 된다.

- 성공과 출세를 하려면 소통과 설득 및 협상을 잘 해 나아가라.
- 소통 및 설득 그리고 협상 및 회의 등을 잘 하려면 '동의'를 받아낼 수 있도록 사전에 준비와 계획 등 '전략'을 잘 세우라.
- 설득을 잘 하려면 예스를 할 수 있도록 '분위기'를 잘 조성시켜라.
- 설득을 잘 하려면 객관적인 근거와 데이터를 잘 제시하라.
- 협상을 할 때는 자신에게 유리한 조건을 먼저 '선점'해 두어라.
- 협상을 할 때는 상대방이 거절할 경우를 먼저 '대비'해 두어라.
- 협상을 할 때는 양쪽이 만족할만한 '합의점'을 생각해 두어라.
- 설득과 협상을 잘 하려면 가장 적절한 '타이밍'을 잘 잡아라.
- 설득과 협상을 할 때는 최선책이 안 되면 차선책이라도 꼭 받아라.
- 세상은 아는 만큼 보이니, 공부하고 경험을 쌓고 '안목'을 키워라.
- 꿈과 야망은 성공을 낳고, 성공은 더 큰 야망을 낳는다.
- 성공을 하려면 자신의 강점·약점·장점·단점을 정확히 '인식'하라.
- 성공을 하려면 진정한 지식과 실력 및 능력을 갖춘 '인재'가 되어라.
- 성공을 하려면 나쁜 성격·나쁜 말투·나쁜 행동은 꼭 '개선'을 하라.
- 성공을 하려면 규칙적인 운동으로 '몸관리'부터 잘 해 나아가라.
- 성공을 하려면 책을 많이 읽고 '평생공부'를 계속해 나아가라.
- 성공을 하려면 스스로 '인격과 품격'을 계속 높여 나아가라.
- 성공을 하려면 꼭 필요한 사람들과 '인맥형성'을 잘 해 나아가라.
- 성공을 하려면 항상 주류 편에 함께하고 '주도권'을 꼭 잡아라.
- 현재를 주도하는 사람들이 항상 그 시대와 그 사회를 지배한다.
- 역사 이래 가장 큰 세계의 주도권은 15~16세기는 스페인이 그리고 17~19세기는 영국이 그리고 20~21세기는 미국이다.
- 미국은 경제·군사·정치 등에서 세계의 '큰형님' 역할을 하고 있다.
- 글로벌 경쟁에서 중국의 힘은 미국의 절반 정도이다.

- 세계 글로벌경제는 미국의 경제정책과 미국 달러의 운용구조이다.
- 글로벌 경제는 미국 달러 운용에 따라 희비가 엇갈리는 시스템이다.
- 모든 기업과 국가는 미국의 경제정책과 달러운용을 꼭 알아야 한다.
- 모든 국가의 정치는 여당이 주도권을 잡고, 정치 이념적 우파와 좌파는 시대정신에 따라서 주도권이 번갈아 '반복'이 된다.
- 오늘에 최선을 다하라. 한 번 지나간 시간은 되돌아오지 않는다.
- 성공출세와 부자가 되려면 평생 동안 항상 '시간관리'를 잘 하고 반드시 '새벽형인간'이 되어라.
- 똑같이 주어진 하루 24시간을 어떻게 쓰느냐가 성공을 좌우한다.
- 남보다 1시간 일찍 일어난 사람은 10년을 앞당겨 성공을 이룬다.
- 새벽에 일어나는 시간은 항상 새벽 동틀 무렵으로 모닝콜 자명종을 꼭 맞추고 '습관 길들이기'를 꼭 실천하라.
- 새벽 동이 트는 시간은 기압과 습도 및 기온과 바람 등이 바뀐다.
- 사람의 일상 생활도 생체리듬과 자연변화의 흐름에 맞추라.
- 태양이 찬란하게 솟아오르는 아침 시간 때는 누구나 아침운동 및 태양을 바라보고 명상자세로 앉아 '아침태양명상'을 하면서 우주의 생명에너지를 온 몸으로 받아들여라.
- 새벽 일찍 일어남과 아침태양명상은 '일거삼득'의 좋은 습관이다.
- 일을 꼭 성공시키려면 차근차근 '절차'에 따라 준비를 잘 하라.
- 일은 계획과 준비를 잘 해두면 스스로 용기와 자신감이 생겨진다.
- 성공한 사람은 남다르니, 그것을 한 수 배우고 '벤치마킹'을 잘하라.
- 실패한 사람들은 잘못들이 있으니, 실패 원인을 꼭 분석해 보라.
- 큰 실수와 큰 실패를 당했거든 그것을 '평생 교훈'으로 꼭 삼으라.
- 실패로부터 배우는 사람은 훗날에는 더 크게 성공을 해 낼 수 있다.
- 위기와 위험 및 역경에 처할 때가 '전화위복'의 진정한 기회이다.

- 기회는 기다리기도 하지만, 적극적으로 기회를 만들어가라.
- 물고기는 낚싯바늘로 잡고, 사람은 돈과 신뢰로 잡는다.
- 사람의 신뢰와 신용은 참 중요하니 평생 동안을 잘 '관리'하라.
- 신용불량을 경험한 어른은 자기의 자녀들에게 평생 동안의 '신용관리 교육'을 잘 시켜 부모의 전철을 밟지 않게 하라.
- 무슨 일이든 실패를 경험한 어른은 자기의 자녀들에게 실패의 경험담을 들려주어 부모의 전철을 밟지 않게 하라.
- 큰 질병으로 고생한 어른은 자기의 자녀들에게 질병의 원인과 고통의 경험담을 들려주어 부모의 전철을 밟지 않게 하라.
- 세상과 인생은 직접 경험해 본 것이 가장 '진실'한 지식이다.
- 인간은 오직 '경험'을 통해서만 더욱 발전을 하게 된다.
- 세상과 인생은 운(運)이 중요하니 반드시 '운을 좋게' 만들어 가라.
- 몸이 아프면 약국과 병원을 찾아가듯, 운(運)이 안 풀리거나 또는 나쁘다고 생각이 들면 반드시 '사주운명'을 꼭 진단 받으라.
- 사주와 운(運)을 모르는 사람들은 눈뜬 장님봉사와 같은 것이다.
- 세상은 아는 만큼 보이고, 인생살이는 '운과 복'으로 살아간다.
- 세상 이치를 잘 모르는 사람은 '좋은 책'을 많이 읽고 꼭 배워나가라.
- 배우고 실천하고 또 배우면 인생살이가 반드시 더 나아진다.
- 거대한 느티나무도 작은 씨앗으로부터 자라난 것이다.
- 천리길도 한 걸음부터이고, 높은 산을 오를 때도 한 계단부터이다.
- 할 수 있다고 생각하면 할 수 있고, 할 수 없다고 생각하면 안 된다.
- 자수성가한 사람들은 환경을 탓하지 않고, 환경을 만들어간다.
- 뛰어난 기술자는 연장을 탓하지 않고, 명필은 붓을 탓하지 않는다.
- 자기에게 없는 것을 탓하지 말고, 있는 것들을 잘 활용하라.
- 작은 목표들을 이루어가면서 진짜로 '큰 목표'를 꿈꾸어라.

- 거울을 보고 내 모양새를 바로 잡듯, 책을 읽고 삶을 바로 잡아라.
- 책 한 권에서 '좋은 글귀' 한 개만 얻어도 책값은 충분하다.
- 재미 위주의 책을 읽는 사람은 성공 · 출세 · 부자가 될 수 없다.
- TV를 볼 때 드라마를 많이 보거나 개그프로 등을 즐겨보는 사람은 결코 성공 · 출세 · 부자가 될 수 없다.
- 인터넷으로 게임 · 오락만을 하는 사람은 결코 부자가 될 수 없다.
- 스마트폰중독 · 게임중독 · 도박중독 · 마약중독 · 알코올중독 · 니코틴 중독 · 섹스중독 등 '중독자'들은 반드시 인생을 망치게 된다.
- 망하고 후회하지 않으려면 어금니를 악물고 '절제'를 꼭 하여라.
- 향정신성의 모든 중독자들은 자기 절제가 결코 잘 되지 않는다.
- 중독자들은 타고난 사주에 따라 과거 및 전생과 조상핏줄의 업(業)내림 때문이니 반드시 업살풀이로 '운치료'를 꼭 한 번 받아야 한다.
- 영혼들이 깃들어 있는 귀중한 자기 인생을 '중독' 때문에 망치지 말라.
- 성공출세 및 부자가 되려면 종이책과 경제신문을 꼭 읽어라.
- 종이책 독서와 경제신문 구독은 성공출세를 위한 '좋은 습관'이다.
- 종이책은 전자책에 비해 집중력과 이해도가 훨씬 더 효과적이다.
- 과거에서 배우고, 현재에 최선을 다 하고 미래를 꿈꾸어라.
- 성공을 위해서는 자기감정을 절제하고 행동을 절제하여라.
- 성공은 좋은 아이디어와 그것을 실행으로 꼭 옮기는 '실천력'이다.
- 성공을 위해서는 열정과 집중 그리고 끈기로 끝까지 버티어라.
- 기회는 항상 지금 있는 그곳과 현재 그 상황에서부터 비롯된다.
- 위험과 위기는 준비가 안 된 사람에게만 갑작스레 들이 닥친다.
- 준비가 잘된 사람에게 위기는 또 다른 좋은 '기회'일 뿐이다.
- 위기라고 생각할 때가 '혁신'을 할 수 있는 절호의 기회이다.
- 절망이라고 생각들 때가 정말로 과감히 '행동'을 할 때이다.

- 큰 성공을 하려면 계속된 학습 · 연습과 끈기로 '한 우물'을 파라.
- 위대한 성공과 성취는 모두 신들린 듯한 '열정'의 결과이다.
- 오직 한 분야에서 미친 놈 소리를 들어야 '큰 성공'을 이룬다.
- 큰 성공을 이룬 뒤에는 오히려 겸손하고 더욱 검소하여라.
- 부자에 대한 부러움과 배타적 질투와 미움은 '서민들의 본성'이다.
- 가난뱅이와 약자는 부자 및 강자를 선망하면서도 증오를 한다.
- 높이 오를수록 시야는 넓어지나 시기질투의 바람은 더욱 거세진다.
- 유명세를 타고 얼굴과 이름이 알려지면 사생활이 없어진다.
- 큰 성공을 하고 유명세를 타면 필연적으로 '감시'가 따른다.
- 유명세를 타면 절제와 겸손으로 항상 비판에 '대비'를 잘 하라.
- 잘난 체하면 적을 만들고, 못난 체 하면 친구를 만든다.
- 진정으로 승리와 자유를 바라거든 때로는 바보처럼 행동을 하라.
- 진짜 바보는 어리석은 바보이고, 가짜 바보는 영리한 바보이다.
- 성낼 줄 모른 사람은 바보이고, 성내지 않으면 영리한 사람이다.
- 자랑하는 사람은 바보이고, 숨길 줄 알면 영리한 사람이다.
- 허세부리는 사람은 바보이고, 겸손할 줄 알면 영리한 사람이다.
- 아는 체하는 사람은 바보이고, 물어 볼 줄 알면 영리한 사람이다.
- 대립하는 사람은 바보이고, 상생할 줄 알면 영리한 사람이다.
- 싸움하는 사람은 바보이고, 협상할 줄 알면 영리한 사람이다.
- 적을 만드는 사람은 바보이고, 친구를 만들면 영리한 사람이다.
- 그 사람의 어릴 적 성장과정을 모르면 '오해'가 따를 수 있다.
- 그 사람의 가정환경을 모르면 계속 오해가 따를 수 있다.
- 그 사람의 인생 가치관을 모르면 계속 오해가 따를 수 있다.
- 세상살이는 이해를 하기 전까지는 대부분 잘못 오해들을 한다.
- 무슨 문제가 있거든 문제의 '본질'을 파악해서 이해를 잘하라.

- 무슨 문제가 있거든 원인과 결과의 '관련성'을 잘 파악해 보라.
- 무슨 문제가 있거든 '이해득실'의 관점에서 분석을 잘 해 보라.
- 대다수 사람들의 인간본성은 대체로 '자기중심적'이다.
- 세상만사는 모두 '자기 입장'에서 생각과 행동들을 한다.
- 자신에게 이득 및 중요하지 않은 것은 대부분 무시해 버린다.
- 관심이 없는 주제에 대해서는 아예 관심을 꺼버리기도 한다.
- 사람은 자기 자신과의 이해득실로 모든 '의사결정'들을 행사한다.
- 특히 동질성을 가진 사람들의 의사결정은 크게 잘못될 수도 있다.
- 자신과의 이해득실에 따른 다수결제도는 '큰 위험?'일 수도 있다.
- 특히 다수결제도는 절차와 목적이 '최선쪽'이어야 한다.
- 성공출세와 부자가 되려면 항상 '핵심과 본질'을 중요시하라.
- 성공출세와 부자가 되려면 한 눈에 꿰뚫는 '통찰력'을 키워라.
- 성공출세와 부자가 되려면 자기분야에서 탁월한 '전문가'가 되어라.
- 성공출세와 부자가 되려면 훌륭한 인재를 '협조자'로 잘 얻으라.
- 성공출세와 부자가 되려면 항상 '기회창조'를 계속 만들어 가라.
- 성공출세와 부자가 되려면 목표 · 계획 · 준비 · 실천으로 꼭 행하라.
- 성공출세와 부자가 되려면 일정 계획표 '스케줄'을 생활화 하라.
- 스케줄대로 움직이는 사람은 성공을 하고 출세를 하고 부자가 된다.
- 모든 성공자와 프로들은 일정표 스케줄대로 움직이는 사람들이다.
- 성공과 출세를 하고 있는 사람은 항상 '스캔들'을 조심하라.
- 유명인사와 공인들은 항상 '망신살과 관재수'를 조심하라.
- 유명인사가 된 사람들은 반드시 '겸손과 절제'를 많이 가져라.
- 자기 절제로 겸손과 검소생활은 가르침과 배움의 '품성공부'이다.
- 가르침과 동기부여를 주는 '좋은 책'은 반드시 수중에 꼭 넣어라.
- 깨달음과 동기부여를 주는 책이 가장 가치있는 좋은 책이다.

- 사람들에게 '동기부여'를 계속 유발시키면 누구나 성공을 이룬다.
- 자기 자신과 자녀에게 '끼'가 있으면 연예인으로 도전을 꼭 해보라.
- 연예인으로 발탁이 되면 가장 먼저 '인기운' 여부를 꼭 감정받으라.
- 먼저 정확한 '운감정'을 받은 후에 시간과 노력을 투자하여라.
- 특히 인기운이 약한 연예인은 연예계에서 결코 성공을 할 수 없다.
- 모든 연예인은 인기운을 좋게 '개운'하면 큰 인기를 얻을 수 있다.
- 모든 사람은 반드시 저마다의 한 가지씩은 '소질'을 타고난다.
- 타고난 소질재능 및 장점과 강점을 찾아내어 최대로 활용을 하라.
- 사람의 타고난 천성소질발견 및 계발과 개운은 정말로 중요하다.
- 성공출세와 부자가 되려면 최우선으로 '자기 자신'을 잘 경영하라.
- 현생을 잘 살려면 운영과 경영 등 '경영학'을 꼭 공부해 두어라.
- 가장과 주부가 가정을 잘 경영하는 것은 '경영기술'의 기본이다.
- 자기 가정을 잘 경영하지 못한 가장과 주부는 '공부'를 좀 하라.
- 공부는 마음을 잘 다스리는 것과 운(運)을 아는 것이 첫번째이다.
- 가게와 회사를 경영하는 것은 고도의 기술과 운(運)이 필요하다.
- 이익을 지배하는 것은 경영의 기본상식이고 일반경영이다.
- 부채를 지배하는 것은 목줄을 틀어쥔 고도의 '전략경영'이다.
- 운때를 미리 알고 지배하는 것은 가장 고도의 '운빨경영'이다.
- 가정 그리고 기업 및 국가 경영까지도 운(運)을 알아야 한다.
- 앞날의 운(運)을 모르거나 또는 운(運)이 나쁘면 모든 것이 허사이다.
- 세상의 모든 것은 성 · 주 · 괴 · 공으로 변화 및 순환을 계속한다.
- 세상의 모든 것은 개발과 발전을 향해 스스로 '변화'를 계속 한다.
- 21세기는 혼돈과 급변의 불확실 및 적자생존의 첨단 시대이다.
- 21세기는 제4의 정신물결 및 4차 산업혁명의 새로운 시대이다.
- 21세기는 소셜미디어와 인공지능 · 로봇 등이 함께하는 시대이다.

- 21세기는 데이터 빅뱅과 데이터과학의 첨단정보화 시대이다.
- 21세기는 빅데이터의 정보 분석과 알고리즘으로 관리가 된다.
- 21세기는 직업의 혼돈으로 '기존 직업의 종말'들을 예고한다.
- 앞으로 10년 후 당신의 직업을 예측과 준비 및 대비를 잘 하라.
- 21세기는 '아이디어'가 노동과 자본보다 더욱 희소가치가 된다.
- 21세기 중반쯤에는 모든 학교교육제도가 점점 스스로 없어진다.
- 인공지능과 스마트폰 검색 및 온라인강의가 학교교육을 대신한다.
- 21세기는 미래 시대의 가치와 철학을 가진 '새로운 공부'를 준비하라.
- 현재 21세기 초반은 아주 중요한 '미래산업' 준비의 골든타임이다.
- 앞으로 미래산업과 미래사회의 예측을 대략해 보면, 소비자 직접 구매대중화 · 지식검색 대중화 · 딥러닝 대중화 · 모든 경계의 파괴화 · 모든 기득권의 파괴화 · 외국어 동시통역기의 대중화 · 현실과 가상경계의 파괴화 · 게임과 미디어 파괴화 · 스마트폰의 디지털 브레인화 · 3D프린팅의 대중화 · 가상화폐와 핀테크 등 금융의 다양화 · AR증강현실의 상업대중화 · 생체인식보안의 대중화 · 드론의 상용화 · 데이터과학의 상용화 · 양자컴퓨터의 상용화 · 대체에너지의 대중화 · 클라우드펀딩의 대중화 · 스마트 홈시대의 대중화 · 사물인터넷의 대중화 · 클라우드서비스 상용화 · GMO산업의 세계화 · 에너지집적기술의 가속화 · 전기자동차의 대중화 · 자율주행자동차의 상용화 · 로보어드바이저의 대중화 · 인공지능과 생활서비스로봇의 대중화 · 웨어러블장치의 대중화 · 인공지능 및 원격진료 의료서비스의 상용화 · 로보닥 및 모바일 주치의 대중화 · 텔레파시와 염력의 실용화 · 뇌 인터페이스의 실용화 · 산업융복합의 일반화 · 바이오산업의 활성화 · 나노기술산업의 보편화 · 합성생물학의 상용화 · 자의식 인공지능과 자율 로봇의 상용화 · 레이저무기 실용화 · 사이보그인간 대중화 · 뇌신경 공학산업의

상용화 · 민간우주여행 상용화 · 초고속하이퍼루프기술의 상용화 · 극초음속비행기의 상용화 · 공중비행자동차의 상용화 · 인간의 자기복제 그리고 초광속비행 · 순간이동 · 시간여행 · 투명인간 등등 많은 첨단기술의 '미래산업'이 예상된다.

- 21세기는 '무경계와 초연결'의 초월혁신첨단의 시대이다.
- 21세기 4차 산업혁명은 물리학 및 생물학과 디지털 사이에 놓인 경계를 허무는 '기술적 융합'이 특징이다.
- 유전자공학과 합성생물학은 21세기 미래과학산업에 아주 중요하다.
- 21세기는 기술력이 세계시장을 군림하는 '승자독식'시대가 된다.
- 21세기의 기업은 '마이크로 다국적기업'으로 발전하게 된다.
- 핵심역량의 최소인원만 가지고, 나머지는 모두 '아웃소싱'을 하라.
- 21세기의 기술은 복잡한 부분을 제거해서 '간단화'를 잘 시켜라.
- 21세기 디자인은 불필요한 부분을 제거해서 '단순화'를 잘 시켜라.
- 21세기의 상품은 간단하고, 단순하고, 편리하게 만들어라.
- 특히 21세기의 개인들에게 최대의 적은 인공지능 · 인식로봇 · 시스템화 · 자동화 등이다.
- 인공지능은 4차 산업혁명의 핵심기술이고, 로봇 · 자동차 · 의료 · 금융 · 법률 등 모든 분야에 '적극활용'이 된다.
- 특히 21세기에는 컴퓨터 · 수학 · 데이터 활용 등을 잘 해야 한다.
- 21세기에는 인류 모두가 '실천철학'으로 반드시 나아가야 한다.
- 실천이 없는 기술 · 학문 · 종교 · 문화 · 인생 등은 진실이 아니다.
- 21세기에는 끊임없이 변화와 혁신으로 '적응'을 잘 해나가야 한다.
- 혁신은 가장 어려운 것을, 변화는 가장 쉬운 것부터 '실행'을 하라.
- 상대방을 변화시키려면 나 자신부터 '자기 변화'를 먼저 실행하라.
- 변화와 혁신에 앞서거나 적응하지 못하면 결국 '도태'를 당한다.

- 계속되는 변화와 혁신 그리고 집중과 끈기만이 살아남는다.
- 시장경쟁에서는 최고의 아이디어와 기술만이 살아남는다.
- 항상 현실을 직시하고 연구와 개발로 혁신과 발전을 계속하라.
- 항상 예상치 못한 상황까지도 '대비책'을 꼭 마련해 두어라.
- 비즈니스는 끝없이 계속 도전하고 배우고 성장하는 과정이다.
- 모든 일에 통합성과 시너지효과가 없는 것들은 '정리'를 하라.
- 살아남으려면 핵심역량과 통합성으로 '재편성'을 잘 구상하라.
- 몸통이 살아남으려면 팔과 다리 하나쯤은 잘라 내어라.
- 모든 것의 끝은 끝이 아니고 또 다른 시작의 '시점'일 뿐이다.
- 모든 것의 시작과 끝은 '변화순환법칙'의 어느 시점일 뿐이다.
- 모든 것은 현재만 존재하니 항상 '현재'에 최선의 노력을 다하라.
- 무슨 일이든 계획과 준비를 잘 하고 중간에 '보완'을 잘 해나가라.
- 평생 동안 밥을 먹는 것처럼 끊임없이 배우고 능력을 키워라.
- 명성과 능력을 갖춘 도움이 되는 친구와 사람을 잘 사귀어라.
- 인생에 능력을 갖춘 친구 7명만 있으면 세상도 바꿀 수 있다.
- 인생에 좋은 인연 '동반자'를 잘 만나는 것은 가장 큰 행운이다.
- 모든 감정 중에서 '사랑의 감정'이 가장 좋은 감정이다.
- 모든 보험 중에서 '배우자'를 잘 만난 것이 가장 큰 보험이다.
- 사랑과 연애 및 결혼과 재혼은 '애정운'이 좋아야 한다.
- 외롭고 쓸쓸하고 즐거움이 없는 사람은 꼭 '애정운'을 좋게 하라.
- 애정운을 좋게 하면 '연애와 결혼'이 저절로 잘 이루어진다…….
- 자기 재산이 많거나 유명인들은 항상 '자동차사고'를 조심하라.
- 자동차 사고가 발생하면 민사·형사·행정법상 책임이 따른다.
- 자동차 손해배상법상 배상책임은 운행자와 소유자가 함께 진다.
- 자동차 주차장법상 책임배상은 '유료주차장'으로 한정한다.

- 자동차보험은 피해자도 보험금을 '직접 청구'할 수 있다.
- 자동차 사고의 피해자가 직접 보험금을 청구하면 보험회사는 피보험자에게 통지를 하고 7일 이내에 보험금을 지급한다.
- 자동차의 소유 · 세금 · 법규 · 사고 · 보험 · 운행 등은 아주 중요하다.
- 교통사고를 낸 자동차는 가해차량과 피해차량으로 구분 및 적용을 하고 추돌할 때는 뒤 차량이 가해자이고, 차로변경을 할 때는 변경을 하는 차가 가해자이고, 신호등이 있는 교차로에서는 신호위반 교차로 진입차가 가해자이고, 신호등이 없는 교차로에서는 먼저 진입한 차가 우선순위이고, 큰길과 작은 길에서는 큰 길차가 우선순위이고, 직진과 좌회전에서는 직진차가 우선순위이고, 양보표지판 또는 일시정지 표지판이 있는 곳에서는 진입차가 가해자이고, 일방통행표지판이 있는 곳에서는 어긴 쪽이 가해자이다.
- 자동차사고로 사망 및 중상해 그리고 10대 중과실 및 뺑소니를 일으키면 '형사처벌'을 받을 수 있고, 형사합의를 해야 참작이 되며 합의가 안 될 경우에는 '공탁금'을 예치하라.
- 세상살이 세상법은 알면 피할 수 있고, 모르면 당할 수 있다.
- 세상의 이치는 아는 만큼 보이니, 모르는 것은 배우고 또 배워라.
- 모든 국민은 헌법에 자유 및 행복추구의 권리가 있고 신체의 자유, 표현의 자유, 주거의 자유, 직업의 자유, 종교의 자유 · 계약의 자유 · 사랑의 자유 · 사생활의 자유 등이 있다.
- 모든 국민은 그 나라의 헌법과 기본 3법을 알아야 하고 또한 모든 종교인은 그 종교의 종헌과 종법을 알아야 한다.
- 모든 사람은 민법 · 형법 · 상법 등 '기본법률'은 꼭 알아야 한다.
- 모든 영업과 장사 등 상업을 하는 사람은 '상법'을 꼭 알아야 한다.
- 상가 · 주상건물 · 집합건물 · 오피스텔 · 분양형 호텔 등의 구분소유자

들은 '집합건물법'과 '관리규약' 등을 꼭 알고 있어야 한다.

- 모든 아파트의 입주민들은 '공동주택법'을 꼭 알아야 한다.
- 중요한 의사전달은 내용증명 또는 핸드폰 문자 등을 잘 이용하라.
- 사고사건 등 문제가 발생할 경우에는 반드시 '물증 확보'를 잘 하라.
- 민사소송을 당하면 30일 이내에 반드시 '답변서'를 써 내어라.
- 민사재판은 ① 소장 ② 답변서 ③ 준비서면 ④ 재판의 순서이다.
- 답변서 · 준비서면 · 항소장 · 항고장 등은 정말로 잘 써 내어라.
- 소송을 할 때는 먼저 '관련법률'과 '대법원판례'를 꼭 참고하라.[필자는 유사사건의 판례와 정확한 송사운(運) 점괘로 '종로 국일관 대지권 소송'을 직접 진두지휘하여 약 1,000억 원 상당의 건물대지소유권을 되찾아 오기도 했었는바, 모든 송사문제는 가장 먼저 '판례조사와 승소운(運)'이 가장 중요합니다.]
- 고소를 할 때 또는 재판을 할 때는 먼저 '승소운?'을 꼭 점(占) 봐라.
- 1심판결에서 패소를 당하면 반드시 '2심승소운?'을 꼭 점(占) 봐라.
- 판결 · 결정 · 명령서 등 서류를 받고 불복해 이의가 있을 경우에는 해당 법원 또는 기관에 반드시 '이의신청서' 등을 내어라.
- 국가정부 행정기관의 잘못 처분이 있을 경우에는 행정심판청구 또는 행정법원이나 지방법원 행정재판부에 '행정소송'을 내어라.
- 민사사건 · 형사사건 · 행정사건은 번지수가 다르니 꼭 '문의'를 하라.
- 살인 · 방화 · 강도 · 강간 · 상해 · 아동성폭행 그리고 계획성과 고의성이 있는 형사범죄는 처벌과 형벌이 강하니 반드시 '조심'을 하라.
- 형사범죄의 성립은 행위와 결과가 '상관관계'로 꼭 맞아야 한다.
- 범죄처벌은 상관과 댓가의 성립 및 구성요건에 들어맞아야 한다.
- 모든 소송과 재판을 할 때는 주장을 하는 사람이 확실한 증거와 법률 조항으로 반드시 입증을 해야 하는 '입증책임'이 따른다.

- 모든 사고와 사건 관련으로 조사·수사·재판을 받을 때 사실과 진실의 '증거'들은 아주 중요하니 계약서·차용증·영수증·입금증·핸드폰문자·내용증명·사진·동영상·진단서·진료기록부·대화녹음·회의록·결의서·녹취록·공증서·합의서 등의 '물적 증서'는 보관을 잘 하고 필요할 때는 '제출'을 꼭 하라.
- 고소장 작성부터 경찰 조사관 진술 때와 검사 및 판사는 제출된 '증거서류'를 가장 중요시 여긴다.
- 검사 및 판사는 '증거서류'로만 판단을 한다…….
- 경찰서나 검찰에서 조사받을 때 불리하면 '묵비권'을 잘 행사하라.
- 모든 피의자와 피고인은 증거인멸 또는 도주의사가 없을 경우 구속적부심사와 보석청구를 잘 하라.
- 체포·구속의 적부심사와 보석청구는 변호사·법정대리인·배우자·직계친족·형제자매·동거인·고용주 등등이다.
- 경찰서나 검찰에서 피의자 신문조서 진술서를 작성할 경우에는 진술내용을 다시 자세히 꼭 읽어보고, 진술내용이 사실과 다르거나 또는 빠진 내용이 있거나 또는 이의가 있을 경우에는 반드시 '수정 및 보완'을 요구하고 마지막 확인 후 무인을 찍어라.
- 처음 진술이 잘못되었다고 생각되거나 또는 고문·협박·회유·강요 때문에 잘못 진술을 했을 경우에는 '공개재판'을 받을 때 재판장 앞에서 사실대로 꼭 말을 잘 하여라.
- 재판장 앞에서의 직접 진술과 변론은 가장 확실한 방법이다.
- 재판은 증거에 의한 진실관계 및 상관관계의 '법률적용'에 의한다.
- 형사재판과 모든 재판을 받을 때는 사실과 진실의 '실체적 증명'이 중요하니 잘 모르는 것은 모른다고 답하고, 기억이 안 나는 것은 기억이 안 난다고 답하고, 애매한 것은 제정신이 아니었다 또는 착오했다 또

는 죄가 되는 줄 몰랐다 또는 우발적이었다 등등으로 답변을 잘하고, 자신에게 유리한 것은 메모를 하면서 끝까지 차근차근 사실과 증거들로 '변론'을 잘 해야 한다.

- 재판을 받을 때 검사와 변호사 그리고 상대방 및 증인이 거짓말 등을 할 때는 즉시 '이의신청합니다' 등 의사표현을 반드시 말하라.
- 재판을 받을 때는 진술과 답변을 잘 하고, 증거신청과 증인신청을 잘 하고, 그리고 사무관이 기록을 잘 하도록 유도를 잘 하라.
- 민사소송과 형사고소 등을 할 때는 아주 '신중'을 기하라.
- 모든 소송에서는 패소를 당한 사람이 '소송비용'을 물어낸다.
- 기본 법률지식을 모르면 변호사에게까지도 '사기'를 당할 수 있다.
- 변호사들은 어떻게든 사건소송으로 유도를 해서 착수금과 성공사례금 등 오직 '수임료 돈'만 밝히니 절대로 믿지를 말라.
- 판사도 믿지 말라. 유전무죄와 무전유죄의 잘못된 '오판결'이 많다.
- 오직 믿을 수 있는 것은 '판례'와 자기 자신의 '승소운(運)'뿐이다.
- 모든 관재수와 소송문제해결은 그 사람의 '승소운(運)'이 최고이다.
- 민사 · 형사 · 행정 · 세금 등 '관재수'가 생기면 가장 먼저 점(占)을 봐라.
- 실력있는 도사점술가를 잘 찾아가면 '좋은 해법'을 꼭 찾을 수 있다.
- 중요한 사람들과 위험한 일을 하는 사람들은 CCTV와 녹음 · 도청 및 감청이 많으니 통화와 문자발송 등에 항상 '주의'를 기울여라.
- 명예훼손죄는 형사와 민사로 함께 처벌을 받으니 함부로 남을 공개적으로 지나친 비방이나 악성 댓글 등은 꼭 '조심'을 하라.
- 사기죄는 처음부터 돈을 갚을 뜻도 능력도 없으면 성립된다.
- 저작권 · 특허권 · 상표권 등은 매우 중요하니 '불법사용'을 조심하라.
- 금전의 이해관련 민사소송은 가처분 · 가압류부터 먼저 꼭 해두어라.
- 소송을 승소하더라도 '사전보전조치'를 안 해두면 또는 패소자나 채

무자가 배 째라 해버리면 받을 방법이 없다.

- 방어적 방법으로는 이러지도 저러지도 못하게 또는 증명할 수도, 반박할 수도 없게끔 애매하게 또는 난처하게 '대비'를 잘 해 두어라.
- 재판의 심리와 변론이 종결되었을 경우라도 잘못이 있거나 또는 새로운 증거가 있을 경우에는 즉시 '변론재개신청'을 꼭 하라.
- 원심판결이 억울하거든 꼭 '상소'를 하고, 억울함과 부당함에 대한 사실증거와 법리해석 및 판례 등으로 '상소이유서'를 잘 써내어라
- 상소이유서 내용으로는 사실오인 · 양형부당 · 법령위반 · 절차위반 · 기존의 판례와 다름 등등이니 잘못된 부분을 꼭 찾아내어 이유를 잘 만들어라.
- 진실은 스스로 증명을 하게 되니, 진실한 사람은 반드시 승리를 한다.
- 모든 재판의 재판장은 '실체적 진실발견'의 권리와 의무가 있다.
- 재판을 할 때는 단 한 사람이라도 억울한 판결이 없어야 한다.
- 행위 중에서 ① 정당한 행위 ② 정당방위 ③ 긴급피난 ④ 자구행위 ⑤ 피해자의 승낙 ⑥ 공공의 이익 ⑦ 일시오락성 도박 ⑧ 점유자의 자력구제 ⑨ 폭력 또는 협박에 의한 강요행위 ⑩ 심신상실상태의 행위 등은 처벌받지 않는다.
- 항상 현재의 상황에서 누가 '갑'인지 또는 '을'인지 생각을 잘 하라.
- 이혼을 할 수 있는 방법은 협의이혼 · 조정이혼 · 소송이혼 등이다.
- 이혼의 위자료는 부부관계를 깬 쪽이 줘야 하고 적은 금액이다.
- 이혼의 재산분할은 부부관계를 깨뜨린 쪽도 청구할 수 있다.
- 이혼의 재산분할은 두 사람 결혼생활 중 '재산 형성의 기여도'에 따른다.
- 대한민국은 현재 초혼과 재혼의 혼인신고가 일년에 약 30만 쌍이고, 이혼신고는 약 10만 쌍으로 '결혼운'은 정말로 중요하다.
- 결혼과 이혼 및 재혼 또는 별거 및 합가 그리고 송사 등의 중요한 인

생문제가 발생을 하면 반드시 전문가에게 '운명상담'을 꼭 받으라.
- 돈 없는 사람들은 결혼 및 재혼이 최고의 재테크일 수도 있다.
- 결혼과 재혼을 잘 하면 인생살이 50%는 저절로 '성공'을 하게 된다.
- 애인을 만나고 초혼이든 또는 재혼이든 상대편이 재산이 많이 있으면 '결혼과 혼인신고'를 빨리 그리고 꼭 해두어라.
- 혼인신고가 되어 있어야 상대편으로부터 '경제적 도움'을 받는다.
- 결혼과 재혼을 잘 하려면 먼저 타고난 '결혼운과 궁합'을 반드시 보아라.
- 궁합을 볼 때는 원진살 · 상충살 · 상형살 · 상파살을 꼭 피하라.
- 자궁살 · 과부살 · 백호살 · 도화살이 있는 여성과는 결혼을 피하라.
- 역마살 · 방탕살 · 파산살 · 빈천살이 있는 남성과는 결혼을 피하라.
- 신경정신이상의 빙의살 · 종교세뇌의 맹신살 · 현실성과 사리판단력이 부족한 저능살이 있는 사람과는 결혼을 반드시 피하라.
- 사주팔자 운명 속에 죄업(罪業)이 많은 사람과는 결혼을 피하라.
- 사주팔자 운명 속에 살(殺)이 많은 사람과는 결혼을 꼭 피하라.
- 부모가 이혼을 했거나 과부 · 홀아비 · 큰 질병 · 큰 사고 · 범죄꾼 · 술중독 · 마약중독 · 도박중독 · 가정폭력 · 무능력 · 가난 그리고 수명이 단명한 집안의 자녀와는 결혼을 피하고, 이미 결혼을 해 버렸으면 반드시 '개운법'으로 예방과 치료의 '대비책'을 꼭 세우라.
- 부모와 자녀간의 '유전자검사'는 99.99%까지 일치를 한다.
- 부모조상의 DNA 유전인자적 '핏줄대물림'은 90% 이상 적중을 한다.
- 부모님의 억울한 나쁜 핏줄대물림은 오직 '예방'이 최선책이다.
- 전생과 핏줄대물림의 업살(業殺)풀이는 최선의 '개운법'이다……
- 모든 사람은 선천성유전자와 후천성유전자를 함께 알아야 한다.
- 금생에 당신이 생각하고 보고 듣고 먹고 느끼고 기억하고 이해하고 깨닫고 그리고 행복과 고통 및 불행 등 모든 것들은 또다시 '후천성유

전자형성'에 반드시 영향을 미친다.

- 사람의 후천성유전학에서 자신의 업(業)은 자녀에게 상속이 된다.
- 사람의 후천성유전자의 변형은 3대의 자식에게까지 '영향'이 미친다.
- 큰 공포와 큰 충격의 트라우마도 자식에게까지 '영향'을 미친다.
- 칠성줄 또는 공줄로 태어난 사람은 사주와 이름을 꼭 팔아주어라.
- 칠성줄로 태어난 사람은 신불(神・佛) 앞에 촛불을 항상 밝혀라.
- 칠성줄로 태어난 사람은 20살까지 '수명'을 꼭 이어주어라.
- 칠성줄로 태어난 사람과 종교인 및 신자들은 '개고기'를 먹지 말라.
- 특별한 자기 조상이나 영혼들은 강아지로 가장 많이 환생을 한다.
- 특히 칠성줄 또는 공줄로 태어난 사람 또는 그러한 말을 들은 사람은 자기 자신의 전생 업(業)내림으로 태어난 특별한 영혼들로서 종교성・영성・불성・영매성・허약성・수명단명 등을 의미하고, 그 집안에 칠성공이나 기도를 많이 한 조상이 꼭 존재한다.
- 특별하게 사람(주인・가족)을 잘 따르는 애완견 강아지는 전생이 사람이었고, 또한 자기 조상 및 가족이었기 때문에 그 애완견이 죽을 때는 다시 사람으로 태어나게 해주는 '인도환생천도재'를 꼭 해주어라.
- 애완견이 죽을 때 '인도환생천도재'를 해주면 다시 만날 수 있다.
- 삶이란 영혼들이 전생・현생・래생을 살아가는 '과정'이다.
- 자녀들의 선천성장애들은 모두 부모와 전생(前生)의 업보이다.
- 모든 사람들의 선천성장애와 불치병 및 난치병 그리고 핏줄내림병 및 집안 수명 짧음과 가난대물림까지도 업(業)작용 때문이다.
- 모든 것은 모든 것의 원인이 되고 그리고 결과가 따르게 된다.
- 인간의 '원죄'는 본래가 자기 전생과 자기 부모의 '업(業)죄'이다.
- 신(神)들과 정령 및 요정들은 업(業) 작용이 안 따른다.
- 카르마(Karma・업)은 육체를 가지고 있을 때만 만들어진다.

- 현생의 업(業)은 이후의 현생과 다음 생으로 또다시 작용을 한다.
- 낙태수술로 자궁속의 태아들을 죽인 '태아살인자' 여성들은 대부분 그 애기영혼들의 원망스런 저주와 벌을 받는다.
- 한국은 현재 1년에 약 40만 명쯤 '낙태살인'이 저질러지고 있다.
- 낙태살인을 저지른 그 '죄업'을 어떻게 감당할 것인가?!…….
- 영혼이 깃들고 심장이 뛰고 있는 태아는 인간생명체이다.
- 낙태수술 경험이 있는 여성으로서 남편복이 없거나 또는 자궁질환의 큰 병이 생기거나 또는 애기꿈을 자주 꾼 여성들은 '자궁살풀이'와 낙태살인 아기영혼의 '해원천도재'를 꼭 한 번 해주어라.
- 낙태수술을 많이 행한 산부인과 의사들은 '인생 종말'이 꼭 안 좋으니 반드시 낙태아기영혼들의 '해원천도재'를 꼭 해 주어라.
- 사람을 죽인 살인자들은 '인과응보'로 인생살이가 반드시 나빠진다.
- 지난 과거와 전생에 지은 죄업은 반드시 '면죄'를 받아야 한다…….
- 자기 소유등기의 부동산 및 재산이 있는 사람들은 '법'을 잘 지켜라.
- 재산이 있는 사람이 법을 어겼을 경우 '재산압류' 등을 당할 수 있다.
- 삶을 여유롭게 잘 살려면 평생동안 경제활동과 신용관리를 잘 하라.
- 경제활동과 신용관리를 잘 하려면 '돈 관리'를 잘 해야 한다.
- 빚내어 큰 장사를 하면 10 중 7은 빚을 더 지고 망하게 된다.
- 빚내어 큰 투자를 하면 10 중 8은 빚을 더 지고 망하게 된다.
- 빚을 돌려막기 하는 사람 10 중 9는 빚을 더 지고 꼭 망한다.
- 빚은 심리적 압박과 운(運)까지 나빠지니 절대로 빚지고 살지 말라.
- 부동산 임대와 상장회사들의 평균수익률은 연 5%선이다.
- 평균수익률은 모든 자본투자를 할 때 '기준'으로 참고를 잘 하라.
- 살아가면서 고수익보장이라는 '모든 광고'에는 절대로 속지 말라.
- 상식 이상의 고수익보장이라는 모든 광고는 모두 '사기꾼'들이다.

- 이 세상에 정당한 댓가 없는 공짜 고수익이란 아무것도 없다.
- 어떠한 경우에도 돈놀이를 하는 개인사채와 대부업체의 '고금리 이자' 돈은 절대로 빌려 쓰지 말라.
- 돈 재정수입이 적거나 없는 사람이 연 10% 이상 이자를 물어줄 경우에는 대부분 빚이 점차로 더 늘어나고 결국에는 망하게 된다.
- 특히 금전의 빚은 원금과 이자 그리고 이자의 이자까지 복리식으로 계속 불어나고 '빚은 죽을 때까지'따라 다닌다.
- 명심하라! 빚과 이자는 당신이 잠을 잘 때도 계속 불어난다.
- 어떠한 경우에도 수입이 없는 사람은 사채와 신용카드를 사용 말라.
- 어떠한 경우에도 젊은 사람들은 범법자·전과자가 되지 말라.
- 신용은 한 번 잃어버리면 평생 동안 경제활동을 못 할 수 있다.
- 한 번 잘못으로 전과자가 되면 평생 동안 사회활동을 제한받는다.
- 삶이 억울하거든 지금부터라도 제대로 '다시 시작'을 해보라.
- 지금부터라도 또한 늦게라도 시작할 때가 가장 빠른 법이다.
- 지금은 힘들지라도 꿈을 가지고 살면 꿈은 현실이 된다.
- 달팽이가 꿈을 가지면 천리길을 갈 수 있다.
- 어떻게든 성공출세하고 부자가 되어 '대접받는'사람이 꼭 되어라.
- 삶은 과거도 미래도 아니고 지금 '현재'가 가장 중요하다.
- 지금 하고 있는 그것부터 어떻게든 꼭 '성공'을 시켜라.
- 가난한 사람들은 하늘자연의 모든 신(神)들께 '기도'를 많이 하라.
- 가난은 자기 전생과 부모조상의 '죄업(罪業)' 상속 때문이다.
- 삶이 고통스럽고 불행한 사람들은 정성스럽게 '기도'를 잘 하라.
- 진심과 정성의 간절한 기도는 존재계의 신(神)들께 전달이 된다.
- 기도의 본질은 우주하늘자연 속의 위대한 능력을 현실세계로 끄집어 내려는 강한 시도이다.

- 모든 종교와 기도의 목적은 복(福)을 달라는 '기복과 구복'이고, 구제와 구원의 '축복(祝福)'을 받으려함이다…….
- 종교(宗敎)를 뜻글자로 해석을 하면 으뜸가는 종(宗), 가르칠 교(敎)로서 '으뜸가는 가르침'이고, 그 뜻은 삶과 죽음을 해결하는 것이다.
- 부모 또는 배우자 또는 누구로부터 시작되어 현재 믿고 있는 그 종교가 삶과 죽음을 잘 가르쳐 주고 있는가?를 냉철하게 합리적인 생각을 꼭 해보라.
- 잘 사는 삶도 잘 죽는 죽음도 안 가르쳐 주고 해결도 못 해준다.
- 현생에서 깨우침과 깨달음을 많이 이루어야 진정으로 잘 살게 되고, 삶과 죽음을 함께 해결할 수 있다.
- 사람에게는 각자의 영혼에 따라서 '종교와 기도법'이 달라야 한다.
- 그러나 세상에는 속이고 등쳐먹는 나쁜 종교들이 너무나 많다.
- 특히 말세론 및 종말론과 병겁 등으로 사람들을 겁주거나 또는 천국론 및 휴거론과 구원론 및 미륵세상 등으로 사람들을 유혹하는 종교들은 모두가 잘못된 것이다.
- 오늘날의 사람들은 역사적으로 몽땅 '세뇌'를 당한 피산물이다.
- 오늘날의 사람들은 과거의 철학과 종교들에 '세뇌'가 되어 있다.
- 모두가 과거의 부처님과 예수님의 말씀을 '앵무새'처럼 사용만 한다.
- 세뇌의 산물로부터 벗어나는 것이 깨달음이고 자기해탈이다.
- 이빨이 아플 때 아픈 이빨을 뽑아버리면 즉시 치통은 해결이 된다.
- 질병을 못 고치는 그 병원에 계속 다니는 것은 어리석은 것처럼, 기도 응답이 없는 그 종교를 계속 믿는 것은 가장 어리석은 짓이다.
- 환자를 못 고치는 의사는 필요없는 것처럼, 인생문제들을 해결해 주지 못하는 앵무새처럼의 성직자는 정말로 필요없다.
- 각가지 명목의 헌금 및 시주금을 강조하는 종교는 즉시 바꾸라!

- 1년 이상을 믿었는데도 기도응답이 없는 종교는 반드시 바꾸라!
- 1년 이상을 추종하는데도 나아지지 않으면 미련없이 떠나라!
- 성직자는 청빈해야 하고, 신자들은 부유하고 행복해야 한다.
- 종교 교리는 성직자와 전문 종교인에게만 필요하다.
- 종교 교리의 구속된 굴레를 벗어나는 것이 진짜 자유이다.
- 자기 영혼에게 맞는 종교와 기도는 즉시 '좋은 응답'이 주어진다.
- 삶의 문제가 해결되면 편안한 마음으로 '깨달음'을 향해 나아가라.
- 우주하늘자연 속의 위대한 능력은 섭리 · 순리 · 진리의 '도(道)'이다.
- 큰 기도는 우주하늘자연의 진리 깨달음 '도통'을 이루는 것이다.
- 작은 기도는 각 개인들이 소망하는 것들을 간구하는 것이다.
- 지극정성으로 기도를 하는 사람은 '한 가지 소원'은 꼭 이루게 된다.
- 특히, 고통이 많은 사람들은 신(神)들께 '속죄'를 많이 하라.
- 전생과 조상의 죄업(罪業)이 풀려야 운(運)이 열리는 법이다.
- 우주하늘자연의 신(神)들은 약 1,000가지의 신명(神名) 이름이 있고, 모두가 '역할분담'을 따로 맡고 있다.
- 모든 신(神)들은 '고유의 파장'을 가지고 있으니, 기도를 할 때는 반드시 주파수 사이클을 잘 맞추어라.
- 반드시 주파수 사이클이 맞아야 비로소 '기도의 응답'이 주어진다.
- 모든 종교인과 신자들은 기도로 시작해서 반드시 명상으로 끝내라.
- 명상은 자기성찰과 통찰력을 기르는 고급 정신수련이다.
- 일반적 종교기도와 천기신통초월기도명상은 '영적수준'이 다르다.
- 영적수준은 아기단계 → 청년단계 → 어른단계로 진행이 된다.
- 명상은 일반묵상 → 신통술명상 → 초월명상으로 진행을 하라.
- 천기신통술초월명상은 우주합일체로 '신(神)적 존재'가 되는 것이다.
- 예언자와 인도자 등의 '존자'들은 사람모습을 하고 있는 신(神)이다.

- 죽을 때의 두려움과 죽은 후의 지옥행으로부터 영혼구원을 받으려면 반드시 '예언자'와 '인도자'를 꼭 만나고 가르침을 잘 따르라.
- 진정한 구제와 구원을 받으려면 몸뚱이의 속죄와 영혼의 속죄가 함께 이루어져야 하고, 핏줄적 천륜인 조상과 후손 및 자기 자신 그리고 전생의 속죄와 현생의 속죄가 함께 이루어져야 한다.
- 몸뚱이의 속죄는 '살풀이'로 정화를 꼭 받아야 하고, 영혼의 속죄는 '업풀이'로 정화를 꼭 받아야 죄사함의 '면죄'가 된다…….
- 자기 자신의 영혼구원을 위해 기꺼이 신(神)께 '헌신'을 꼭 행하라.
- 혼(魂)은 영혼이 되고 혼령이 되는 인간의 본체이고, 영혼이든 혼령이든 살아있을 때나 죽어서나 영원히 '신(神)의 영향'을 받는다.
- 삼천대천세계에서 '진리'를 가르쳐 주는 것이 가장 큰 공덕이다.
- 보통 사람들은 자기 눈높이의 '자기 잣대'를 기준으로 살아가고 있다.
- 자기 눈높이의 자기 잣대와 편견 및 고정관념 등의 '자기 생각'을 멈추면 진실과 진리가 보이고, 말씀의 가르침들을 잘 들을 수 있다.
- 창세기 인류의 태초 때부터 모든 신(神)들께 제물을 받치는 '제사의식'은 인간의 '기본 도리'이고 신(神)과의 '근본 도리'이다.
- 특히 서양종교 기독교에는 5대 제사가 있었는바 ① 번제 ② 소제 ③ 화목제 ④ 속죄제 ⑤ 속건제 등과 추모제가 있고, 불교에도 천도재와 수륙재 등이 있으며, 모든 나라와 민족마다 '조상제사'는 다 있다.
- 사람이 음식으로 '기운'을 차리듯 영혼들도 기식(氣食)을 한다.
- 영혼과 조상이 음식으로 '기식(氣食)'을 잘 해야 기운을 발휘한다.
- 조상제사와 차례상을 차리지 않는 집안은 점점 가세가 기울어간다.
- 시대가 바뀌어도 조상님제사는 조부조모 '3대 봉사'는 기본이다.
- 인생살이는 기본에 충실해야 하고, 운명작용법칙을 잘 알아야 한다.
- 운명작용법칙에는 인과응보인 자기의 '전생업살'이 가장 강하다.

- 사람들의 운명 속에 들어있는 나쁜 살(殺·煞)은 약 170가지이다.
- 사람들의 타고난 사주운명속에 들어있는 성질과 습성 및 습관 그리고 업살 등은 수많은 '전생(前生)'동안에 형성된 것들이다.
- 나쁜 업살작용 때문에 운이 안 풀린 사람은 반드시 '운치료'를 해야 하고, 나쁜 운명을 운치료할 때는 살풀이·전생업장소멸·조상 및 낙 태아기 해원천도·나쁜 핏줄대물림소멸·신(神)끼소멸·칠성줄풀이· 삼재풀이·9수풀이·신수풀이·대수대명·수명이음·재수운맞이·새 로운 운명프로그램 재설정 등등을 '한꺼번'에 해결을 잘 하라.
- 모든 문제들은 한꺼번에 해결하는 것이 가장 '효율적'이다.
- 암진단과 암치료는 상급 종합병원에서만 가능한 것처럼 운명진단과 운명치료는 '1급운명상담사'만 가능하고, 암치료는 환자 본인이 못하 는 것처럼 운명은 본인이 바꾸어낼 수는 없다.
- 적은 비용을 들여서 '나쁜운명'을 바꿀수만 있다면 꼭 바꾸어라!
- 사람으로 한 번 태어난 현생의 '자기인생'은 가장 소중한 것이다…….
- 인생살이에는 근본의 도리가 있고 자식된 도리는 중요하다.
- 태어난 성씨를 바꾸거나 족보를 모르는 사람은 가장 큰 '불효'이다.
- 천륜의 핏줄 부모님께 불효한 사람은 90%가 운(運)이 나빠진다.
- 자기 자신의 타고난 '성씨'를 바꾼 사람은 대부분 운명도 바뀌게 된다.
- 특히 성씨와 이름을 종교색깔로 바꾸는 행위는 맹신적 추종의 '과종 교증'으로 정신이상 또는 천륜을 배반한 불효짓이다.
- 이 세상에서 '핏줄 족보'에 가장 신경 쓰는 민족은 배달민족이다.
- 성씨족보가 없는 집안은 큰 인물이 없는 평민집안 후손이다.
- 한국에는 현재 약 5,500개의 성씨와 문중이 있고, 숫자는 김씨·이 씨·박씨·최씨·정씨 순서이다.
- 한국의 성씨제도는 삼국시대 때는 귀족에게만 사용되었고, 조선후기

때부터 평민에게도 성씨가 사용되었으며, 1909년에 새호적제도 '민적법'시행으로 모두 성씨와 이름을 가지게 되었다.

- 핏줄족보에서 돌림자인 항렬은 '오행상생'을 꼭 따르고, 수생목·목생화·화생토·토생금·금생수 등으로 연결해서 이름을 잘 지어라.
- 후천운을 좋게 하고자 할 때 '이름 작용'은 정말로 중요하다.
- 이름을 지을 때는 부모와 아이 사주를 함께 보고 작명을 하라.
- 이름을 지을 때는 글자표현과 부르기 좋은 이름을 작명하라.
- 이름을 지을 때는 의미와 이미지가 좋은 글자로 작명을 하라.
- 자녀의 이름을 지을 때는 부모 이름자가 안 들어가야 하고, 획수 숫자가 좋아야 하며, 형제자매의 사촌들과 동명이 안 되게 지어야 한다.
- 이름을 지을 때는 반드시 운(運)을 좋게 작명을 하라.
- 이름을 지을 때는 반드시 복(福)이 따르게 작명을 하라.
- 모든 이름은 처음 지을 때 잘 지어야 하고, 나쁘다고 생각이 들거나 운이 안 풀리고 복이 안 따르거든 반드시 '개명'을 하라.
- 모든 이름과 상호의 작명·개명은 반드시 '전문가'에게 맡겨라.
- 밤하늘의 별만큼 많은 이름들 중 북극성 같은 좋은 이름을 지어라.
- 모든 성명과 상호의 이름들은 고유의 기운과 이미지를 전달한다.
- 상호작명은 무슨무슨 최고 전문가라는 '이미지'가 떠오르게 하라.
- 손님과 고객은 상호이름을 보고·듣고 그리고 연락을 해 온다.
- 잘 지은 상호이름은 고객을 창조하고 연결시키는 '출발점'이다.
- 유명인이 아니거든 간판과 상호에 사업주 이름을 넣지 말라.
- 상호이름은 회사와 상품이 잘 연상되도록 '특징적'으로 꼭 지어라.
- 브랜드 상표는 로고·색상·글자꼴·언어·이미지가 중요하다.
- 로고는 시각적 시선과 기억이 잘 되도록 '특징적'으로 만들어라.
- 상표와 로고는 등록을 해서 독점사용과 관리를 잘 하라.

- 회사와 가게의 상표 및 로고는 사업과 영업의 중요한 '자산'이다.
- 사업과 영업을 잘 하려면 웹사이트 이름을 잘 지어라.
- 웹사이트 이름은 하는 업무 또는 상품과 연상 및 연결이 잘 되고, 짧고 철자표현이 정확하고 쉽고 정체성 있게 잘 지어라.
- 웹사이트 도메인은 대중이 선호하는 것으로 하고 '등록'을 잘 하라.
- 도메인등록 및 사용은 유효기간 날짜를 넘기지 말고, 사전에 갱신 또는 자동갱신을 신청해서 계속 사용을 잘 하라.
- 사업 및 영업과 직업은 멀리보고 철저히 계획과 준비를 잘 하라.
- 성공을 하려면 ① 목표 ② 계획 ③ 준비 ④ 실천을 꼭 따르라.
- 젊은이여! 커다란 꿈과 야망 및 신념을 가슴속에 불태워라.
- 늙은이여! 희망과 정열 그리고 사랑을 가슴속에 불태워라.
- 꿈과 희망 그리고 정열과 사랑은 위대한 창조이고 행복이다.
- 이 세상의 생명 창조는 오직 살아있는 남·여의 '사랑행위' 때문이다.
- 생명 창조 남·여의 사랑행위는 인간최고의 권리이고 의무이다.
- 사랑행위는 살아있음의 존재감 표현과 즐거움의 최고수단이다.
- 사랑행위를 할 때는 두려움이나 저항감이 없이 상대에게 온전히 몸을 내맡겨 주어라.
- 사랑행위를 할 때는 호흡과 리듬을 계속 잘 맞추어라.
- 사랑행위를 할 때는 몰입을 하고 온몸으로 전율을 만끽하라.
- 온전히 한 몸이 되어 전율의 최고점에서 '무아지경'까지 이르러야 그것이 꿈같은 사랑이고 영혼끼리의 만남이 된다.
- 죽을 때까지 또는 죽어서도 잊지 못할 '사랑의 추억'을 만들어라.
- 사랑하기 위하여 행복하기 위하여 지금 살아있는 것이다.
- 사랑도 세월을 따라서 젊은 남녀는 '연정'으로 사랑을 하고, 중년의 남녀는 '애정'으로 사랑을 하고, 노년의 남녀는 '인정'으로 사랑을 하라.

- 부부 사이에는 서로에 대한 이해 및 배려와 사랑을 많이 해주어라.
- 늙어갈수록 부부 사이는 친구 같은 사람이 되어 주어라.
- 사랑과 행복·자아실현을 위해서는 반드시 '건강'을 잘 유지하라.
- 건강을 잘 유지하는 것이 성공과 행복조건의 제1순위이다.
- 평생 동안 일만 해온 사람은 은퇴 후 꼭 '긴 여행'을 떠나라.
- 여행은 자유와 휴식을 주고 자기성찰과 깨달음을 안겨준다.
- 특히 질병치유와 기도여행은 바위산이나 바닷가로 떠나라.
- 홀로 산길과 바닷길로의 '트레킹'은 정신 건강까지 챙겨준다.
- 몸과 뇌기능을 최상의 상태로 유지해주는 것은 '걷는 것'이다.
- 사람의 몸과 마음 및 정신은 서로 '상호작용'을 일으킨다.
- 인생에서 가장 중요한 것은 자기의식의 각성과 건강함이다.
- 건강관리조차 못해 내는 사람은 결코 성공출세를 할 수 없다.
- 몸매와 체중관리를 못하는 사람은 의지가 약한 게으름뱅이다.
- 자기 몸을 잘못 관리하여 질병에 걸리면 삶의 질이 떨어진다.
- 건강을 잃은 사람은 행복과 모든 것을 함께 잃게 된다.
- 사람과 만물은 음양의 조화와 생기(生氣)로 생명이 유지된다.
- 사람도 자연에 속하니 자연의 섭리와 순리에 따라 행동을 하라.
- 해가 뜬 후와 해가 지기 전의 '1일2식'법으로 꼭 식사를 잘 하라.
- 1일2식으로 '완전소화'를 하면 쉬 늙지 않고 병들지도 않는다.
- 삶을 100세 이상 잘 살려면 '아침 밥 먹기'를 꼭 실천하라.
- 식사는 규칙적으로·골고루·적당히 '식사3대원칙'을 잘 지켜라.
- 사람에게는 무엇을 어떻게 먹는가가 평생건강을 좌우한다.
- 음식물의 품질과 먹는 방법이 평생건강을 좌우한다.
- 과음·과식·폭음·폭식·편식·불규칙 식사는 나쁜 식사법이다.
- 바쁜 식습관과 나쁜 생활습관을 '개선'하면 점점 잘 살게 된다.

- 나쁜 식생활습관의 개선은 모든 질병의 치유이고 또한 예방이다.
- 양약이든 한약이든 모든 약은 독이고, 독은 해독을 해야 하며 약을 많이 먹는 사람은 '간기능'이 나빠진다.
- 약물치료는 해당 부위는 낫게 하지만 다른 부위를 손상시킨다.
- 사람의 몸은 스스로 항상성을 유지하려는 '자율기능'이 있다.
- 건강상태가 나빠진다고 생각되면 즉시 '식생활습관'부터 고쳐라.
- 신선한 식재료에는 스스로 살아있는 '생명에너지'가 많이 들어 있다.
- 살아있는 생기(生氣) 생명에너지가 풍부한 신선한 야채 및 해초와 과일 그리고 신선한 생육고기와 생선회 등은 생(生)으로 꼭꼭 오랫동안 씹어서 잘 먹으라.
- 신선한 식품을 생(生)으로 먹으면서 '생명에너지'를 많이 섭취하라.
- 아무리 좋은 음식물이라도 필요 이상 섭취하면 독이 될 뿐이다.
- 한 번에 1인분 약 200g 이상 육류는 절대로 먹지 말라.
- 성공과 출세로 부자가 된 사람들은 '쾌락시스템'이 작동된다.
- 맛있는 음식과 술 등을 스스로 '절제'하는 사람은 강한 사람이다.
- 육고기와 생선을 먹을 때는 반드시 야채와 해초를 함께 먹으라.
- 육고기를 먹을 때는 마늘·양파·대파 등과 상추야채를 함께 곁들여 먹고, 생선을 먹을 때는 생강·고추냉이·깻잎 등과 해초류를 함께 곁들여 먹으라.
- 특히 정신수행자들과 병약자는 음식을 잘 가려서 먹으라.
- 일반인들은 양체질과 음체질에 따라서 음식을 잘 먹으라.
- 소고기·찹쌀·수수 등은 음체질에는 좋지만 양체질에는 해롭고, 돼지고기·보리쌀·녹두 등은 양체질에는 좋지만 음체질에는 해롭고, 인삼과 홍삼은 음체질에는 좋지만 양체질에는 해롭고, 특히 닭고기는 근육을 튼튼하게 하고, 염소고기와 양고기는 폐기능을 좋게 한다.

- 한국사람 최선의 식단은 곡류 33%와 과일·야채·해초류 33%와 고기류 33%의 '333 균형 비율'로 골고루 잘 씹어 먹으라.
- 가장 좋은 식사법은 골고루 균형있게 또한 오랫동안 꼭꼭 잘 씹어 먹고, 조금 부족한 듯 먹어야 '완전 소화흡수'로 건강에 좋다.
- 가장 나쁜 식사법은 편식과 과식 및 패스트푸드식 그리고 성급하게 먹는 식사와 불규칙 식사 및 밤늦게 야식 등으로 건강에 나쁘다.
- 음식을 먹을 때는 침분비가 많도록 오랫동안 꼭꼭 잘 씹어 먹으라.
- 말린 나물과 말린 건어물 및 육포 등은 산화식품이니 꼭꼭 씹어서 침분비가 많게 하고 중화를 시켜서 잘 삼켜야 건강에 좋다.
- 자연해초류 톳·김·미역·다시마·파래·곰피 등은 좋은 식품이다.
- 생선은 흰 살 생선과 붉은 살 생선으로 구분하고, 붉은 살 생선은 공기와 접촉하면 산화가 빠르니 생선은 신선할 때 먹으라.
- 모든 과일 및 열매와 근채소류는 '색깔을 골고루' 잘 먹으라.
- 흰쌀 백미보다는 현미잡곡쌀이 영양소가 더욱 풍부하다.
- 좋은 식사는 현미잡곡밥·김치·야채·버섯·해초류·고기 한 토막 등 골고루 꼭꼭 씹어서 먹고, 식후에는 과일 한 조각을 꼭 먹으라.
- 식사를 할 때와 식후에는 국물 또는 물을 절대로 많이 먹지 말라.
- 밥은 골고루 백미·흑미·현미·찰미·납작보리·대두콩·강남콩·팥·녹두·귀리·조·수수·기장·율무·잣·은행·밤·대추·무우·곤드레·다시마·톳·곰피·기타 등등 무엇을 섞든 반드시 5가지로 밥을 지은 '5색5곡밥'이 최고로 이상적이다.
- 좋은 피부를 가꾸려면 과음·과로·스트레스·우울·불면·변비·숙변 등을 없애라.
- 좋은 피부를 만들려면 생선과 동물의 껍질 등 '콜라겐'을 먹으라.
- 콜라겐은 피부·뼈관절·잇몸·눈 수정체 등에 도움을 준다.

- 사람의 피부는 20세 이후부터 1년에 1%씩 '노화'가 진행된다.
- 좋은 피부를 가꾸려면 잠을 잘 자고 과일과 생수를 마셔라.
- 평생건강을 위해서는 조금씩 적당하게 '생수(生水)'를 잘 마셔라.
- 평생 건강을 위해서는 아침기상 후와 저녁 잠들기 전에 생수 3 모금 씩을 계속해서 '평생 동안'을 꼭 마셔라.
- 올바른 생수먹는 방법은 잠을 깰 때 3모금, 잠들기 전 3모금, 매끼 나 식사 기준의 중간공복에 3모금 그리고 식사 후는 1모금 등 하루에 5~6회는 반드시 생수를 마셔라.
- 운동 및 일을 할 때도 가끔 조금씩 '생수'를 꼭 마셔라.
- 몸속에 물이 많거나 한꺼번에 물을 많이 마시면 몸이 습과 냉으로 질 병이 생길 수 있으니, 물을 너무 많이 먹지는 말라.
- 사람은 3일(72시간) 동안 물을 못 마시면 죽을 수 있다.
- 어떠한 위험에 처할지라도 물은 꼭 챙기고 마셔라.
- 붕괴 등 매몰이 될 경우에도 오줌물이라도 우선 마셔라.
- 화재 등 유독가스발생시는 '젖은 수건'으로 입·코를 꼭 가려라.
- 바다나 산속에서 조난당할 경우에도 꼭 물을 마셔라.
- 사람은 물을 마셔야 살 수 있고, 생수는 최고의 '생명수'이다.
- 자연 생수는 미네랄이 풍부하고 가장 좋은 '생명에너지원'이다.
- 시판중인 과일주스·탄산음료·청량음료 등 가공음료에는 자연비타 민·미네랄 등 생명에너지가 적은 '나쁜 음료'들이다.
- 인공첨가제를 넣은 가공식품들은 대다수가 '나쁜 식품'들이다.
- 가열 및 가공을 한 죽은 음료보다는 각종 영양소 등이 살아있는 음료 천연 자연의 '생수(生水)'를 꼭 마셔라.
- 생수는 장에서 바로 흡수가 되고 혈액에 산소공급을 잘 하여 몸속 구 석구석의 지방을 잘 태우니 다이어트에도 아주 좋다.

- 비만은 유전적 요인과 나쁜 식생활습관이 95%이고, 비만의 유전성과 나쁜 식생활습관만 치유받으면 95% 개선할 수 있다.
- 다이어트로 살을 빼려면 꼭 생수를 마시고, 음식을 오래 씹어 먹고, 운동을 계속하고, 폭식·과식·야식 등을 꼭 '금지'하라.
- 병원의 환자들도 가공음료수보다는 생수를 꼭 마셔라.
- 페트병 생수는 신선도가 중요하니 '제조 날짜'를 꼭 확인하라.
- 건강관리는 무엇을 어떻게 먹는가가 평생 동안 중요하다.
- 일반적으로 건강에 해를 끼칠 염려가 있는 음식은 '조심'을 하라.
- 특히 포도는 강한 산성 때문에 뼈·치아·간 등에 해롭다.
- 특히 발아식품인 식혜·엿기름·엿 등은 뼈를 약하게 한다.
- 특히 밀가루빵은 동양인에게 간기능과 뇌기능을 떨어뜨린다.
- 특히 설탕은 신장기능에 해롭고 모든 성인병을 유발시킨다.
- 특히 알코올은 간기능과 뇌기능을 망가뜨리고 빨리 늙어가게 한다.
- 화공약품 착색제 및 표백제와 방부제를 첨가한 식품은 먹지 말라.
- 임산부는 알코올·커피·잔류농약·방부제 첨가 음식물을 먹지 말라.
- 상온에서 부패하지 않은 음식물은 모두가 '방부제'첨가 식품이다.
- 식품첨가제는 대다수가 '화공물질'로써 우리 몸에는 나쁘다.
- 조금 불편하더라도 이로운 자연물질 및 생약 사용을 검토하라.
- 육류는 항생제와 인공사료를 먹인 것보다는 무농약볏짚 및 자연방목 등으로 잘 키운 질 좋은 것으로 골라 먹으라.
- 생선은 항생제와 인공사료를 먹인 것보다는 '자연산'을 골라 먹으라.
- 조금 비싸더라도 유기농 재배 또는 자연산 식품을 골라 먹으라.
- 과일이나 채소는 햇볕을 듬뿍 받고 자연 노지에서 유기농 재배로 키운 제철에 생산한 것이 우리 몸에 가장 좋은 식품들이다.
- 밀가루는 흰 밀가루보다는 통밀가루가 천연영양소가 풍부하다.

- 설탕은 백설탕보다는 황설탕 · 흑설탕이 천연영양소가 풍부하다.
- 소금은 청정해역의 좋은 바다 좋은 물 미네랄성분이 풍부한 '자연천일염'이 좋고, 구운소금 · 죽염 · 순수소금은 더욱 좋다.
- 특히 죽염과 순수소금은 식품첨가 및 인체의 모든 민간요법 등 광범위하게 쓰이고 있다.
- 발효식품은 살아있는 효소 생명에너지가 많은 좋은 식품이다.
- 인체는 장내에 발효균과 유익균이 없으면 생명유지를 못한다.
- 인체의 장내에는 식이섬유섭취와 효소로 '유익균'을 잘 유지하라.
- 매 끼니마다 반드시 한두 가지 '발효식품'을 함께 꼭 먹으라.
- 무병장수를 하려면 '전통재래식' 된장 · 간장 · 김치 등을 꼭 먹으라.
- 모든 사람에게는 자기 나라의 '전통발효식품'은 아주 좋은 것이다.
- 모든 열매와 과일은 자연이 만든 위대한 '생명에너지' 선물이다.
- 열매와 과일 그리고 뿌리근채소와 자연식품 등은 위대한 자연이 만들고 영원히 살려고 하는 '생명에너지'가 가장 풍부하게 들어있다.
- 생명에너지가 많이 들어있는 좋은 식품들을 골라서 잘 먹으라.
- 이 세상에서 가장 훌륭한 의사는 자연식품과 좋은 식사법이다.
- 이 세상에서 가장 훌륭한 의사는 적당한 노동과 좋은 운동법이다.
- 이 세상에서 가장 훌륭한 의사는 긍정마음과 많이 웃는 것이다.
- 이 세상에서 가장 훌륭한 의사는 마음을 고치는 심의(心醫)이다.
- 이 세상에서 가장 훌륭한 의사는 우주자연의 기(氣)치료법이다.
- 삶을 살다가 정신적으로, 육체적으로, 영적으로 힘이 들거나 또는 변화를 주고 싶거든 자연기후가 좋을 때 1주일 또는 1개월 정도 특별기간을 정해서 오직 나 홀로 말없이 '묵언'으로 산길 또는 바닷길을 트레킹하면서 걷고 또 걷고를 꼭 한 번씩 실천을 해보라. 최고의 '자연치유'가 될 것이다.

- 가끔씩 홀로앉아 침묵 속에서 자기 자신의 '내면 소리'를 들어라.
- 삶을 살다가 가끔씩 멈추고, 자기 자신을 한 번씩 잘 살펴보라!
- 삶을 살다가 가끔씩 자연 속으로 들어가 컴컴한 밤하늘의 빛나는 별들을 올려다 보라!
- 삶을 살다가 가끔씩 자연 속에서 아침과 저녁의 노을을 보라!
- 삶을 살다가 가끔씩 자연 속에서 고요한 휴식을 하라!…….
- 아무리 좋은 음식도 체질에 맞지 않으면 오히려 해로울 수가 있다.
- 인체의 체질은 크게 따뜻한 '양체질'과 차가운 '음체질'로 나누고, '4상체질'로 나누며 체질에 따른 음식과 질병치료가 되어야 한다.
- 심장은 인체의 엔진이고, 간장은 인체의 화학공장이다.
- 인체의 화학공장인 간기능이 떨어지면 면역력이 약해지고, 염증이 발생되어 모든 질병으로 확대가 된다.
- 모든 관절염은 간기능이 떨어져 몸안에 염증이 쌓여서 발생을 하니 간기능을 회복시키고, 양방치료와 가장 아픈 곳에 쑥뜸을 뜨고 침술을 잘 받으라.
- 풍치는 나이가 들어가면서 간기능이 떨어져 몸안에 염증이 쌓이고 잇몸에 심한 염증이 생겨 치아가 뽑히는 것이니 젊어서부터 스케일링으로 치아관리를 잘 하고, 잇몸치료를 즉시 잘 받고, 반드시 술을 줄이고 또한 간기능을 회복시켜 핏속에 염증요소를 잘 없애나가라.
- 매일 잠자기 전 꼭 '양치질'과 6개월에 한 번 '스케일링'은 꼭 받으라.
- 약간의 고혈압은 혈액순환이 좋은 것이고, 문제는 혈관벽이 얇은 사람이 뇌 속의 모세혈관이 터지는 '중풍'이 문제이다.
- 비만은 순환기계통질병을 동반하는 '대사증후군'이 문제이다.
- 아토피는 몸속의 독성물질이 피부쪽에 쌓인 질병이니 먹는 음식과 환경을 바꾸어라.

- 알레르기는 간기능이 약해지고 면역력이 떨어져 민감한 거부반응이니 간기능을 회복시키고, 유발원인물질을 잘 피하라.
- 통풍은 지나친 음주습관과 구운 고기 육류섭취 등으로 간기능이 심하게 훼손되어서이니 술과 고기를 줄이고, 몸에 쑥 뜸을 자주 뜨고 간기능을 회복시켜라.
- 치매와 우울증은 현대인들에게 가장 두려운 질병이다.
- 특히 우울증은 뇌기능의 이상에 의한 심리장애겸 빙의 때문이다.
- 뱃속에 딱딱하게 뭉쳐있는 적은 '쑥뜸'으로 치료를 하라.
- 인체의 모든 질병의 근원은 유전인자와 기 허약 및 체에서 발생한다.
- 원기가 약해지고 늙어가면 간기능이 떨어져 몸안에 어혈·염증·독성 등이 쌓이게 되고, 특히 몸이 굳고 막히고 체한 것으로 생긴 모든 질병에는 '쑥뜸'이 최선이다.
- 기혈이 막히고 체증이 있으면 수지침과 부황으로 치료를 하라.
- 삶의 억눌린 감정들과 스트레스는 모든 질병의 원인이 된다.
- 스트레스는 신경계·내분비계·면역계 등의 질병을 초래한다.
- 스트레스는 모든 정신질환과 암 발생을 초래하는 나쁜 것이다.
- 스트레스성 질환은 적절한 분노 표출과 고요한 명상을 꼭 하라.
- 삶을 살다가 가끔씩 ① 큰소리로 웃거나 ② 큰소리로 울거나 ③ 큰소리로 비명을 질러보거나 ④ 강하게 물건을 두들겨 때리거나 ⑤ 격렬한 운동 등을 하면서 '감정청소'를 잘 하여라.
- 진실한 고백과 적당한 분노 표출은 '심리치료'의 핵심이다.
- 운이 나쁜 사람에게는 여러 가지 질환과 질병이 따를 수 있다.
- 영매적 신(神)끼 및 빙의로 인한 '다중인격'은 선천성 정신질환이다.
- 자폐증과 의존성및 과격성 '성격장애'는 선천성 정신질환이다.
- 강박증·정신착란증·조현병 등은 선천성 정신질환이다.

- 혼잣말을 중얼거리는 정신분열증은 선천성 및 후천성 정신질환이다.
- 분노조절장애 · 주의집중장애 · 성적욕구조절장애 등은 어린 시절부터의 인간관계가 원만치 못해서 생긴 후천성 정신질환이다.
- 만성위장병과 오래된 체증은 대다수가 빙의적 귀신병이다.
- 술주정과 음식과욕의 식탐은 대다수가 빙의적 귀신병이다.
- 우울증과 자살충동은 대다수가 타인 영혼의 빙의 때문이다.
- 각종 장애 및 정신질환은 조상 및 전생의 '업(業)작용'때문이고, 현재는 대부분 타인 영혼이 몸속에 들어온 '빙의' 때문이다.
- 선천성이든 후천성이든 빙의이든 각종 장애 및 정신질환은 반드시 '특수치료'가 꼭 필요하고, 정확한 원인진단과 치료로 해결을 할 수 있다.
- 특히 암발생은 유전적인 원인과 심리 · 정신 · 환경 등 나쁜 원인들과 빙의에 의해서 이상세포가 만들어지고 무한증식을 하는 것이다.
- 각종 암의 원인인자들은 피를 타고 몸속을 이동하고 돌아다니다가 암이 성장하기 가장 알맞은 곳에 정착해서 자라는 것이다.
- 암들은 원인인자를 해결하지 못하면 다른 곳에 전이와 또 재발을 하기 때문에 업살풀이와 빙의 예방을 꼭 해야 한다.
- 암들은 인체의 원기가 강해지면 약해지고, 인체의 원기가 약해지면 강해지니 암환자들은 '원기회복'을 잘 하라.
- 암환자들은 맑은공기 · 맑은생수 · 온돌방 · 황토흙집 그리고 싱싱한 음식과 함께 꾸준한 운동 등으로 '원기회복'을 잘 시켜라.
- 모든 불치병 및 난치병은 ① 전생업 ② 핏줄유전 ③ 빙의 때문이고, 위의 3가지만 해결하면 불치병 및 난치병은 90% 해결이 된다.
- 삶을 살아가다가 암에 걸리거나 또는 불치병과 난치병에 걸리거나 또는 질병의 원인을 모르거든 꼭 한 번 '운명진단'을 받으라.

- 정확한 '운명진단'으로 숨은 원인들과 최선의 치료법을 찾아내어 병원에서 고칠 것은 병원에서 고치고, 그러나 병원에서 못 고치는 것은 마지막 방법으로 '신통도술초능력과 권능'으로 고쳐라.
- 사람의 타고난 사주운명에는 '모든 정보'가 다 들어있고, 언제 몇 살 나이에 어떻게 죽을 것인가?가 나타나 있기 때문에 사주운명 속의 예정된 수명나이와 환자의 현재 나이를 비교하고, 또한 유전성과 전생(前生)을 알아내면 최선의 '치료법'을 완벽히 찾아낼 수 있다.
- 특히, 췌장암·폐암·간암 등 환자와 심장박동기·신장투석 환자와 심장질환 및 고혈압·당뇨병 환자 등은 반드시 '수명운'을 꼭 알아두어라!
- 사람의 타고난 '수명운'은 가장 중요하다.
- 이 책을 읽는 독자들에게만 하늘의 비밀 '천기누설'과 함께 삶에서 정말로 중요한 고급정보를 제공하니 꼭 '기억'을 해두어라……
- 사람은 살아있는 동안까지는 운동과 노동을 계속해야 한다.
- 몸을 따뜻하게 하면 면역력이 높아지니 항상 '체온'을 잘 유지하라.
- 식사 후 또는 피곤할 때 그리고 졸릴 때는 꼭 '휴식'을 취하라.
- 휴식과 잠은 면역력을 강화하니 잠잘 때는 '숙면'을 꼭 취하라.
- 휴식과 숙면은 기운을 보충해 상승사이클 때 최대 활용을 한다.
- 사람의 신체는 낮과 밤의 태양주기에 따른 '생체리듬'이 작용한다.
- 생체리듬에 따라 낮에는 일을 하고, 밤에는 반드시 잠을 자라.
- 깊은 밤에는 잠자리에 꼭 들고 반드시 '숙면'을 잘 취하라.
- 인체는 잠을 잘 자야 원기회복과 면역력이 상승된다.
- 인체는 잠을 잘못 자거나 과로를 하면 백약이 다 무효하다.
- 잠을 자는 침실은 반드시 소음과 빛을 '완전차단'을 잘 시켜라.
- 호흡은 코로 하고 가끔씩 심호흡과 복식호흡으로 '개선'을 하라.

- 사람의 호흡은 나이 들어가면서 점차로 위로 올라와 가슴호흡을 하다가 마지막 목에서 깔딱깔딱하다가 죽는다.
- 호흡이 급하고 얕고 위로 올라오고 맥박이 빠르면 '단명'을 한다.
- 호흡은 천천히 깊숙하게 '복식호흡'을 습관화시켜라.
- 아랫배로 복식호흡을 수련하면 구구팔팔 무병 장수를 한다.
- 긴장이 되거나 또는 화가 날 때는 '심호흡'을 꼭 해 보라.
- 깊은 심호흡을 하면 몸이 이완되고 감정과 마음이 가라앉는다.
- 가끔씩 깊은 호흡을 하면서 들숨과 날숨을 느껴보라.
- 호흡을 조용히 느리게 하면 수명이 30% 이상 늘어난다.
- 자주 누우면 빨리 죽고, 많이 걸어야 오래 산다.
- 나이가 들어갈수록 반드시 '근력운동'을 꾸준히 잘 하라.
- 근력운동은 언제 어디서나 '평생 동안'을 계속하라.
- 매일 대변은 1번씩, 소변은 5번 이상으로 배출을 잘 시켜라.
- 대체로 잘 먹고, 잘 싸고, 잘 자면 삶에는 이상이 없다.
- 세상살이 모든 것은 준비·대비를 잘 해야 성공이 지속된다.
- 모든 정치인과 연예인 등 유명인들은 항상 '스캔들'을 조심하라.
- 모든 공직자들은 항상 뇌물수수와 관재수 및 퇴출압박을 조심하라.
- 모든 사업가는 주식 및 출자지분의 주식명의신탁과 차명재산관리를 잘 하고, 모든 '차명재산'은 항상 손재수와 관재수를 조심하라.
- 기업가와 사업가들은 자녀들 중에서 금전재물운과 건강수명운 등 가장 운(運)이 강하고 좋은 자녀를 '후계자'로 삼으라.
- 기업가와 사업가들의 자녀들은 '후계자운과 상속운' 등을 사전에 반드시 알아두어야 인생의 큰 삶을 성공할 수 있다.
- 모든 기업과 사업은 '오너의 운(運)'이 가장 중요하니 자기 자신의 운(運)을 알아야 하고 또한 운(運)이 좋아야 '큰 성공'을 이룬다.

- 국가와 기업의 지도자들은 예리한 관찰과 다양한 관점으로 오늘과 10년 앞을 또한 100년 앞을 함께 바라보는 '통찰력'을 꼭 키우라.
- 통찰력은 글로벌세계의 정치 및 경제의 '운(運)흐름' 주시이다.
- 최고정점과 최저바닥의 '미래예측능력'은 오직 점(占)술이다……
- 인생살이에 진짜 중요한 것은 평안함과 생명에너지이다.
- 인생을 잘 살고 싶거든 입·코·뇌로 '생명에너지'를 흡입하라.
- 우주자연의 생명에너지를 흡입하는 가장 좋은 방법은 '명상'이다.
- 명상과 참선 등의 정신수련은 '동양정신문화'의 최고 진수이다.
- 모든 외부적 권력은 허업(虛業)이니, 진짜 '삶의 본업'을 잘 찾으라.
- 진짜 삶의 본업은 '명상'을 통한 의식의 각성과 최고의 깨달음이다.
- 나의 진짜 주인공은 나의 의식과 영혼이고 육체는 집일 뿐이다.
- 육체적으로 호의호식을 위한 보편적 성공 그 다음에는 반드시 '정신적 성공'을 이루어야 진짜 삶의 성공이다.
- 진짜 삶의 성공을 위해서는 정신·마음·영혼을 꼭 중요시하라.
- 기도는 간절한 소망이고, 명상은 비움 속의 충만이다.
- 생활명상을 배우고 터득하여 실천을 하면 모든 종교들이 필요없다.
- 종교들의 기도는 바람의 욕망이고, 명상은 욕망의 '초월'이다.
- 명상은 인체의 감각신경들을 '자신의 내면'으로 향하는 수련이다.
- 자기 자신의 의식을 각성시키는 가장 좋은 방법이 '명상'이다.
- 명상은 흐름의 주시이고, 명상수행자는 주시자가 되는 것이다.
- 주시의 방법은 강가에 앉아서 흐르는 강물을 바라보는 것과 같다.
- 자기 자신의 내면적인 느낌·감정·사념 등을 잘 '주시'하라.
- 주시를 잘 하면 주인공이 되고, 휩쓸리면 끌려다니는 노예가 된다.
- 모든 감정발생과 마음작용을 지켜보는 '주시자'가 되면 결코 휩쓸리지 않고, 스스로 핵심과 본질을 잘 알게 되어 '주인'이 된다.

- 마음은 변덕과 변심을 잘 하고, 자기합리화를 위해 핑계와 구실로 변명을 잘 하며 교활하게 속임수를 잘 부린다.
- 항상 마음을 '주시'하면서 긍정심과 한마음으로 나아가라.
- 오직 주시만이 마음작용의 속임수에 끄달리지 않고 '주인'이 된다.
- 모든 기도와 명상을 할 때는 반드시 주의깊게 '주시'를 잘 하라.
- 기도와 명상을 시작할 때는 1시간 정도의 예상한 시간만큼은 전화 등 외부방해물과 생각 등 내부방해물을 모두 없애라.
- 기도와 명상을 하는 장소는 오염되지 않은 생기(生氣)가 넘치는 자연 속이나 또는 특별한 장소나 또는 방에서 하라.
- 명상·묵상·참선 등을 할 때는 눈을 감고, 내면의 눈으로 몸과 마음의 상태와 변화흐름을 잘 '의식'을 하라.
- 주시하는 '의식'이 당신의 가장 내밀한 핵심이고 주인공이다.
- 마음의 중심을 '호흡'에 올려놓고 들숨은 깊게 날숨은 길게 하라.
- 사람의 호흡은 심리상태와 긴밀하게 연관이 되어 있다.
- 날숨을 길게 내쉬면 '이완'이 잘 되면서 스스로 안정과 평온이 된다.
- 고급기술인 신통술기도와 초월 명상을 하고자 할 때는 반드시 이마의 가운데 부위 '상단전명궁'에 의식을 집중시키고 몰입을 계속하라.
- 이마의 가운데 부위 '상단전명궁'속에는 전두엽이 있고, 전두엽은 뇌의 총사령부 역할을 한다.
- 뇌의 총사령부 앞이마 '상단전명궁'은 가장 중요한 곳이다.
- 기도와 명상 등 '정신수련'을 행할 때 우주하늘자연의 기운(氣運)이 몸속으로 들어오고, 뇌수가 꽉 차 오르면서 몸에 '진동과 떨림'이 일어나면 자연스레 온전히 내맡기고, 느끼는 대로 멈추지 말고 계속 따라 가면서 충족히 될 때까지 온몸으로 기(氣)에너지와 하나가 되면서 '삼매지경'까지 이르러라.

- 처음부터 끝날 때까지 그 과정을 관찰 및 관조로 '주시'를 잘 하라.
- 삼매지경에 도달해야 '초월의식'이 되면서 시간과 공간이 없어지고, 과거로 미래로 또한 이곳에서 저곳으로 '순간이동'이 가능해진다.
- 모든 명상기도는 완전히 몰입이 된 삼매지경의 '순수상태'에 들었을 때 그때야 비로소 영적인 빛의 세계가 열리게 된다…….
- 모든 기도와 명상은 일념(一念)에서 무념(無念)으로 진행을 하라.
- 신통술을 얻고 싶은 사람은 오직 대신(大神)만을 계속 불러라.
- 질병을 치료하고 싶은 사람은 오직 병고침의 신(神)만을 불러라.
- 축복을 받고 싶은 사람은 오직 복(福)을 주는 신(神)만을 불러라.
- 특히 돈복을 얻고자 할 때는 '천복대신(天福大神)'을 불러라. 천복대신을 4박자 리듬으로 '주문처럼' 계속 외워라.
- 일정한 반복된 소리를 하면 인체의 뇌에 '화학작용'이 일어난다.
- 특정된 단어를 계속하면 연관된 기운이 형성되고 작용을 한다.
- 사람의 뇌는 특정한 '주제방향'으로 더욱 팽창을 하려한다.
- 사람의 뇌는 분노와 고통 등의 '부정적 감정'에 더욱 민감하다.
- 뇌의 부정적 편향성을 '명상'을 통하여 긍정적 편향성으로 바꿀 수 있고 초능력 등 무한개발성도 가능하다.
- 뇌는 모든 동물의 신체기관 중에서 가장 중요하다.
- 뇌의 질량은 약 1.5kg이고, 몸무게의 약 2%이고, 유전자의 약 80%가 두뇌에 할당되고, 약 1천억 개의 뉴런의 '신경망'으로 연결되어 있다.
- 사람의 뇌는 세상에서 가장 정교한 신경기계장치이다.
- 사람의 뇌는 무엇인가 열중할 때마다 '변화'를 계속한다.
- 뇌는 특정한 주제를 100일 이상 계속하면 '뇌 회로'가 새로 형성된다.
- 특별한 공부와 기도 및 명상 등을 할 때는 100일 이상을 계속하라.
- 한 분야에서 최고가 되려면 1만 시간 또는 10년은 계속하라.

- 기도와 명상을 할 때 뇌파동은 관련된 '우주자연존재계'의 주파수와 상호연결이 되고, 주파수가 맞으면 신(神)의 응답이 주어진다.
- 염력과 뇌파 및 텔레파시 그리고 신통력은 '무한개발'이 가능하다.
- 진정한 삶의 목표인 자기 자신의 영혼진화와 구원을 소망하는 사람은 먼저 '신통술기도'로 신통부터하고, 그 신통력으로 점점 의식을 각성시켜서 고차원의 '깨달음'을 이루어가라.
- 사람의 뇌와 의식은 저차원에서 고차원까지 '여러 단계'가 있다.
- 보통사람들은 90% 정도가 '무의식상태'로 일상생활을 한다.
- 무의식상태의 삶에서 얼차리고 의식을 가진 삶을 꼭 살아야 한다.
- 의식과 의식의 각성은 잠에서 깨어나는 '정신 차림'과 같다.
- 사람은 의식과 잠재의식이 합칠 때 최고의 '뇌능력'을 발휘한다.
- 잠재의식 속에는 지난 전생 과거의 기억들이 모두 '저장'되어 있다.
- 명상과 참선 등을 수련하면 잠재의식을 표면의식으로 끌어 낼 수 있고, 의식은 표면의식·잠재의식·심층의식·초월의식·우주의식·순수의식 등으로 구분을 하고 또한 '무한정 개발'이 가능하다.
- 모든 의식세계의 끝을 지나면 '순수본성'을 만날 수 있다.
- 순수의식과 순수본성을 가진 영혼체는 육체에서 분리되어 '유체이탈'도 가능하고, 우주자연계에 '순수에너지'로 존재할 수 있다.
- 보통의식이 신통의식·초월의식·우주의식·순수의식까지 이를 때 비로소 순수에너지로 변환이 되어 인간이 '신(神)'이 될 수 있다.
- 인간이 신(神)으로 승격이 되면 초능력의 '전지전능자'가 된다.
- 뇌 의식개발로 최고의 신통력을 지니면 '전지전능자'가 될 수 있다.
- 초능력전지전능자가 되고자 하는 방법이 '천기신통초월명상'이다.
- 천기신통초월명상은 의식을 상단전 '명궁'에다 집중을 하라.
- 천기신통초월명상은 최고의 뇌능력계발 및 정신수련법이다.

- 천기신통초월명상은 모든 종교를 초월한 최고의 정신수련법이다.
- 천기신통초월명상은 누구나 신통력을 가질 수 있는 기도법이다.
- 천기신통초월명상은 종교인 및 신(神)제자들이 말문통신 및 글문통신과 약신통 및 의술신통력을 내려받는 '최고기도법'이다.
- 천기신통초월명상을 하면 운(運)을 마음먹은 대로 움직일 수 있다.
- 천기신통초월명상을 하면 빠르고 자연스레 7가지 신통력이 생기고, 이마 가운데 제3의 눈이 열리고 스스로 '도통'을 얻게 된다.
- 천기신통초월명상을 하면 생각과 언·행에 스스로 '권능'이 붙는다.
- 천기신통초월명상을 하면 최고의 깨달음 '아뇩다라 샴막 삼보리'를 빠르게 증득할 수 있다.
- 천기신통초월명상을 하면 자기 힘으로 '고급영혼' 등급에 오를 수 있다.
- 천기신통초월명상을 하면 마음대로 유체이탈과 하늘로 올라갈 수 있고, 또한 마음대로 환생과 부활을 할 수 있다.
- 천기신통초월명상은 모든 종교의 교주들과 성자(聖者)들이 깨달음과 절대자유의 '자기 완성'을 이룬 최상법이다.
- 천기신통초월명상으로 정신완성이 된 고급영혼은 영생불사가 된다.
- 천기신통초월명상으로 그동안 자신이 지은 업(業)의 성향과 인과응보에 따른 7도 윤회를 벗어나 영원한 '해탈과 자유'로 나아가라……
- 생명에너지와 천기신통초월명상은 최고의 에너지원이고, 최고의 정신수련법이며 사람들이 마지막으로 찾는 '구원의 비법'이다.
- 빈손으로 왔지만 빈손으로 가지 말라. 깨달음을 많이 이루어라.
- 깨달음을 많이 이룬 고급영혼은 영원한 자유를 얻고 행복을 누린다.
- 진정한 삶의 행복은 삶의 본질을 깨달아 '완성'을 이루는 것이다.
- 인생의 '우선순위'는 현실을 직시하면서 먼저 큰 돈도 벌어보고, 권력도 잡아보고, 출세도 해보고, 그리고 다음으로는 정신과 마음 그리고

영혼을 위한 진정한 '깨달음의 행복'을 꼭 찾아 보아라.
- 돈은 삶의 귀중한 방편이고, 깨달음은 삶의 귀중한 목표이다.
- 깨달은 사람만이 깨우침을 줄 수 있고, 빛만이 어둠을 밝힐 수 있다.
- 인생길에 참스승과 '동행'을 하는 것은 가장 큰 축복이다…….
- 무엇에 집착을 하면 노예가 되고, 집착을 버리면 자유롭게 된다.
- 집착은 미끼 속의 낚시바늘처럼 '구속과 노예'로 만들어 버린다.
- 많은 자산을 가지되 소유물에 결코 집착은 하지 말라.
- 무소유정신이란, 소유물에 집착을 않는 '자유'를 일컫는다.
- 1조 원을 가진 부자가 재물에 집착하는 것은 창고지기일 뿐이다.
- 인생의 마지막 노년이 되거든 이제 '무욕(無慾)의 경지'에 올라 다 내려놓고, 인생의 마지막 단계 공(空)으로 돌아가 오직 한 가지 '다음생'을 잘 준비하라…….
- 우리는 몸뚱이를 버리고 돌아가지만 세상은 그대로이다.
- 세상살이는 어쩔 수 없는 불가피한 일들이 발생을 한다.
- 불가피한 일들은 받아들이면서 대응방법과 전략을 잘 세우라.
- 혼돈의 불확실한 21세기 금세기에는 많은 '대재앙'들이 발생한다.
- 금세기의 대재앙은 세계 도처에서 발생하는 바이러스 전염병이다.
- 금세기의 대재앙은 이슬람 원리주의 IS 무장단체의 자살테러이다.
- 금세기의 대재앙은 첨단무기들을 사용하는 세계 3차 대전쟁이다.
- 금세기의 대재앙은 지진·화산폭발·가뭄·홍수·태풍 등이다.
- 우리는 현재 다양한 생명위기의 '재앙들'앞에 노출되어 있다.
- 금세기에 발생하는 대재앙들은 피할 수 없는 '불가피'한 것이다.
- 그래도 희망을 가지라! 희망은 그 자체로 성공을 낳는다.
- 어떠한 고난이 닥칠지라도 우리는 살아 남아야 한다.
- 끝까지 살아 남아서 반드시 역사를 만들어 가야 한다.

- 육체는 죽을지라도 정신과 영혼은 결코 죽지 않는다.
- 정신력이 똘똘 뭉치면 우주공간에 '영생불사'로 존재하게 된다.
- 몸을 바꾸어 환생을 해서라도 반드시 '조국'을 지켜내야 한다.
- 나라가 위험할 때는 반드시 '국가 우선주의'로 나아가라……
- 세상의 모든 사물과 현상들은 수많은 요인과 조건에 의해서 임시적으로 성립할 뿐이고, 또다시 변화는 계속 진행이 된다.
- 눈앞에 보이는 '임시적 존재'들에 결코 속임을 당하지 말라.
- 우주하늘자연의 섭리와 진리를 많이 깨닫고, 기도와 명상으로 통찰력과 신통력을 지녀 거짓들과 재앙들에 초연하고 초연하라.
- 비록 금세기의 대재앙 때 수많은 사람들이 죽지만, 오히려 영혼들의 세계로 빨리 돌아가는 길이기도 하니 그 '준비'를 잘 하라.
- 대재앙으로 생명은 죽을지라도 혼(魂)은 죽지 않고 영생을 한다.
- 탄생과 죽음은 인과응보의 법칙이 따르니 '최선'으로 잘 살아가라.
- 삶이란, 지금 오늘의 선택과 행동을 어떻게 하는가?이다.
- 21세기에 가장 잘 사는 성공적인 삶은 ① 부유함 ② 무병장수 ③ 깨달음 등을 함께 '인생 3박자'로 성공시키는 방법론의 실천이다…….

이상 위에 기록한 생존과 성공기술 그리고 깨달음과 행복을 위한 '삶의 지혜' 글귀들은 불특정다수의 '보통사람들'을 위해서 필자가 평생 동안 공부하고 체험한 것들의 경험지식을 직접 '육필'로 글을 써서 가르침을 주고자 한 것들입니다.

세상은 아는 만큼 보이니, 한 번 읽어두면 평생 도움이 될 것입니다.

이 책 한 권이면 모두가 성공출세와 부자가 될 수 있습니다.

이 책 한 권이면 모두가 100살 이상 무병장수를 할 수 있습니다.

이 책 한 권이면 모두가 많은 깨달음을 얻을 수 있습니다…….

이 책을 읽은 독자분들은 자기 자신의 눈높이에 따라서 꼭 필요한 부분이나 또는 전체 글귀들을 '반복'해서 또 읽어보고, 가족들이 돌려가면서 보고 그리고 계속 곁에 두고 또는 '한 가정에 1권씩'꼭 보관하면서 가끔씩 또는 어려움에 처해 있을 때 또다시 읽어보면서 한평생 동안 인생 3박자 · 3단계 · 3위일체론적 성공방법의 '지혜'와 인생살이의 '지침'으로 또한 '등대불'로 꼭 삼으시길 진심으로 바라는 바입니다.

어떤 경로를 통하든 이 책을 읽고 나서 이 책의 내용이 '참 좋구나!' 또는 인생을 잘 살기 위해 '꼭 필요하구나!'라고 생각되시면 '책 구입'을 해주고, 또한 동료 · 친구 · 친척 및 자녀들에게 그리고 사람들에게 선행으로 '책 선물'을 많이 해주시길 진심으로 바라는 바입니다.

이 책의 구입과 추가구입 방법은 발행한 출판사 및 총판 또는 교보문고, 영풍문고, 반디앤루니스, 서울문고, 종로서적, 계룡문고, 영광도서, 탐라도서 등 '전국서점'에 또는 예스24, 인터파크, 알라딘, 도서11번가, 쿠팡, 인터넷 교보문고 등 '온라인서점'에 '책 주문'을 하시면 언제나 또는 누구나 '책 구입'이 가능합니다.

스마트폰으로 책 제목을 '검색'하면 즉시 책 구입이 가능합니다.

책 한 권으로 평생 삶을 잘 살 수 있다면 투자할 만하지 않습니까?!

이 책을 한 번이라도 읽은 사람들은 평생 동안 잘 살게 됩니다……

이 책의 원제목은 '한 번 읽고 영원히 잘 사는 천기누설의 보물책'으로 많은 깨달음과 자기 영혼구원을 위해서 꼭 한 번씩은 읽어둬야 하는 '21세기의 필독서'입니다.

필자는 모든 사람들의 번뇌와 고민 그리고 가난과 질병 그리고 불행과 죽음 등의 모든 고통으로부터 진심으로 '도움'을 주고자 할 뿐입니다.

한 사람 한 사람의 삶과 영혼은 너무나 소중하기 때문에…….

책 마무리 글

진실한 삶이란 한 땀씩 꿰매나가는 손바느질처럼……

필자는 21세기 혼돈의 불확실시대에 세상에 전달하는 글을 써 놓고 독자들의 이해정도와 반응에 대해 조금 염려가 됩니다.

글의 문장이 이중구성이고, 장르가 혼합되어 있고, 영혼과 육체가 함께 하고, 3천년 전 옛날과 지금 오늘날의 시간을 함께 하고, 인간세계와 하늘세계의 공간을 함께하는 아주 '특이한 글'이기 때문입니다.

사람들은 자기 잣대와 자기 눈높이로 세상을 바라보기 때문에 필자의 글을 읽은 독자분들도 나이와 학문지식의 많고 적음에 따라서 또는 종교 및 정신세계의 영적 능력의 높고 낮음에 따라서 이해정도가 다 다를 수 있을 것입니다.

그러나 마지막장까지 필자의 글을 읽은 독자분들은 비록 글 표현과 구성은 자유롭게 섞여 있지만, 필자의 글 전체에서 필자가 무엇을 가르쳐 주려고 하는지에 대한 그 '취지'는 이해하리라 생각합니다.

전체 글에서 메시지 전달의 '취지'를 잘 헤아려주시길 바랍니다…….

필자가 자신의 대서사적 실제 자전 이야기를 펼치면서 때로는 구어체로까지 진솔하게 전개하는 이야기들 속에서 조금이나마 모르는 것은 배우고, 잘못된 것은 개선을 하고, 또한 깨우치고 깨달아서 모두가 각자의 귀중한 인생을 반드시 잘 살고, 또한 함께 이상의 꿈도 실현시켜가고 그리고 인생의 최종목표인 자기 주인공 영혼진화와 영혼구원을 잘 하라는 하늘의 '메시지'를 전하고자 하는 것입니다.

오늘 우리의 삶은 영혼들이 잠시 왔다가는 나그네 길입니다.

우리 모두의 삶은 저 멀리 과거의 전생(前生)때부터 몸을 바꾸어 계속 살아왔고 그리고 지금의 삶을 또 살아가고 있습니다.

지금의 삶의 모습은 결코 우연이 아니고, 내 몸속의 주인공 영혼이 전생 (前生)에 지은 대로의 인과법칙과 인연법에 따라서 '유유상종'의 부모님을 만나고, 또다시 핏줄유전운내림이 작용하면서 각자의 '사주운명'을 타고나고, 각자의 타고난 사주운명은 이미 90% 정도가 정해진 '프로그램' 에 따라 진행되고 있다는 놀라운 '비밀진실'입니다.

각자의 타고난 사주운명은 이미 90% 정도가 '예정된 프로그램'에 따라서 인생진행이 되고 있기 때문에 선천성 장애로 태어나기도 하고, 또한 두 눈을 뻔히 뜨고 각종 사고를 당하고, 검찰수사 및 국세청 조사를 당하고, 귀중한 돈을 사기당하고, 장사 및 사업실패를 당하고, 승진탈락 및 선거 낙선을 당하고, 각종 불치병과 난치병에 걸리고, 별거나 이혼 및 사별을 당하고, 평생 동안 가난에서 못 벗어나기도 하는 것입니다.

특히 타고난 사주운명에 '수명이 짧은 사람만' 각종 불치병이나 암에 걸리고, 각종 사고로 날벼락을 당하게 되는 것이니, 과거에 운명상담을 받을 때 수명이 짧다는 얘기를 들은 사람은 반드시 '수명연장개운'을 꼭 해두어야 함을 충고합니다.

지금 현생에 살고 있는 모습은 과거 전생의 업(業)내림이고, 자손들의 삶은 부모님의 핏줄유전업(業)내림이며, 그것을 '죄업(罪業)'이라 하고, 과거의 모든 죄업들은 반드시 '상속'이 되는 것입니다.

부모와 자식간의 유전자검사는 99.99% 일치하고, 핏줄과 전생의 업(業)내림은 너무나 정확하며, 운명은 90% 정도를 타고납니다.

실력과 능력에 따라서 운명감정 및 진단과 예언은 정확도의 차이가 있을 뿐, 사람의 타고난 사주운명은 놀라울 만큼 정확합니다. 그러나 사람들은 인생에서 가장 중요한 '운명작용'의 비밀진실을 모르고 눈뜬 장님처럼 살아가고 있습니다.

"타고난 자기 자신의 사주운명을 모르면 정말로 눈뜬 장님이다."

필자도 젊은 나이때는 앞날과 운(運)을 몰라서 때로는 무시를 해버리고, 때로는 무관심을 하면서 살아오다가 엄청 고생을 많이 했었고, 또한 시행착오도 겪었고 그리고 큰 사업 실패로 큰 손해를 경험한 적도 있었고, 생명의 위험고비도 여러 번 겪었습니다.

인생의 큰 화두, 나는 누구인가? 너 자신을 알라!

"나는 어디로부터 와서 어떻게 살다가 언제 어떻게 죽을 것이며, 죽어서는 또다시 무엇이 되어 또 어디로 가게 될 것인가???……."

필자는 이것을 알기 위해서 또한 신통도술의 초능력을 얻기 위해서 또한 깨달음과 해탈대자유를 이루기 위해서 '하늘로 오르는 산'이라는 전라남도 고흥에 있는 천등산(天登山)에 입산하여 '천기신통초월명상'으로 10년 동안 도(道)를 닦고 지존의 도사(道師)가 되었습니다.

필자는 이제 정신세계의 최고지존 왕(王)이 되었고, 신통도술과 풍부한 사회경험지식을 겸비한 살아있는 신(神)으로 또는 신(神)의 대행자로 살아갑니다…….

(정신적 에너지가 다이아몬드처럼 뭉치면 소크라테스·부처님·예수님·달마대사처럼 그 영혼체는 '영생불사'가 가능합니다.)

필자는 그동안 조금씩 글을 썼지만, 이제 이 글을 '마지막'으로 쓰면서 책으로 출간하여 후인들에게 전달하고 세상에 남기려 합니다.

필자는 마지막으로 이 글을 쓰면서 세계 최초로 '운명작용이론'과 '천성소질운(運)인간계발론'을 공개발표를 하고, 또한 '전생업작용'과 '핏줄유전업내림'을 공개발표를 하고, 또한 '영혼치유'와 '영혼진화론'을 공개발표를 하고, 또한 '인생 3단계 성공론' 및 '인생 3박자 성공론'을 공개발표를 하고, 그리고 '운명종합진단'과 '운명치료'를 공개발표를 하고, 또한 '신통술기도'와 '천기신통초월명상'을 공개 발표를 했습니다.

위의 용어들은 필자의 책에만 '세계 최초'로 용어사용을 했기 때문에 용어의 지적재산권은 필자에게 '권리'가 있음을 공표하면서 필자의 '사용동의'를 받으면 누구나 인용 및 전재가 가능함도 공표를 합니다.

필자는 현재 영혼들의 스승 영사(靈師)겸 깨달음의 스승 선사(禪師) 그리고 진리의 스승 도사(道師)로 살면서 그 사람의 지식 및 지혜 정도와 영혼의 등급에 따라 1차적으로 현실과 물질적 성공방법을 가르쳐 주고, 2차적으로 정신적 성공방법을 가르쳐 주고, 3차적으로 영적인 성공방법을 단계적 차등법으로 가르쳐 주면서 궁극의 '깨달음과 절대자유'를 가르쳐 줍니다.

누구나 필자에게 가르침을 받을 수 있습니다.

깨달음과 절대자유는 궁극의 소망이고 행복입니다.

가장 먼저, 자기 자신의 타고난 사주운명을 정확히 알아내어 알고 있어야 하고, 흐름의 운때를 잘 맞추고, 그리고 최상의 방법을 알아내면 누구나 가능합니다…….

필자는 사람들에게 현재하고 있는 그 일부터 또는 꼭 해야 할 그 일에 충실하면서 동시에 경제개념을 가지고 살고 그리고 재테크를 잘 하면서 또한 건강을 잃으면 다 잃어버리니 '건강'을 잘 챙기고, 그리고 정신·마음·영혼을 위해서 '명상'을 꼭 하면서 자기 자신을 최고로 끌어올려 현생과 다음생을 함께 꼭 성공시키라고 진심으로 가르침을 줍니다.

현생과 다음생을 함께 성공시키는 방법으로 필자가 산(山)속에서 '천기신통초월명상'을 할 때처럼의 준비 및 자세와 방법으로 일상생활을 하면서 누구나 '생활명상기도'로 하루 30분 이상씩 계속하기를 권유합니다.

모든 사람들과 신자들 및 정신수련자들은 이제부터 부처님과 예수님처럼 전지전능자가 되고 싶거나 또는 초능력이나 통찰력을 얻고 싶은 사람은 필자의 가르침대로 꼭 따라 해보시길 바랍니다.

이제부터 모든 사람들은 자연스럽게 생활 속에서 실천할 수 있는 정신수련 및 자기계발의 방법으로 행할 수 있는 천기(天氣)기도명상 또는 신통술초월명상(손도사초월명상STM)을 배워보시길 바랍니다.

먼저, 기도와 명상을 할 때는 모든 방해물을 완전 차단을 시키고, 조용한 장소와 조용한 시간때 새벽 또는 한밤중을 선택하고, 가볍게 기(氣)가 잘 통할 수 있도록 몸을 풀어주고, 배가 쑥~ 들어갈 만큼 후! 소리를 길게 내어 몸속의 탁기를 내보내고, 입을 다물고 옴! 소리를 강하고 길게 내면서 머리와 뇌 속에 진동을 주고, 그리고 바른 자세로 앉습니다. 두 다리는 오므려 포개어 양반자세를 하고, 허리는 쭉 펴서 반듯하게 세우고, 두 눈은 지그시 감아 눈동자는 아랫쪽으로 코 끝을 향하는 등 고정을 시키고, 마음을 편안하게 합니다.

그렇게 준비를 마치고, 호흡은 코로 길게 들숨과 날숨을 계속하면서 복부 배가 올랐다 꺼졌다를 잠시 느끼고, 의식은 반드시 상단전 앞이마의 중앙 '명궁'을 통하여 우주하늘에 두시길 바랍니다.

기도와 명상을 시작할 때는 반드시 자기 자신의 '소망'을 여러 차례 소리를 내어 우주하늘에다 소리파장으로 말을 하고, 이제부터 들숨 날숨의 호흡을 계속 의식하면서 의식의 변화진행을 잘 관찰을 하고, 절대로 자세를 흩트리지 말고, 점점 명상에 집중을 계속하고, 자신의 의식과 우주하늘과의 주파수사이클을 맞추며 '몰입'을 해 들어가고, 우주하늘자연의 존재(神)와 기운이 연결되면서 몸에 진동과 떨림 등 무슨 '반응'이 오면 그 반응을 느끼면서 반응에 더욱 몰입을 하면 됩니다.

우주하늘자연의 기(氣)반응에 계속 몰입을 하면 됩니다.

그리고 기도와 명상이 끝나면 '반응'을 잘 분석하면서 답을 찾아가면 되고, 반드시 100일 이상을 계속해보아야 합니다…….

혹시나 독자분 중에서 전문적 뇌능력 및 신통력을 꼭 얻고 싶은 특별한 사람들은 필자에게 별도의 '특별가르침'을 받으면 됩니다.

'천기(天氣)기도명상'을 일상생활에서 계속 수련을 하면 저절로 초능력이 생겨지면서 세상을 잘 '주시'하게 되고, 또한 '통찰력'이 계속 상승하게 되면서 스스로 자기계발 및 성공과 행복이 따르게 됩니다.

천기(天氣)를 통달하게 되면 엄청난 '초능력'이 생기게 됩니다.

필자는 현재 정확한 운명진단과 함께 신통도술의 초능력으로 온갖 '치유'를 해줍니다. 주술진언 말씀의 권능과 기(氣)사용으로 환자치유를 해줍니다. 환자를 한 사람씩 고칠 때마다 내 자신의 생명에너지가 조금씩 소멸해가지만, 하늘에서 생명을 살려주라고 할 때는 어쩔 수 없이 하늘의 명에 따라서 생명들을 구해 줍니다.

인생진로방향을 가르쳐주고, 문제해법을 다 가르쳐줍니다.

필자는 현재 자선공익사업으로 대한국의 정신적 구심 역할 대한민국 신전(神殿) 국사당 건립을 준비해 가면서 이 책을 읽은 사람만 만나주고 있습니다. 이야기를 전해들은 사람도 반드시 필자의 책을 읽고 '직접 방문'을 해야 만나주고 있습니다.

모든 종교를 포용하는 대한국의 신전(神殿) 국사당이 완성되는 '2040년까지만' 운명진단과 인생상담 그리고 특별치유 등을 해 줍니다.

필자는 현재 아무런 구속의 굴레 없이 살면서 대외적 큰사업업무는 가끔 서울 종로3가 '국일관' 사무실에서 사람을 만나고, 상담업무는 남해바다 전라남도 고흥군 녹동항구의 '녹동 용궁사'와 서울 태릉지역의 지하철 1호선 · 6호선 '석계역' ③번 출구 3m 앞에서 상담을 합니다.

대중교통과 자동차 주차가 아주 편리합니다.

필자를 찾아 올 때는 반드시 사전에 '전화예약'을 하고, 필자가 있는 곳으로 직접 본인 또는 당사자가 찾아오셔야 더욱 정확합니다.

평생 꼭 한 번, 만남예약은 010-5105-5000번입니다.

글내용 속에다 '정보제공'을 해주는 것은 필자의 도움이 꼭 필요한 사람들에게 진심으로 '도움'을 주기 위해서입니다.

필자는 이 글을 볼펜으로 조금씩 '육필'로 썼고, 사실과 진실 그리고 진리만을 기록하였습니다. 하늘의 순리를 따르다보니 필자도 이제 환갑을 훌쩍 넘겨 버린 나이이기 때문에 후인들을 위해 그리고 고통받는 사람들을 위해 그리고 영혼들을 위해서 이 글을 썼습니다.

혹시나 지난날 필자의 글을 한 번이라도 읽었던 독자분은 두 번씩이나 필자와 깊은 '인연'이라 생각해 주시길 바랍니다. 사람과의 만남은 전생으로부터의 인연 때문입니다.

진심으로 모든 사람들에게 '공개전달'을 드립니다.

이 책을 저술한 필자의 메시지 전달은 모든 사람들은 자기 자신의 타고난 '사주운명'을 반드시 알아야 하고, 과거와 전생의 잘못들은 '속죄'를 해야 하며 그리고 정성으로 살면서 누구나 '인생 3단계 성공 및 인생 3박자 성공'을 함께 실천하는 방법으로 21세기에는 인간수명이 점점 늘어나 평균 100세까지 사는 '장수시대'이고 또한 하늘의 숫자는 '7자'이기 때문에 ① 인생살이 1단계로 어느 분야에서든 최고가 되기 위해 28세쯤까지는 '인생준비학습기'로 삼고, ② 인생살이 2단계로 63세쯤까지는 '적극 사회경제활동기'로 삼고, ③ 인생살이 3단계로 70세쯤부터는 이제 모든 것을 내려놓고 '정신 및 영혼의 완성기'로 삼아서 자기 자신을 위한 자기성찰과 자기 주인공 영혼을 위한 삶을 꼭 살아야 하고, 또한 평생을 살아가면서 ① 경제적 부유함, ② 무병장수 건강함, ③ 많은 깨달음 등을 '인생성공방법'으로 꼭 실천하길 진심으로 가르쳐 드립니다.

저승으로 돌아갈 때는 모든 '죄업'을 반드시 소멸하고 가야 합니다.

혹시나, 이러한 '인생성공방법론'처럼 실천을 못하고 있거나 또는 현재 자기 자신의 인생이 잘못되고 있다고 생각이 들거나 또는 정말로 운(運)이 안 풀리거나 또는 여러 가지 사연으로 고통스럽거나 또는 편안한 죽음준비가 안 되어 있는 사람들은 경영학·경제학·금융학·부동산학·동양철학·대체의학·종교학 등의 '만능박사'이고, 오직 홀로 산(山)속에서 10년 도(道)를 닦아 수행자 중 최고 '독성존자'가 된 필자 '태산선사'를 꼭 한 번 찾아오시길 바라고, 누구나 살아있는 동안에 '태산선사'를 꼭 한 번은 만나야 함을 전달 드리는 바입니다…….

신분이 누구든 또는 무엇이든 물어보시길 바랍니다~~.

끝으로, 필자가 평생 동안 직접 체험으로 얻은 경험지식을 바탕으로 기록한 이 '보물책' 내용을 학술연구자료로 대학도서관과 삶의 정보전달로 공공도서관 등에 '기증용'으로 전달하면서 함께 절반 정도는 전국의 유명서점과 온라인 서점에만 제한적으로 유통을 시키는바, 책 내용이 정말로 유익하다고 생각되시면 직접 추가구입을 당부드립니다~.

필자는 마지막으로 펴낸 이 책이 사람들에게 전달이 되고 또한 읽혀지고 그리고 모두가 함께 잘 살기를 진심으로 희망합니다.

이 책을 읽어주신 독자님께 진심으로 감사를 드립니다…….

나홀로 명상실에서 필자가 전함.